谨以本书献给戴维·林内格和盖尔·林内格——以及梦想……

链家研究院　新经纪系列丛书

Phil Harkins　Keith Hollihan
【美】菲尔·哈金斯　【美】基思·霍利汉 著
杨现领　郭逸男 译

The Story and Lessons Behind RE/MAX
RE/MAX 背后的**故事和经验**

人人皆赢
EVERYBODY WINS

图书在版编目(CIP)数据

人人皆赢:RE/MAX 背后的故事和经验/(美)菲尔·哈金斯,(美)基思·霍利汉著;杨现领,郭逸男译. —厦门:厦门大学出版社,2017.11(2019.4 重印)
(新经纪系列丛书)
ISBN 978-7-5615-6692-3

Ⅰ.①人… Ⅱ.①菲…②基…③杨…④郭… Ⅲ.①房地产业-经纪人-基本知识 Ⅳ.①F293.3

中国版本图书馆 CIP 数据核字(2017)第 261137 号

著作权合同登记号:图字 13-2017-076

Title:Everybody Wins:The Story and Lessons Behind RE/MAX by Phil Harkins and Keith Hollihan. ISBN:978-0-471-75767-2/0-471-75767-5.

Copyright © 2005 by Linkage,Inc. All rights reserved. Published by John Wiley & Sons,Inc.,Hoboken,New Jersey. Published simultaneously in Canada. This translation published under license. Authorized translation from the English language edition,Published by John Wiley & Sons. No part of this book may be reproduced in any form without the written permission of the original copyrights holder.

Copies of this book sold without a Wiley sticker on the cover are unauthorized and illegal.

本书中文简体版专有翻译出版权由 John Wiley & Sons,Inc. 公司授予厦门大学出版社。未经许可,不得以任何手段和形式复制或抄袭本书内容。

本书封底贴有 Wiley 防伪标签,无标签者不得销售。

出 版 人	蒋东明	策划编辑	宋文艳
责任编辑	吴兴友	封面设计	闫昱菲
美术编辑	张 秋	技术编辑	朱 楷

出版发行 厦门大学出版社

社　　址 厦门市软件园二期望海路 39 号

邮政编码 361008

总 编 办 0592-2182177　0592-2181406(传真)

营销中心 0592-2184458　0592-2181365

网　　址 http://www.xmupress.com

邮　　箱 xmup@xmupress.com

印　　刷 厦门集大印刷厂

开本 720 mm×1 000 mm 1/16

印张 19

插页 3

字数 236 千字

印数 3 001~6 000 册

版次 2017 年 11 月第 1 版

印次 2019 年 4 月第 2 次印刷

定价 52.00 元

本书如有印装质量问题请直接寄承印厂调换

厦门大学出版社
微信二维码

厦门大学出版社
微博二维码

中译本序

自本书 2004 年出版以来，时间倏然而过，科技飞速发展，而我们生活和工作的环境也发生了巨大的变化。然而，瑞麦（RE/MAX）的经验及其创始人戴维·林内格（David Liniger）的故事依旧令人钟爱。曾支持公司初建的领导力原则现今依旧是瑞麦的领导者在这个动荡混乱和充满变数的环境下领导公司的指路明灯。

自 2004 年至今，瑞麦的发展一直伴随着艰难困苦和挑战，然而过去 13 年来的成就证明了其在风浪中追求目标的坚定不移。

瑞麦自 2004 年至今的里程碑：
- 2004 年："Everybody Wins" 成为商业畅销书。
- 2006 年：瑞麦建立了与 remax.com 联网的全国互联网数据交换（IDX）网站体系，并成为第一家包含所有竞争对手房源的房产连锁经销商。这个全国网站体系的建立还包含了名为"LeadStreet"的在线客户资源与潜在客户管理系统。
- 2007 年：创办瑞麦地产大学，并提供在线直播和虚拟课堂学习功能。
- 2008 年：remax.com 网络体系的潜在客户数突破了五百万，而瑞麦更活跃于脸书、推特、领英等社交网络，以接触更大的客户群体。

人人皆赢：RE/MAX 背后的故事和经验

• 2009 年：在全球金融危机的影响下和房产市场的严寒中，瑞麦积极与政府官员、房产代理和主要放贷者们会面并推销短售屋。与此同时，瑞麦致力于培训知识型高素质经理。

• 2010—2012 年：在《连锁时代杂志》的前 200 连锁经销商排行榜中，根据全球房产销售额，瑞麦排在其所有竞争对手之前，成为最佳房地产连锁经销商。

• 2013 年：在 2013 年 10 月，瑞麦控股公司（RE/MAX Holdings Inc.）在纽约证券交易所上市，公司代码为 RMAX。而此时，创始人戴维与盖尔依然在瑞麦的全球总部丹佛担任着重要领导职务。

现今，瑞麦网络在 100 多个国家和地区已拥有超过 11 万的代理商。中国是瑞麦崭新的市场之一，并将把瑞麦带入一个令人振奋的新前沿。global.remax.com 房产搜索网站把这强大的网络更紧密地连接起来，为买家提供一个能用自己的语言和货币在多个国家搜索房源的综合平台。

综合多方面原因，瑞麦被视为房地产的第一品牌。在重新设计的 remax.com 网站、瑞麦移动套餐、新的 MyRU 网络学习平台和崭新的瑞麦商业网站等创新技术的支持下，瑞麦的网络不断冲破障碍，走在发展的前头。

我们在领导力和领导力发展领域的 20 年的研究中观察到，专注驱动力是高绩效领导者和组织者最关键的领导能力之一。专注驱动力由专注和驱动力组成，它一直是联杰高影响领导力模型的一个核心能力，也是促进瑞麦取得成功、帮助其可持续增长的基础。写在此书结尾处的研究仍是用来钻研处在鼎盛时期的公司的一项标志性的领导力。尽管外界和房地产市场充满了挑战，但瑞麦至今仍在房地产业中保有稳

中译本序

固的王者地位。瑞麦在逆境中,尤其是上一个十年末期的增长,使其成为一个伟大领导力的光辉榜样。

这本书是每一位学习领导力的人必读之书。

林蒙迪

联杰 亚洲总裁

2017 年 4 月于中国上海

译者序

在《人人皆赢：RE/MAX背后的故事和经验》一书中，作者菲尔·哈金斯和基斯·霍利汉研究了七家高增长、高影响力企业的业务模式和领导力，重点分析了瑞麦的企业成长史。本书在2004年初次出版后，迅速登上各大商业类畅销书榜单。这本书可以被认为是瑞麦的传记，它讲述了瑞麦如何依靠战略、文化和领导力，一次次成功地将企业带离危机边缘，实现380个月的连续增长，成为房地产业的巨头。一个好的企业发展历史不仅需要指出企业做了哪些正确的事情，还要分析企业做出正确决策的动因；这本企业成长史还另有超越，它为我们进一步揭示了企业成功背后的核心理念和原则。作者菲尔·哈金斯在1988年创立了联杰（Linkage）公司，直到2015年退休之前一直任公司首席执行官。他本人及联杰公司一直致力于领导力研究和咨询。他认为瑞麦提出的"人人皆赢"理念会震动整个商业界，这一理念将为企业描绘出新的增长蓝图。

正如作者所言，本书讲述的不仅仅是一家成功企业的故事，而是揭示了企业应该遵循的经营之道。本书立志于分析连续实现20年以上有机增长（指内生性成长，而不是主要通过兼并、收购等方式实现增长）的企业，破译其连续增长的成功学方程。企业在连续增长的过程中将一直面临增长和管理之间的平衡问题，如果这一平衡被打破，企业将不可避免地面临失败的危险。本书的研究发现了瑞麦与其他六家高增长、高影响力标杆企业，在平衡增长与管理中惊人的相似性，例如将品牌优势与增长战略相结合,建立企业内部循环,不断保持企业管理与增长之间的平衡以实现持续增长。这些研究发现对所有企业都将具有启示意义。

本书所揭示和总结的经营之道适用于各类读者:对于创业者和企业家,从这本书中你将读到如何将一个好点子变成具有强大感召力的梦想。瑞麦的经验是:把点子落到笔头变成可执行的计划,再试图去将这个想法与其他创意结合起来,形成一个丰满全面的金点子,这将实现从量变达到质变,从而成为一个伟大的梦想,一个可以用来招募志同道合的优秀人才的梦想。这些志同道合的人将成为企业成功之路上的坚实力量、梦想的传播者和实现者。

对于企业的领导者,如何将时间分配给项目并合理地发挥项目领导者角色,其实都是企业核心战略中的重要组成部分。本书给出了一个经过高增长、高影响力企业实践检验的理念——队列骑行领导风格。这为企业领导人思考何时需要参与、多大程度上参与、何时身先士卒又何时退居二线提供了启示。

当然本书也存在不足之处,受限于本书的研究时间截至2004年,从1973年创立的瑞麦已实现了连续32年的增长,但此时尚未出现2008年爆发的系统性金融危机。通过研究2004年之后的瑞麦数据,我们发现,在2008年的金融危机中,瑞麦的增长势头同样受到了前所未有的打击,经纪人数量在2008年回落至2004年的水平。但是瑞麦从2011年开始触底反弹,直到2017年已实现连续6年增长。根据2017年第一季度数据发现,经纪人数量达到11.3万人,已接近2006年的历史最高水平(12万人)。尽管瑞麦未能在2008年金融危机中保持增长,但是其在危机之后迅速恢复,于2013年12月在美国纽约证券交易所成功上市,且再次保持连续增长,我们可以认为瑞麦的"人人皆赢"理念仍然经受住了考验。

译者序

我们再来看其他六家标杆企业最新的业绩表现:《财富》世界500强排行榜中,宝马集团连续6年排名提升,从2010年的第82名提高到2016年的第51名;佳能排名第332位;麦当劳排名第420位;丰田排名第8位;沃尔玛蝉联榜首,而诺基亚已在2015年跌出世界品牌500强。2008年,诺基亚售出4.68亿部手机,市占率39%。而之后诺基亚在移动互联网时代的竞争中迅速败下阵来。遗憾的是,诺基亚的衰落是在本书出版之后。因此本书关于高增长性、高影响力企业成功方程式的分析并非绝对全面,但从其他五家标杆企业仍然保持的强劲增长力来看,仍然具备重要的启发意义。

还要特别指出的是,美国的房地产经纪行业的发展具有较为悠久的历史,对中国房地产经纪行业的发展有着一定的借鉴意义。瑞麦作为美国经纪行业的颠覆者,创立时就提出了将100%的佣金收入分给经纪人的创新理念,虽然遭遇到了强烈的行业抵制,但是瑞麦仍克服了困难,通过自身对经纪行业的深刻理解成功地开辟出了这条创新之路。瑞麦经纪人在专业化方面也起到了行业领导作用,基于本书的观点,瑞麦出于政治和扩大经纪人社交网络的两方面原因推动了经纪人专业认证,一方面巧妙地解决了行业认可度问题,另一方面直接提高了整体的销售业绩。瑞麦提出的另一个理念是创造压倒性的市场形象,不惧各个特许加盟店之间的彼此竞争,而是坚定地通过将经纪人和加盟店的数量最大化,从而实现在特定市场中强化瑞麦品牌的市场份额的目标。尽管中国与美国国情不同,房地产流通市场的情况存在差别,但是中国的房地产经纪公司仍可以从瑞麦的这些"聪明"的理念和实践中获得很大的启发。

中国的房地产经纪行业已经进入转型期,经纪公司需要考虑的不再只是要做正确的事情,需要考虑的更重要的事是如何获得消费者、同业、监管方及整个社会的认可。经纪人的专业化、职业化这些亟待解决的问题将成为行业转型及行业生态进化的关键点。我们可以通过学习和了解

人人皆赢：RE/MAX 背后的故事和经验

  瑞麦的发展历史，从中吸取房地产经纪公司发展的经验和教训，摸索出适合中国的房地产经纪行业及经纪公司发展的行业机制，努力构建房地产经纪行业健康新生态，这或许才是最重要的。

杨现领

2017 年 7 月

序 言

> 梦想是一切的开始。
>
> ——卡尔·桑德堡

从一开始,我的梦想就是在全世界形成一个最好、最大的房地产网络,这个网络组织中的每个人都是赢家——我们的客户、经纪人、所有者、雇员,每一个人。我用了30多年的时间,但是这个梦想已经成真。

当我第一次被邀请在本书中分享我们的故事时,我拒绝了。没错,梦想已经变得大过了我。它是整个瑞麦地产大家庭的梦想——是这个大家庭共同将梦想变成了现实。但是要与公众分享这个梦想吗?这样我们就不得不将个人生活和故事袒露给研究者、采访者和作家。这从来就不是关于个人——它始终都是关于我们、关于这个网络、关于梦想。

一年前,当有人指出"分享这个故事有助于其他人创造通往其梦想的成功方程式"时,我改了主意,这实在是太难以拒绝了。毕竟,瑞麦地产的精髓始终都是分享梦想。我现在把这本书看作是我们的梦想的一部分,同时也是将"人人皆赢"原则进一步推广到瑞麦地产之外的媒介。我坚信,瑞麦地产的"人人皆赢"公式适用于所有人,不论是创业、经营企业、在学校或教堂任职,还是在政府部门工作。如果我们的故事可以帮助你为梦想创造成功方程式,那么我将张开双臂,欢迎你进入"人人

人人皆赢:RE/MAX背后的故事和经验

皆赢"大家庭。

但是,我必须要告诫你,创造梦想并非易事。实际上,大多数人从未走出第一道门。原因是太多的人将想法与梦想混为一谈。想法只是一个概念。大多数人都有许多想法,但是很少有人将想法变为梦想。设想我作为一个年轻人进入充满无限机会的房地产行业。我有这一想法,我认为它很了不起。我在自己心里形成该想法。我精心酝酿这个想法,将它写在纸上。然后,我开始与任何愿意倾听的人分享该想法。但是我很快获得了宝贵的教训:想法可以俘获人们的思想,但是却不能触及他们的内心。只有梦想才能触及人们的内心。我想要俘获人们的思想和内心。第一个瑞麦地产"梦之队"的形成就是思想和内心的融合,"梦之队"全心全意致力于将我们的梦想变为现实。

在创建我们的"梦之队"的过程中,我想要的是有才能的、愿意辛苦工作的,最重要的是,想要将工作作为生活一部分的人。寻找和招募这些能够而且愿意与你一同为梦想奋斗的志同道合者并非易事。正如你在我们的故事中读到的,你必须要亲吻很多青蛙才能够找到王子或公主。我们做到了这一点,正是这样的团队成为我们组织的核心。同样重要的是,这个团队继续培育其他伟大的团队。如今,瑞麦地产由遍布全世界的数千个高绩效团队组成。我渴望创建无数个新的团队,帮助我们继续改变房地产行业。

有人会说,瑞麦地产的成功只是运气好而已。我承认,瑞麦地产一直以来都把握住了许多重大的命运转折点。但是,挑选合适团队,以及在全世界持续挑选了不起的团队成员的能力,并不仅仅是运气那么简单。其始终都需要洞察、分析、废寝忘食地工作。

我们认为,在构建瑞麦地产大家庭的过程中,当我们向潜在成员分享我们的梦想时,他们必须也要让我们相信,他们能够成为此梦想的一部分。他们必须真正认同我们的梦想。这也是我们从一开始就一直秉承的指导原则。我当时希望(而且如今仍然希望)我们的团队成员像我

序言

一样相信梦想、渴望实现梦想、愿意像我们所有人一样从一开始就努力为梦想而努力。即使现在,我仍然将每一天都投入到这个梦想中,这样一来,最终,日复一日,人人皆赢。瑞麦地产的每一个人都知道我在全力以赴。我就是我,一心一意实现我的梦想。我想要与有着同样决心、激情和专注力的人并肩奋斗。

在所有这一切中,我从来都不是单打独斗。毫无疑问,缔造这个组织的创始团队付出了心血和汗水,这已经成为瑞麦地产的分支机构在全世界遍地开花的样板。创始团队也为团队合作和相互支持设立了标准,而团队合作和相互支持原则现在是我们的全球网络的基本原则,50多个国家中的10多万名同事共同确保人人皆赢。对于创始"梦之队",言语无法表达我的敬佩和感激之情。我想感谢所有参与我们的每一个发展阶段的人。从20世纪70年代的孕育时期到20世纪80年代的动荡时期,再到20世纪90年代的爆炸式增长时期,以及现在的21世纪,我们经历了狂野而又快乐的旅程——而且将继续下去。

实际上,我们未来的成功之路还很长很长。我有幸从事了30多年的全世界房地产行业仍然有增长空间。在北美,我们目前占据最大市场份额,加拿大和美国家庭净值的一半以上都存在于住宅中。我们有幸成为该行业的一部分,而该行业帮助保护和维护这些家庭的财富。我们也为加入一个在消除众多障碍中起到引领作用的行业感到自豪。举个例子,瑞麦地产是第一批为女性敞开就业大门的组织之一。展望未来,我们将继续打破种族、文化、宗教、性别和年龄的障碍,将来自各行各业的人们团结在瑞麦地产的旗下。

回顾过去,正是奋斗成就了瑞麦地产的今天。我们面临过无数个危难关头。我们走到了一起,成为一个团队,而且决心始终不离不弃,即使在我们怀疑是否能够做到这一点的时候。瑞麦地产的团队成员始终同心协力,风雨同舟。我认为,如果没有"人人皆赢"的理念,就不会存在真正伟大的企业。这种理念支撑着团队渡过了各种危机,它是任

人人皆赢:RE/MAX 背后的故事和经验

何成功企业的核心。

最近有人问我:"你的管理风格是如何帮助瑞麦地产走到了今天?"我必须要说的是,这个问题让我为难了,因为我从来不认为自己是一个伟大的管理者。因此,我始终都借助伟大管理者的力量。我们共同奋斗了 30 多年,在瑞麦地产持续增长的时候秉承"人人皆赢"的原则,这一真理超越了瑞麦地产的实体界限。快速增长使得我们能够建造野生动植物体验博物馆。我们资助癌症研究、资助设立医院和基金会,随着企业增长,我们的贡献也在增大。这是我们的遗产,也是我们想要世代传承的财富,这样一来,我们的子孙后代也能够抓住梦想,真正理解"人人皆赢"的内涵。

戴维·林内格
瑞麦地产董事会主席兼联合创始人
科罗拉多州丹佛市
2004 年 10 月

前　言

> 始终寻找其他人已经成功运用的新颖有趣的想法。你的想法只有在匹配你正在解决的问题时才具有原创性。
>
> ——阿尔伯特·爱因斯坦

如果你在10月初前往新墨西哥州阿尔伯克基市参加热气球节，你会发现令人惊奇的事情。数百个彩色大气球缓缓漂浮在天空中，就像是从海底升起的热带水母。带孩子前往观看的成年人在那一刻也变成了孩子。每个人都热爱气球。

瑞麦地产的气球在1978年首次出现在阿尔伯克基国际气球节上——这个气球是区域负责人比尔·艾克尔斯和达瑞尔·史迪威尔的创意，他们二人想要给当地客户留下深刻印象。在全世界采纳这个创意后，瑞麦地产的红白蓝三色气球以及"出类拔萃（above the crowd）"这一口号使瑞麦地产成为全世界迄今为止最被认可的企业品牌之一。

在企业成功史中，瑞麦国际是一家令人惊叹的企业。瑞麦国际在30多年前诞生于科罗拉多州丹佛市，它的起源只是一个房地产新销售体系的革命性想法和对增长势头迅猛的企业的迷人梦想。它克服了任何初创企业面临的所有挑战，然后还经历了其他一些困境，包括强烈的行业抵制、难以承受的财务负债、利率高企的关键时期，以及人生起落，这些人生起落更像是好莱坞大片中的情景，而不像是现实生活中的故

人人皆赢:RE/MAX 背后的故事和经验

事。在起起伏伏的发展历程中,瑞麦不断成长。迄今为止,瑞麦实现了连续 380 多个月的爆炸式增长,而且依然在飞速增长。10 万多名瑞麦员工遍布 50 多个国家。这些人办理的房地产交易数量超过了全世界的任何其他公司。

我们之所以想要讲述瑞麦的故事,原因有很多。当其他企业认为难以稳定持续增长时,瑞麦呈现了大胆创新、持续改进、坚持不懈、精力无限和真正激情的模式。实际上,瑞麦的发展史明确地证明了组织的成功可以改善许多人的生活。很少有机会能够向 30 多年来一直坚持核心战略和原则且与那么多人共享成功果实的组织学习。如今,更难能可贵的是,翻开每一块石头,打开每一扇门,你会发现暗藏其中的只有验证、确认以及对这种执着的一次又一次证明——当然也不乏五彩缤纷的故事、惊心动魄的冒险和充满喜剧色彩的不幸遭遇。

读者会在本书中遇到许多不同凡响的人,其中可能最吸引人的莫过于我们的"主角"——瑞麦董事会主席兼联合创始人戴维·林内格先生。在常春藤商学院毕业的首席执行官呼风唤雨的时代,林内格是更简单、更狂野和更有英雄气概的领导力时代的复古者——就像约翰·韦恩与杰克·韦尔奇一样。他聪慧过人,但又脚踏实地,勤奋努力;他以可度量的结果为驱动力,但又受到想法和员工发展的激励;他外表坚毅而且易动怒,但又富有同情心和爱心。他参加过越战,尝试过带领第一个热气球团队环绕地球,参与全国汽车比赛协会的比赛,在鲨鱼出没的水域中潜水,还将闲暇时间用来丰富他在科罗拉多州建设的野生动植物体验博物馆中的儿童生活,以及资助癌症研究。他凭借自己的意志力和理念缔造了瑞麦,说服其他人相信他的梦想,在企业困顿时期放弃自己的工资。他持之以恒、深谋远虑、百折不挠,他向员工指明了前进之路,在他们需要激励时给予鞭策,在他们需要帮助的时候推动一把。他创造的企业如今依然体现了这种驱动力和精神。

前言

作为戴维·林内格的第一名员工和瑞麦的联合创始人兼夫人,盖尔·林内格在他征战世界各地时为他牢牢守住了后方防线。她对梦想的执着不亚于戴维自己。当我们问她,在艰苦的早期岁月,她是否想象过瑞麦最终会这么成功,她回答说:"是的,实际上,我始终都认为瑞麦应该更早就成功了。"

我们在高级领导团队中看到了许多相同的特质。许多企业在初级阶段都有着以亲密关系和强大友谊为主旋律的英勇故事。很少有企业能持续超过30年的关系和友谊。令人惊奇的是,瑞麦的创始领导团队基本上保留至今,经过层层选拔、洗礼和培养的最近一代领导人似乎更像是年轻的兄弟姐妹,而不像是新一代先锋。虽然企业的巨大成功往往会逐渐导致最高管理层分崩离析,但是这家企业的管理层一直都非常紧密。

更重要的是,我们在瑞麦发现了值得与全世界分享的经营之道。这种经营之道的基础是严苛的财务条款、组织战略、运营及人力资源管理。它是一种贯穿了整个企业文化的志同道合的态度。它是一种分担成功背后的责任和分享胜利果实的信念。它是重视独立性和个人成长的人生观,同时又唤起人们对归属于高于个人的崇高事业的巨大自豪感。当我们思考这家企业之所以特殊的原因时,正是这种经营之道深深地吸引我们。我们将它描述为作为瑞麦梦想核心的"人人皆赢"原则。我们对瑞麦的了解越深入,我们就越深信,正是这种价值观为瑞麦的成功奠定了基础。我们想要通过瑞麦的故事将这种价值观传授给其他人,因为我们相信,瑞麦的经验教训可以广泛应用于工作和生活中,而且对人们大有裨益。

增长型企业研究

2002年12月12日,我们第一次在加利福尼亚州帕姆迪泽特城遇

人人皆赢：RE/MAX 背后的故事和经验

到了戴维·林内格，由此开始关注瑞麦。戴维是参与 Linkage（联杰）公司的年度"全球领导力发展研究所"（由本人和沃伦·班尼斯担任联合主席）的高层领导之一，该论坛是现代领导力发展实践的鼻祖。当我跟戴维谈到他的企业时，我意识到，我们遇到了皇冠上的宝石。当然，我对瑞麦略知一二。它的热气球标识是非常成功的品牌形象。虽然我对房地产行业有足够的了解，知道瑞麦是房地产业的一支劲旅，而且也是领先的创新者。但是，我不知道瑞麦作为一家私营企业如何从一个人的梦想开始，通过一群优秀信徒的努力成长为全球一流企业。

我们的讨论转向了一个重要而且相关的主题和问题：企业如何在多年里实现稳定、可持续和强劲增长？戴维很愿意谈及他对自己企业的成就感和自豪感。他拿出了一个图表（如下页所示），说道："你自己看吧，这就是我们的故事。"当我看到这页图表上显示的 32 年增长史时，我深感惊讶。如果这是一条滑雪道，不可能沿着这条道滑下去！

我在接下来的几天里认识了戴维和他的最高管理层团队的多名成员。作为一个团队，他们深感自豪，谈到了他们所做的每一件事的质量。他们也都敞开心扉，往往还谈到了他们的梦想——成为全世界最大、最好的房地产网络。我喜欢他们，而且可以看到戴维在他周围建立了一个强大的家族式领导团队。我也可以看到，戴维是企业中的推动力。他的高级领导力体现并且平衡了他的领导风格。这是一个信任彼此而且坚信共同事业的团队。

某天早上，戴维暴走回来后，我终于发现，我遇到的是一个卓越的具有强大影响力的领导人，就像是麦当劳的雷·克拉克、星巴克的霍华德·舒尔茨或者沃尔玛的山姆·沃顿。我的直觉告诉我，如果我们能够更深入了解瑞麦的经营之道，一个了不起的故事会浮出水面，这个故事会给雄心勃勃的企业领导人提供宝贵的经验教训。我所在的组织当时正在编写有关高增长、高影响力（HG、HI）企业的重大研究报告，我请求戴维考虑允许瑞麦参与这次研究。作为一家非上市企业，瑞麦没

前 言

有可供我们使用的公开数据,但是在许多方面,瑞麦似乎满足甚至超过了我们研究项目的严苛参数。我们当时正在寻找符合以下标准的高增长、高影响力企业:真正全球性,有至少 20 年的持续增长,创造了业内公认的顶级全球品牌、以业内第一为使命,主要通过产品、项目或服务的内生性扩张(而非通过收购)而增长。瑞麦出乎意料地符合这个精英标准,尽管筛选的标准非常严格,以至于诸如通用电气、强生、雀巢、宝洁和埃克森美孚等高增长型首选企业也已经被淘汰。

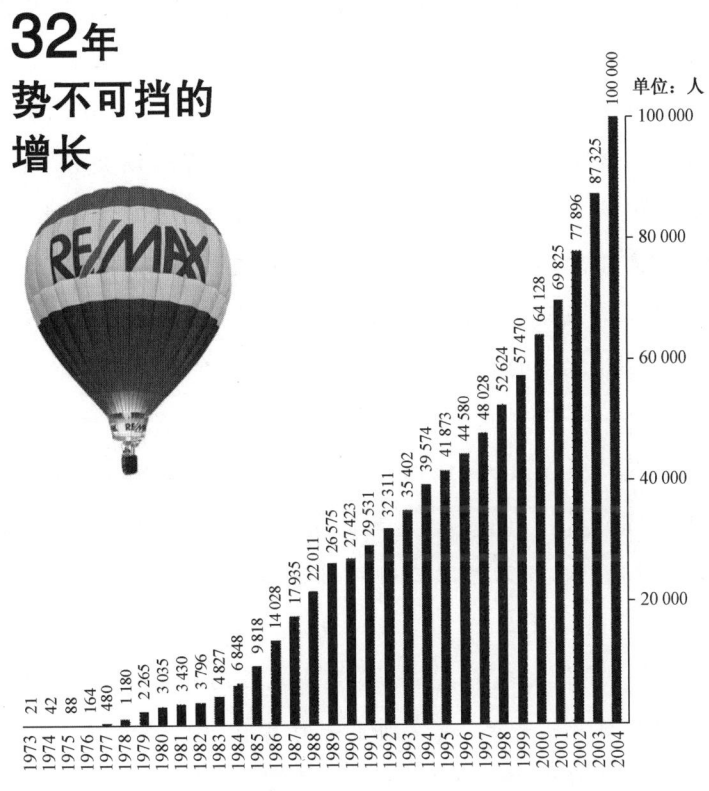

图 1　瑞麦经纪人数量

人人皆赢:RE/MAX 背后的故事和经验

32年势不可挡的增长

戴维拒绝了我的请求。他思考了片刻,然后给出了和蔼而又肯定的回答。瑞麦的经营之道是在聚光灯之外发展企业。人们从谈论瑞麦中会获得什么价值呢?此外,瑞麦的成功不是戴维的个人事迹,而是许多人多年来的故事。这是一个非常谦逊的观点,与我对这些人的了解一致。我感谢戴维考虑了我的建议,然后放弃了这个想法。

我们的研究小组继续进行增长研究,将研究范围缩小到符合我们筛选标准的6家国际公司——两家美国公司、两家欧洲公司、两家亚洲公司:沃尔玛、麦当劳、诺基亚、宝马、佳能和丰田。然而,与此同时,我们继续保持与戴维的联络,试图深入了解瑞麦的文化。我对瑞麦高级管理团队取得的成就的敬佩和尊重之情丝毫没有减弱。我向戴维说明了我为什么认为瑞麦的故事会对各类机构的领导人以及刚刚想要在全世界大展拳脚的年轻创业者大有裨益。正是这个分享宝贵经验的想法对戴维的思想产生了最大的影响。我开始构思一本阐述高增长、高影响力公司的经验教训的书。我认为瑞麦是一个典型的文化与领导力案例,它将阐明我们在6家对比公司的财务和雇员数据中获得的研究结果。"我们将讲述瑞麦的故事",我向戴维建议说,"揭示具体的领导力经验,然后进一步论述我们在增长研究中发现的并驾齐驱者。"这一次,我的劝说起了作用。一天,我收到了一封具有典型的戴维·林内格风格的电子邮件:"好吧,我们的领导层同意了。下一步是什么?你有什么计划?"

我们开始坚持不懈地写作。

前言

研究瑞麦

我们的研究小组与瑞麦国际及其网络中的关键人员进行了50多次长达数小时的针对性访谈。我们研究了房地产行业，咨询了专家。我们与戴维·林内格和盖尔·林内格相处了几周时间，充分了解了高级管理层的成员。我们有机会不受限制地打听他们的事情、提问题、了解我们想要的任何信息。每一件事都被记录下来。我们以个人和商业观察员的身份成为这群人的忠实粉丝，而且对这家公司的积极前景直言不讳。如果你想要在本书中寻找批判、怀疑或消极的论调，你会失望。我们喜欢从该企业了解到的信息，看到了该企业所取得的成就中的巨大正能量，而且发现了该企业如何取得成功的宝贵经验。

以下是瑞麦故事和一些房地产行业的数据：

● 仅在北美，房地产就是一个庞大的行业；在全世界，越来越多的家庭拥有自己的住宅——普通家庭的净值的75%都存在于住宅投资中。在北美，每138名职场人士中就有一人（高达120万人）是房地产经纪人。瑞麦的员工目前占到美国所有房地产经纪人的7%以上，以及加拿大所有房地产经纪人的18%。

● 如果瑞麦是一家上市公司[①]，以员工支付给公司的费用来度量，瑞麦会跻身财富200强企业。

● 2004年，瑞麦在其遍布全球各地的办事处处理的财务交易中产生了3 600亿美元至4 000亿美元的收入。该数字反映了瑞麦促成的购房交易方面的"产品"数量。而考虑我们的对比基准公司沃尔玛，作为全球最大零售企业，沃尔玛销售其他人生产的产品，2004年的收入

---

① 译者注：瑞麦已经在2013年12月于纽约证券交易所成功上市。

人人皆赢：RE/MAX 背后的故事和经验

不到 3 000 亿美元。尽管这些产品仅仅通过沃尔玛卖场销售出去，但根据上市公司零售额排名，沃尔玛被公认为全世界头号公司。

● 瑞麦网络支出的广告总费用在 2004 年将近 10 亿美元。

● 瑞麦网络到 2004 年底拥有大约 10 万名员工。

● 瑞麦是全世界最大的全球性房地产公司，在 52 个国家有 5 000 多家办事处——然而它是一家非上市企业，30 年来不断增加经纪人的人数。

那么，瑞麦是如何做到的呢？

我认为，瑞麦的组织核心是一个梦想。该梦想的外向目标是成为全世界最大最好的房地产网络。该梦想的参与者相信，只有在人人皆赢的情况下才能够实现该梦想。作为联合创始人和最高领导人，戴维·林内格缔造了梦想，通过与志同道合的人分享该梦想从而实现了该梦想，后者给方程式带来了技能和领导风格。该方程式的动态平衡是瑞麦用于实现显著增长的公式的关键。

描述这个动态平衡的最简单、最有用的方式就是儿童跷跷板这个比喻。跷跷板的支撑点是"梦想"。跷跷板的一侧是用于"增长梦想"的能量，另一侧是用于"管理梦想"的能量。

方程式的"增长梦想"一侧上的 3 个关键成功因素是：

1. 人。寻找认同梦想的人；在他们中寻找"王子与公主"，在帮助他们成长的同时谋取他们的帮助。

2. 品牌。百折不挠地专注于品牌；运用品牌实现组织增长，同时使得人们能够从中获益。你会意识到，"独木难成火"。

3. 项目领导力。项目领导力不同于项目管理；具有高影响力的领导人不害怕"站在新项目的风口浪尖"。他们运用队列骑行的概念来实现迅猛的组织发展势头，其核心是将新想法付诸行动。

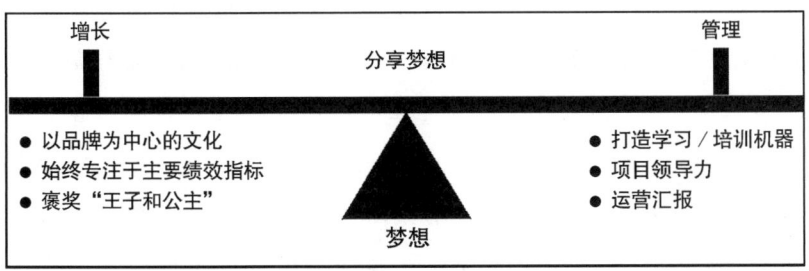

图 2　瑞麦增长模型

瑞麦增长模式

方程式的"管理梦想"一侧上的 3 个关键成功因素是：

1.学习。持续改进不仅仅是数字游戏。瑞麦拥有学习/培训文化，因为它知道人的发展是质量和长期增长的关键；它不仅仅将自己看作是企业，而且还是"终生成功企业"。

2.主要绩效指标。企业因为重视过多的绩效指标而迷失自我；简单而明确的主要绩效指标不仅仅是需要实现的数字，而是所有人都听从的"战斗号角"。

3.运营。质量、专业性和决心并不是通过大动作来体现，而是通过日常行为来体现。在瑞麦，每一项岗位描述都以"以及其他"作为结尾；人们知道履行"其他"责任比各个岗位描述中的具体责任更加重要；瑞麦信奉的是"人人负责"的文化。

这个跷跷板代表着瑞麦的增长模式。儿童对跷跷板的理解非常简单但又非常深奥，领导人和企业可以将这种理解铭记在心。如果这个方程式的任何一侧失去平衡，付出的努力就不会成功。动态平衡是关键。

作为领导人，戴维·林内格的优势主要在于方程式的"增长梦想"

一侧。虽然我们发现他善于"管理梦想",并且在这一方面奠定领导基调,但是他并不热衷于方程式的这一侧。因此,他的周围始终都有卓越的经理人来平衡他的优势,同时也在其他团队中寻求这种结合。实际上,瑞麦取得巨大成功的每一个地区也展现了这种平衡。始终都有一位领导人作为增长引擎,另一名候补领导人作为增长管理者。通过以同等的力量加以推动,他们就创造了推动梦想的动力。

阅读本书

在第1章至第8章中,你会看到瑞麦的故事。本书的结尾分析了我们的增长型企业研究的关键结论以及我们发现的与瑞麦并驾齐驱的企业。我们研究的6家公司的经营模式与瑞麦的经营模式非常一致。他们专注于一些关键绩效指标来实现目标。他们在推动增长和管理增长之间实现了动态平衡。他们理解品牌与增长之间的短期和长期关系。他们都是强大的创新者,深知在完善产品和服务的同时不失去梦想的重要性。他们都有充满魅力的领导人。在这一方面,令我们感到非常惊讶的是这种魅力的性质。正如吉姆·柯林斯在他的《从优秀到卓越》(HarperCollins,2001年)书中写道,伟大企业的最高领导人都很谦逊。我们在高增长、高影响力企业中也发现了这一点。我们对魅力的定义并不是个人特征,而是实现目标的方式。富有魅力的领导人在这个意义上是"相信通过团队力量实现梦想"的人。正如你将在第7章中了解到的,富有魅力的领导人是队列骑行领导人。

我们相信,我们的研究将有助于拓展本书中的经验教训。第9章包含了一些关键信息、做法以及基于事实和研究结果的结论,这些结论表明了6家高增长、高影响力公司如何穿越牛熊周期实现了持续增长。你不需要深入了解我们的增长研究就可以获得大量的真知灼见。瑞麦

前言

的故事足以说明问题。我们在瑞麦的奋斗历程中看到的经验教训在其整个发展历史中显而易见。你会看到反复平衡跷跷板增长模式的6个关键因素的证据。最重要的是,你会认识到为什么"人人皆赢"原则对于缔造伟大企业而言是如此强有力的原则。

我们从瑞麦学到的最深奥的知识正是人人皆赢原则。在瑞麦的经营理念中,一个经纪人的成功有助于推动所有其他经纪人的成功。网络之所以扩大,是因为其他经纪人看到了瑞麦经纪人的成功并且加入到团队中。经纪人的成功最终归结于购房者的满意。因此,唯一有意义的是为经纪人提供他们所需的一切,从而实现最高的绩效水平。"人人皆赢"的精髓实际上是给予人们实现增长所需的空间和关怀。当林内格消除了传统房地产体系中的内在障碍和阻碍后,他给经纪人赋予了成就事业的自由。他的宗旨很简单:推销你自己。尽可能宣传自己,谈判你自己的佣金,决定你自己的交易。以你知道的业务增长方式去增长你的业务。没有了限制性界限,但是借助其他专注于成功的人的支持,经纪人就有能力超越自己的想象,取得成功。

多年来,其他一些房地产公司效仿瑞麦的创新,但是没有一家公司在30多年里能够赶得上瑞麦的增长速度。我们相信,瑞麦的增长模式和"人人皆赢"原则起到了决定性的作用。实际上,在向北美的许多领导人描述"人人皆赢"理念时,我们看到了这个简单的短语如何转变了领导人的经营理念。我们想要看到这个原则成为我们时代的准则,因为我们认为它能够为所有组织提供强劲的增长引擎。

最终,本书阐述的不仅仅是一家公司的故事。它揭示了企业应该遵循的经营之道。我们生命中的大部分时间都用在了工作上、与同事的来往上、客户服务上以及对更大的财富目标的追求上。瑞麦向我们展示了对企业目标的追求如何能够同时促进人的发展。我们的职场生涯应该充满乐趣,以梦想为动力,与亲爱的同伴一同度过,同时不断成长和学习。我们应该兴致勃勃而又豪迈地玩这场游戏,让周围的人在这一过程中收获满满,营造关系而不是打破关系,飞向我们自己无法想象的高度。

说到底,工作以及我们投身的组织应该能丰富我们所有人的体验。瑞麦为实现这一点提供了重要的模式,它是一家信奉"人人皆赢"理念的企业。

菲尔·哈金斯
麻省波士顿市
2004年10月

致　谢

我们想要感谢以下帮助我们将这本书从梦想变成了现实的人。如果我们没有提到你的名字,请原谅,因为有数百人在过去的两年里为这本书做出了贡献。

本书的问世要归功于首次向我们介绍瑞麦的 Steve Ozonian、戴维·林内格的瑞麦核心团队、盖尔·林内格、Bill Echols、Daryl "Jes" Jesperson、Joe Reynolds、Vinnie Tracy、Diane Metz、Bob Fisher 和 Margaret Kelly,他们为这个项目付出了大量的时间和精力,此外还有 Ellen Rosenberg、Karina Wilhelms 和 BG Dilworth,他们孜孜不倦地追求完美。

感谢 Linkage 研究团队,他们为增长型企业研究投入了时间、技能和知识:Stephen Cartelli、Lou Carter、David Giber、Ellen Rosenberg、James Snow、Russell Sullivan、Andrew Wilhelms 和 Karina Wilhelms。

诚挚地谢谢瑞麦的数百名员工,他们为本书付出了大量的时间,特别感谢下列与我们会谈几小时的人:John Alexander、Pam Alexander、Kelli Amundson、Dennis Anderson、Judy Austin、Bob Baker、Tracy Baker、Nick Bailey、Tom Baron、Jay Belson、Charlie Bengel、Bruce Benham、Jeff Benson、Barry Binder、Bob Blount、Jack Brennan、Lynn Britt、Rob Campbell、Ben Christopher、Joe Clement、Frank Colatosi、Adam Contos、Judy Crowley、Ken Crowley、Leanne Crowley、Peter Crowley、Timothy Crowley、Dennis Curtin、Don Dahlberg、Jim DeCamp、Peter DeGroot、Bill Echols、Bob Fisher、Brian Frantz、Mary

人人皆赢：RE/MAX 背后的故事和经验

Ann Frolick、Emily Moerdmo Fu、Verne Gantz、Peter Gilmour、Ray Glynn、Dave Gravelle、Marilyn Guty、Don Hachenberger、Glenda Hachenberger、Gary Hackney、Gale Haisley、Jason Hall、Steve Haselton、Jim Homolka、Judy Jenson、Daryl Jesperson、Nan Jesperson、Daniel Jiminez、Margaret Kelly、Robert Kline、Gregory Koons、Jack Kreider、Howard Lein、John Lichtenwald、Dave Liniger、Gail Liniger、An McAfee、Matthew McAfee、Michael McAfee、Robert McAfee、Norman McClain、Ed McCloud、Ken Mclachlan、Richard Mendenhall、Dave Messner、Diane Metz、David Milot、Paul Motzkus、Geofrey Mountain、James Nelson、Chuck Ocshner、Alice O'Hare、John O'Hare、Bill Owens、Barbara Pearson、Bill Perdue、Alex Pilarski、Richard Pilarski、Frank Polzler、Edwin Quirk、Mike Reagan、Joe Reynolds、Nancy Rieger-Koons、Charles Richard Rose、Ted Rowe、Mike Ryan、Sandra Sanders、Walter Schneider、Kent Sheppard、Heather Skuce、Carolyn Smith、Greg Smith、Bill Soteroff、Stephen Squeri、Jerry Stadtler、Stephanie Stadtler、Gary Stager、Charlotte Steed、Kerron Stokes、Sid Syvertson、Gary Thomas、Bob Todd、Vinnie Tracey、Gene Vaughan、Kay Wolfe、Mark Wolfe、Mike Wolfer、Wayne Wyvill 和 Graham Young。

  谢谢所有提供丰富反馈的读者，尤其是为我们的手稿及许多草稿提供反馈的读者：Cheryl Smith、Lou Carter、Lin Coughlin、Bill Echols、David Giber、Judy Mahaffy、Steve Murray、Ricahrd Rosier、John Stefano 和 Judy Timmerman。

  我们衷心感谢我们所研究的公司的专业人员，他们为我们的研究收集了历史、财务和员工信息：Christa Krieger（宝马）、James Cappell（佳能）、Will Davis（诺基亚）、Robert Peterson（麦当劳）和 Victor Vanov（丰田）。

菲尔·哈金斯
基思·霍利汉

目 录

第 1 章　颠覆性的收益共享理念 ………………………………… 1
　　创造梦想 ……………………………………………………… 3
　　恶性循环 ……………………………………………………… 5
　　想法的来源 …………………………………………………… 9
　　兜售梦想的力量 …………………………………………… 14
　　结合想法 …………………………………………………… 16
　　战略举措 …………………………………………………… 21

第 2 章　认同梦想的人 …………………………………………… 25
　　出发 ………………………………………………………… 28
　　找到平衡 …………………………………………………… 31
　　王子和公主 ………………………………………………… 35
　　宣扬梦想 …………………………………………………… 42
　　"以及其他" ………………………………………………… 47
　　战略举措 …………………………………………………… 51
　　志同道合的人 ……………………………………………… 54

第 3 章　我们究竟处于什么行业？ ……………………………… 55
　　识别真正客户 ……………………………………………… 59
　　一次一个客户 ……………………………………………… 64

人人皆赢:RE/MAX 背后的故事和经验

    专注于顶线绩效指标 ·············· 66
    行业演变和死胡同 ·············· 69
    战略举措 ·············· 74

第 4 章 独木难成火 ·············· 77
    成交 ·············· 81
    步兵 ·············· 83
    为什么网络起作用 ·············· 86
    每个人受益 ·············· 90
    建立品牌知名度 ·············· 91
    瑞麦气球 ·············· 97
    品牌的力量 ·············· 101
    战略举措 ·············· 104

第 5 章 沙克尔顿的领导力 ·············· 109
    沙克尔顿的故事 ·············· 112
    毅力 ·············· 114
    经纪人从未离开 ·············· 118
    重新振作 ·············· 123
    老总见老总 ·············· 128
    不变初心 ·············· 131
    人员流失 ·············· 133
    从不放弃 ·············· 135
    正面你赢,反面我赢 ·············· 138
    战略举措 ·············· 145

第 6 章 雄鹰只单飞 ·············· 149
    个人成功的基础 ·············· 154
    友好竞争的价值 ·············· 160
    继续兜售 ·············· 165

　　　　　战略举措 ································· 166

第7章　创造队列骑行项目文化 ······················ 171
　　　　　队列骑行 ································· 174
　　　　　"你要做什么？" ·························· 176
　　　　　队列骑行中的换位 ························· 186
　　　　　关键所在 ································· 190
　　　　　战略举措 ································· 195

第8章　一飞冲天 ·································· 199
　　　　　跨越国境 ································· 206
　　　　　弗兰克·波茨勒回到奥地利 ················ 210
　　　　　新一代领导人 ····························· 214
　　　　　真正意义所在 ····························· 224
　　　　　战略举措 ································· 225

第9章　研究性学习 ································ 229
　　　　　我们的标准 ······························· 231
　　　　　我们的研究结果 ··························· 235
　　　　　选择的6家公司 ··························· 236
　　　　　高增长性、高影响力企业如何实现增长 ······ 239
　　　　　结论 ····································· 245
　　　　　结束语 ··································· 249

研究结果 ··· 250
房地产行业 ······································· 260
推荐读物 ··· 267

第 1 章

颠覆性的收益共享理念

第1章 颠覆性的收益共享理念

创造梦想

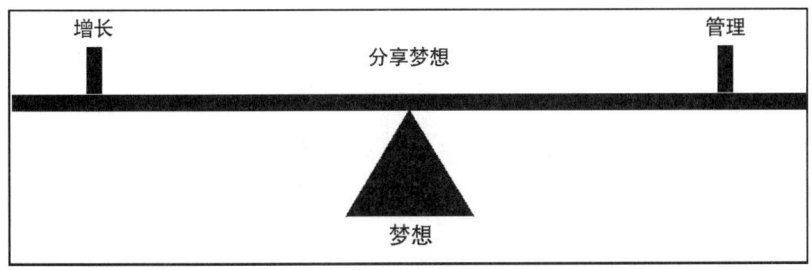

每一项改进或创新都从想法开始。但是想法只是一种可能性——必须培育、发展、设计、修补、拥护、检验、实施和检查每一个小的开始……想法在实施之前没有价值。

——阿兰·罗宾逊和迪恩·施罗德所著《想法是免费的》

虽然那一天坐在办公室里的人当时不会知道,但是房地产行业即将永久改变。他的名字是杰克·布拉德伯里,他是范·沙克经纪人。1972年的那个秋天早上,房地产仍然是本地化的行业。在富裕而且快速增长的科罗拉多州丹佛市,作为范·沙克经纪人颇有好处。在拥有5个或以下房源的近1 000家小房地产公司、100多家中型房地产公司以及拥有500套及以上房源的5到10家大型房地产公司中,范·沙克排名第一,可谓风生水起。

作为行业老大,意味着范·沙克拥有最大的市场份额、代理最佳的房源,而且吸引顶级经纪人——范·沙克经纪人。他们受过高等教育,精明强干,着装考究而且处事圆滑。他们都是四五六十岁的白人,当然都是男性。他们住豪宅、开豪车、加入乡村俱乐部。他们的妻子打高尔夫或者网球,在社区团体和本地家庭教师协会中担任志愿者——更有机会结识那些有朝一日需要房地产经纪人买卖房产的其他主妇。这种私交在买卖住房这一最昂贵的金融资产时起到了很大的作用。如今依然如此。

　　与杰克·布拉德伯里同在一间办公室的人也为范·沙克效力,但是他不是范·沙克的经纪人。他的名字是戴维·林内格。他20多岁。虽然外表瘦削,略显男孩子气,但是他刚毅有力,就像是大学的中后卫球员,可能因为体格原因从来不可能进入全国橄榄球联盟,但是却会把挡道的任何体格更大的人撞得鼻青脸肿。他的平头让他看起来就像是刚从军队出来,实际上确实如此,只不过他已经离开军队多年。他已婚,有3个小孩,但是他没有其他经纪人的那种精明、教育背景或优雅。林内格已经辍学多年,四处游走,虽然工作努力,但是没有建树,后来他发现自己非常善于销售房地产。事实上,即使他在范·沙克公司表现出色,也让杰克·布拉德伯里抓狂。他经常周日骑着摩托车、穿着牛仔短裤和T恤来上班。当然,这时候是早上6点,林内格在办公桌前会疯狂工作几小时,然后换上西装出去卖房子。但是,范·沙克公司的经纪人并不是这种做派。戴维·林内格身上的动力、渴望和精力是那些成熟稳重而且精明强干的范·沙克经纪人始料未及的,他还有一个即将让这些经纪人的惬意的乡村俱乐部生活永久谢幕的想法。

　　在许多方面,杰克·布拉德伯里是林内格想要成为的人。布拉德伯里精明、圆滑而且身处巅峰。他对待手下的经纪人不薄,而且赢得了每个人的尊重。即使林内格与范·沙克公司的氛围格格不入,但是他非常敬佩布拉德伯里。坐在布拉德伯里的办公室里,林内格难以掩饰他对自己的宏伟想法的热情。他的头脑中涌动着各种可能性,精力旺盛的他抑制不住想要开始实施想法的冲动。他确信布拉德伯里会理解他的愿景,并且在他向布拉德伯里解释这个想法的那一刻会完全赞同。逻辑颇具说服力。这个想法不仅要起作用,而且还不能失败。房地产行业是本地化行业,而且始终如此;但是在林内格的眼里,没有什么可以阻止房地产公司的全球扩张,并且成为全世界最大的房地产网络。它只需要一个适当的体系、适当的核心和适当的梦想。几天前还只是灵光一现的他,最终弄清楚了这个体系、核心和梦想应该是什么。

尽管这个想法很突然,但是林内格的洞见并非是天马行空。在过去的多年里,林内格在学习如何销售、顶级销售以及为多家不同的房地产公司打工的同时,他也在一直密切关注房地产业。逐渐地,他看到了房地产业的致命缺陷,并且开始像空想家那样提出这样的疑问:为什么没有人来弥补这个缺陷呢?几乎每一家公司都采用相同的经营模式——它们只是在规模、声誉和经纪人的素质上有差异。然而,平均而言,范·沙克公司的经纪人赚取的佣金与这座城市最普通的房地产公司的经纪人相同——50%。对于大多数经纪人而言,这似乎无可厚非,但是当你意识到要将收入的一多半(你的销售线索、辛勤工作和销售能力产生的收入)交给并不真正给你那么多回报的公司,问题就来了。林内格知道,像有着创业倾向的所有人一样,房地产经纪人也想要赚尽可能多的钱;然而,他们不仅仅以金钱为动力。作为一个群体,房地产经纪人主要以成功和成长为驱动力。他们想要改善自己的生活,完善自我。如果他们不能自己做到这一点,他们就想靠别人的帮助来学会怎么做。他们需要老师、辅导员和激励演讲家来帮助他们。实际上,他们想要实现成功的工具、独立性及自由,从而最大限度地利用手中的机会。传统房地产公司不在乎房地产经纪人的成长和成功需求。它只在乎那个50%分成,而且尽可能轻而易举地赢取它。

恶性循环

经纪人对这种模式的不满意产生了只能被形容为房地产恶性循环的结果。房地产是低门槛行业。在20世纪70年代初,一名经纪人会为了每月1 000美元左右的工资,租用500或600平方英尺的体面办公室，获取电话应答服务、几条电话线，并聘用一名兼职秘书。经纪人不是房地产经纪公司的重大开支来源，因为他们获取的是对半的佣金。大多数经纪公司招聘求职者（朋友、邻居、改行者）的原则是，只要有足够多的求职者上门应聘，总会有人愿意留下来。很少有经纪公司愿意花钱为经纪人提供培训，帮助经纪人取得成功。所以一些经纪人面临不得不学习业务的任务——房产价值、抵押的复杂性、融资和产权保险以及如何与估价人和贷款人打交道——而且都是自费学习。那个时候也有销售术。经纪人必须学习如何寻找客户，如何与客户沟通。经纪人必须学习如何让客户选择某个社区。经纪人甚至还必须学习如何四处奔走，了解大街小巷，一个街区的某个房屋是否靠近学校、水库或过街天桥。在6到12个月的学习阶段，大多数经纪人没有维持生计的经济来源。这就是为什么当时的行业被年龄较大的退休或退伍白人或者卖掉自己企业的白人主导的原因，他们在银行有足够的资金供他们学习如何在房地产行业赚钱。

一旦经纪人工作一段时间后，这个工作就变得容易很多。老客户会非常忠诚，只要他们之前获得了服务。当经纪人开始营造自己的客户群体时，他对广告和销售电话的依赖就下降了。买家会主动找到经纪人，手中握着资金，请求经纪人帮助他们寻找新住房。这时候，经纪人开始质疑其工作体系。如果他是通过声誉和回头客获得销售线索的，那么为什么还要将佣金的一半交给经纪公司？如果他已经凭一己之力取得了成功，他应该向所在的公司表现出怎样的忠诚或专注？是什么妨碍他跳槽到其他公司，或者与几个同伴组建自己的团队，并从这些同伴身上赚取佣金？

最主要的原因是担忧。并不是所有经纪人都具备生存的前提条件。实际上，八成的经纪人在第一年中就失败了，而且再也没有更新执照。林内格知道，对于取得成功的那两名经纪人，像范·沙克这样的公司很有吸引力。范·沙克非常重视培训，而且经营模式非常现代化。它的蓝筹股声誉、市场份额和品牌知名度也吸引着最佳的房源。潜在

第1章 颠覆性的收益共享理念

客户更有可能将房源委托给范·沙克,而不是他们之前从未听说过的其他公司。但是尽管有这些优势,范·沙克仍缺乏最重要的一个环节。与其他每一家公司一样,它没有完全意识到通过给予经纪人成长和成功的自由会给公司带来多大的收益。凭借最佳的经纪人、顶级品牌和适当的体系,像范·沙克这样的公司会势不可挡。

林内格能够那么清楚地看到这个梦想,因为他的经历与大多数范·沙克经纪人非常不同。他学到的销售术来之不易——一次又一次的失败让他深谙销售之道。他不是那些在每个层面上都成功而且平步青云的两成经纪人之一。他是那八成的失败经纪人之一,而且完全有理由放弃这个职业。但是他不断努力,将每一次失败看作是成功之母,直到他最终弄清楚如何取得成功。在这一过程中,他意识到了一个关键点:诚然,在他成单的时候是金钱让他感到兴奋,但是还有其他更深层的东西在涌动。他喜欢理解人并且弄清楚如何满足他们的需求。他喜欢变得更加自信和熟练。金钱本身并不是目的,而是实现某种自我发展的途径。林内格意识到,人们在知道自己能够从努力中获得更大收益的时候不断推动自己前进。通过从经纪人手中拿走50%的收益,实际上几乎相当于房地产公司是在夺走经纪人的一半动力和意愿。

如果房地产公司给经纪人提供100%的佣金来换取每月费用,这样会给经纪人产生多大的动力?坐在椅子上的他前倾着身子将这个理念解释给杰克·布拉德伯里。该理念来源于他在亚利桑那州的经历,当时他为一家名为房地产经理人的房地产公司效力。房地产经理人公司是一家拆车铺,它采取的是皮包公司模式,自由职业经纪人在公司的旗下工作,公司为经纪人提供一些付费服务和经纪人执照。当然,林内格承认,这个100%佣金的设想并不是为了彻底改造房地产行业。但是,想象一下这个设想背后的理念蕴含的无限潜力,尤其是将这个理念与诸如范·沙克这样的公司所代表的想法相结合时。布拉德伯里点头同意,就好像他意识到了林内格想要描绘的图景;林内格继续阐述他的理念,尽量避免过快的语速。

人人皆赢:RE/MAX 背后的故事和经验

房地产经理人公司实际上是一家没有任何分量的合作社。范·沙克是一家蓝筹股公司,拥有影响力、声誉、培训和质量控制。除此之外,像范·沙克这样的公司还拥有市场份额和团队广告。它可以以很大的折扣购买标牌等物品。它是许多报社的大客户,而且享有巨大的品牌知名度。它是一家非常成熟的公司。实际上,林内格向布拉德伯里承认,正是因为这些原因,他才首先选择加入范·沙克公司。布拉德伯里知道,林内格作为顶级自由职业销售人员取得了不俗的成就,但是他还想要更多。他想要参与某个更大、更激动人心的事业。他想要被人看作是最棒的,他喜欢归属于俱乐部的感觉。林内格内心知道,他并不真正归属于俱乐部,而且也从来不会真正归属于俱乐部,但是这并不阻碍他看到俱乐部带来的机会——尤其是在将俱乐部的想法与能够彻底改造行业的理念相结合的时候。

"你看不到吗?"他问布拉德伯里,"经纪人在为最佳、最知名的公司效力时,有什么理由不会为了 100% 的佣金而倾尽全力?全世界每一个顶级经纪人有什么理由不为这样的公司效力?这样的公司为什么不能增长到足够大的规模来占据丹佛市、美国乃至全世界的大部分市场份额?"

布拉德伯里仔细倾听着。他肯定意识到了林内格的梦想的一些威力,即使他没有完全领会所有可能性。林内格卖力劝说,但是布拉德伯里不理会他的激进愿景。他看不到这种愿景,林内格离开了他的办公室,对自己不能够有效地阐述自己的理念而感到懊恼,但是仍然相信他的理念是正确的。

林内格没有放弃向公司的其他人兜售他的理念。只要一有机会,他就会让骨干知道租用办公桌的理念确实起作用,而且如果范·沙克公司将这个理念与它的经营模式相结合,就会成为全世界最大的房地产公司,甚至是愿意倾听他的想法的人也嘲笑他幼稚。所以,在他的想法毫无进展之后,林内格离开了这家最知名、最舒适的公司,开始以自己的梦想和决心白手起家。

范·沙克公司的经纪人之所以不理解他的梦想,原因有许多个。他们都是四十岁以上的人,而且极其成功,不愿意尝试任何新想法,不论是不是创业想法。他们没有理由怀疑当前让其取得成功的经营体系。与新时代中其他落伍的人一样,他们自满而且没有意识到即将到来的变革。林内格只是一个幼稚而又热情的孩童,不像他们那样圆滑和世故。他们没有认识到他的想法实际上有多么激进,可能是因为林内格也没有完全弄明白自己的想法有多么激进。当提到房地产行业的自我认知方式、运行方式、成功方式以及客户实际上是谁的时候,林内格的想法完全颠倒了整个模式。

这是一场哥白尼式的革命,林内格,这个下定决心但又不够成熟、没有受过高等教育但又充满智慧和自信的孩子,是不太可能成为哥白尼那样的人。

想法的来源

为了理解该想法的来源,有必要了解林内格的出身。林内格并非不够成熟、老练。他实际上是未经雕琢的钻石,就像他崇拜的路易斯·L.阿莫的西部牛仔书中的英雄一样。如果你从头到尾读过路易斯·L.阿莫的一本书,你可能会注意到作者创作历程中的某种变化。书中的许多故事一开始都采用小学四五年级的语言叙述,枪手或警长像是12岁的孩子一样自言自语。你沉醉于故事的简洁性,但是读到最后,你会意识到,叙事者(同一个人,只是年龄更大、更睿智而且也更成功)现在成为一个老练、缜密的人,经历过风风雨雨而且也学到了非常重要的生活哲理。从真正的意义上讲,这就是林内格的人生和瑞麦故事的轨迹。

林内格在印第安纳州马里恩的一个家庭农场长大。他的父母在镇上经营一家小公司,所以他们把土地出租给其他人耕作,但是保留了树木环绕的 10 英亩土地。夏天，林内格的任务是一周两次用除草机给这 10 英亩土地除草，他一干就是几个小时。体力劳动和辛勤工作是这个家的传统。与中西部的其他男孩一样，林内格属于童子军和四健会（思维、心灵、手脚、身体四健）成员，他会长时间凝望着玉米和大豆田，心想外面的世界肯定很精彩。他心目中的英雄是人猿泰山和约翰·韦恩。他喜欢牛仔、战士和战斗机飞行员，他告诉他父母说："当我18岁的时候，我就离开这里。"

孩童时期的他聪慧过人，但是不成熟。他的父母本应该把他留在身边，但是在他5岁的时候就把他送入小学。由于缺乏学习兴趣，他的每门功课的成绩都只是刚刚及格，而且只有在有足够的学习兴趣的情况下才能拿到优等成绩。他的父母始终都轻视他的学习习惯，但是他就是无法坚持去做不感兴趣的事情。然而，他却表现出超乎寻常的足智多谋。年幼的他就尝试了他能够找到的各种兼职工作——除草、切割钢板、送报纸，甚至是照看婴儿——因为他内心渴望成为富人。

大概在他16岁的时候，他阅读了拿破仑·希尔的《思考致富》。林内格从小到大一直都是自学成才，他如饥似渴地从书中获取知识，总是能够因其所遇而迸发出一两个了不起的想法。拿破仑·希尔的这本书是众多给他留下深刻印象的书中的第一本。希尔的"有志者事竟成"的观念深深触动了年幼的林内格的内心。但是他缺乏可以为之全身心投入的事情。因为他上学早，上大学也早别人一步，年仅17岁就升入了大学。由于没有了中学时期父母和老师的监督，他毫无自律能力，很快就落后了。在一个学期后，他被留校察看。这给他敲响了警钟，在接下来的一个学期，他发誓要埋头苦读。虽然略有起色，但是很快他又失去了兴趣。他意识到，他之所以没有自律能力就是因为他心中没有目标。一些学生刻苦攻读是为了日后成为医生或律师，但是林内格不知道自己想要成为什么样的人。他只知道他想要进入某个行业。

由于没有更好的选择，他首先从父亲的公司干起。这是一项类似机修工的工作——安装喷淋器、上下水管和金属板——很快，林内格觉

第1章 颠覆性的收益共享理念

得这个工作不适合他。他想要成为商人,他想要穿西装、打领带。他当时的想法(这也是他在几年内完全颠倒过来的想法)是,体力活又脏又不体面,而且地位又低。但是即使他鄙视这份工作,他也羡慕父亲公司的一些工人对各自岗位的热爱。这些金属板工人找到了自己的职业。热衷打猎、钓鱼和谈情说爱的林内格却迷失了自我。

经历过磨难的人会告诉你,你需要从其他人的错误中汲取经验教训,因为你没有那么多的时间把别人的老路都走一遍。林内格就在处处碰壁。他过着艰难的日子,但是玩心不减。他在射击场上遇到了一位妙龄美女,后来与她结了婚。他们都是没见过世面的孩子,年龄相仿,而且都还在冒险。当他妻子有了身孕时,林内格参了军,希望有朝一日能成为一名军医。但是,当时是1968年,军队更需要的是能够参加越战的战士,而不是军医。林内格接受了基本训练,然后被派遣到海外。他给父母写了一封信,开玩笑说不论他料想的有多糟糕,越南也比印第安纳好。抛开黑色幽默不论,对于林内格而言,越南确实更好。那里有直升机、坦克和枪炮——这正是他毕生梦寐以求的冒险。

然而,孩子的降生突然改变了一切,林内格必须要养家糊口,而且肩头的责任很沉重。他每个月的基本工资是99美元,由于他在基地外吃饭,他还有额外的33美元单独军饷,所以每个月的总收入是132美元。即使在1966年,这点工资也属于贫困水平。林内格的收入从每小时4.5美元的工会工资降低到了仅有一半的部队工资,而且还需要养家糊口。有家有室的人也没有额外津贴。军队里的人说,如果美国政府想让你有老婆,就会给你发一个老婆。林内格下定决心,他不会拿福利,而且会想办法让家人的日子过得去。

他没有让妻子找工作,这是他犯下的一个重大的生活错误。他母亲从来没有工作过,父亲始终都是家里的顶梁柱。所以,林内格认为没有理由让妻子出去工作贴补家用。为了补偿收入,他做了3份兼职工作。他每天凌晨2点给报童送报纸,晚上在加油站工作,周末在加油站或电影院打工。通过这三个额外收入来源与美国空军发放的基本工资,他每月收入超过了400美元。这并不是多高的收入,但是确实也算不错了。与林内格处境相同的其他家庭却以不同的方式过活。在这些家庭里,妻子工作,孩子被送入托儿所,家庭生活比较宽裕。林内格每天晚上只睡三四个小时,每天都精疲力竭。他没有休息时间,他家人的生活捉襟见肘,但是他想方设法买了一套价值10 450美元的房子。他只付了150美元定金,但是一年后,房子修缮完毕后,林内格将房子出售,转手就赚了4 000美元利润。换句话说,他在这套房子上赚的钱相当于他一年内做四份工作的收入。这次经历给林内格指明了方向。他虽然身在军中,但是他知道当自己服役期满后会离开军队,当他离开军队时,他决定投身房地产行业,成为一名投资人。投资人就是那种既西装笔挺又能够照顾家人,而且赚得盆满钵满的人。

这些想法与林内格当时阅读的另外一本书一致。这本书的作者是一名邮递员,他以处理价购买了一套年久失修的房子,然后重新装修、大赚一笔,就地买了一套叠拼别墅,然后再如法炮制。最终,这名邮递员成为百万富翁,写了一本书来解释其中奥秘。除了财富增长战略外,这本书还包括有关物业管理、租约编写、租金收取等等的有用信息。林内格一字不漏地读完了这本书,想象着自己如法炮制。

当林内格在1969年夏季从越战战场回家后,他和家人被调到了亚利桑那州立大学,也就是当时的美国空军后备军官训练队。这是一份很轻松的工作,所以林内格决定实施他的新计划,开始买房子。他坚信10名军官有可能会走到一起,组成一个投资团体,与他一同每人出资1 000美元。林内格在交易中免费获得1/11的股权,而且向买卖双方都收取佣金。林内格心里清楚自己在做什么,他知道这个投资团体赚取了200%的利润。每个人都赚钱,所以每个人都开心。

为了卖房,他取得了房地产经纪人执照,但是他不想成为房地产经纪人。林内格再一次因为房地产经纪人的辛苦而又不体面的工作误解了这个职业。林内格认为,房地产经纪人的工作是低级工作——费尽心思寻找销售线索,挨家挨户敲门询问——而投资人的工作意味着与

第1章 颠覆性的收益共享理念

富人打交道,是富人们的密友,与富人们打成一片。随着他真正地为自己和公司闯出了一片天地,林内格对辛勤工作的看法在后来几年里发生了巨变。但是在年轻时,他对房地产经纪人的印象来源于其观察到的行业本身的萎靡不振和不专业性。

20世纪60年代,房地产经纪人的整体素质非常低。一些州甚至不要求检查许可证,经纪人只是为了获得专业人员的头衔而付出一笔费用。如今,比如在科罗拉多州,你需要花费大约300小时的课堂学习时间才能够参加经纪人资格考试,每年对于持续培训、认证和教育更是有严格的要求。当时没有技术,只有文书工作。经纪人从一页纸的房源和一页纸的销售表开始。来自多重房产上市服务系统的所有房源信息都显示在5×7英寸的纸张上,经纪人将这些纸张保存在自己的活页夹中,根据需要取下和添加纸张。当时也没有创造性融资工具,20%的下降幅度非常普遍,以至于成为行业标准。经纪人之间在定价方面也没有太多竞争。房源表实际上说明,房地产经纪人委员会要求经纪人收取6%或7%的佣金费用。如今,公开讨论经纪人收取的佣金金额会被认为是价格垄断。

彼时,利率为5%或6%,所以市场交易火爆,愿意跑腿的经纪人也面临很多机会。林内格遇到的大多数经纪人似乎都很疲惫,而且年龄比较大。当然,他们只有五十多岁,但是对于20岁的林内格来说,这已经算很老的年纪了。考虑到当时的市场中非常容易获得佣金,林内格琢磨着自己可以围绕着每个人软磨硬泡,成单是轻而易举的事情。所以他决定一试身手。

他加入了艾德·瑟克希尔房地产经纪公司。这家公司的老板艾德是一个友善的年长者,拥有几家分支机构,当时的大多数房地产经纪公司都是如此。林内格是20多岁的退役青年,身材瘦削,开着一辆老旧的大众汽车,这辆车的挡风玻璃已经开裂,在亚利桑那州凤凰城的炎炎夏日下还没有空调。他穿着一套廉价的西装,干劲十足。由于留着军中的寸头,再加上瘦削的身材,他看起来像是16岁的人,每个客户都把他当作是小伙子。当然,房地产经纪人到处都是,像林内格这样热情而又天真的人最适合做这种工作:他身体健康,精力充沛,乐于挨家挨户敲门寻找销售线索。因为林内格的工作是为了赚取佣金,他的努力并不会给房地产经纪公司产生前期费用,而且在敲开足够多的房门之后,他总有可能会遇上某个人确实想卖房而且被他说服将房源委托给他。但在头六个月的尝试中,他没有获得一处房源,也没有做成一单。

这是不祥的开始,导致林内格做了一件之前从未做过的事情:他放弃了。

兜售梦想的力量

如果不是为了一张 20 美元的票,这可能就是故事的结尾了。但是在任何童话故事或史诗般的历险记中,总有一些关键时刻会让天真的英雄碰上真正的好运。比如,《杰克和豌豆》中的杰克拿着用家中最后的财产(一头牛)换取的三颗魔豆回家,他的母亲被杰克的愚蠢气得说不出话来,将三颗豆子种在了菜园里,这本应该是故事的结局了。但是豆子实际上有魔力,长出了一棵巨大的豆茎。杰克爬上了豆茎,发现了遍地都是财富的王国,杀死了统治王国的巨人,回家受到了英雄般的礼遇,令他可怜的老母亲无比自豪。

对于林内格而言,一张 20 美元的房地产激励演讲会门票就相当于他手中的魔豆。

他之所以参加这次演讲会是因为他已经买了票。魔力演讲人名叫戴维·斯通。在凤凰城的山阴乡村俱乐部听他演讲,可谓是林内格生命中的转折点。他坐在第一排,听得如痴如醉。斯通是一位了不起的房地产人,热爱教学,所有伟大的房地产讲师均出自他门下。他的一番演讲让林内格醍醐灌顶。中场休息时,林内格跑向斯通,做了自我介

第1章 颠覆性的收益共享理念

绍。他们一直谈到演讲再次开始才停下来。林内格坐在前排望着斯通,感受到创意的火苗在他的内心燃烧。

在接下来的每一次休息时,林内格都跳上前来跟斯通交谈一番。毫无疑问,斯通肯定是被这个年轻人的热情和执着弄糊涂了,但是他洗耳恭听。林内格告诉斯通,只要他能够像斯通那样演说和表达,他也能够获得房源。这番话让斯通感到迷惑,他问林内格到目前为止已经获得了多少房源。林内格回答说还没有获得一个房源。斯通接着问林内格已经尝试了多久。林内格说,他已经努力了6个月。斯通可能惊呆了,但是他依然表情严肃,给了林内格一个合理而有用的建议:放弃吧。

从激励演讲家的口中得到的这条建议可能确实很刺耳,但是林内格把它看作是激将法,是在检验他迎接挑战的决心有多大。实际上,这是林内格听过的最激励人心的演说,他感到自己像是被迎头一击,醒来后就换了一个人。在当晚回家的路上,他在一家杂货店停了下来,去给家人买一箱牛奶。一个西班牙女孩站在他前面,等待结账。她大约18岁,正在跟她父亲(站在她旁边的一个老年人)说话。林内格可以听懂西班牙语,知道他们可能是在谈论房地产,这促使他做了一件出乎意料的事情:他与这两个人攀谈起来,询问他们是否想要卖房子。女孩告诉林内格说,她父亲打算从亚利桑那州坦佩市搬到新墨西哥州的阿尔伯克基,所以他不得不卖掉房子。林内格打量着这个老人,说道:"先生,你知道房地产佣金是多少吗?"老人摇摇头,女孩说他不会说英语,所以非常迷惑。

就在那一刻,林内格意识到,客户对他的需求超过他对客户的需求。林内格比这个老人更了解房地产行业。林内格会说英语,而老人不会。他此生从未感到如此自信。"我可以帮助你。"他对老人说。老人点点头,就像是听懂了一样。林内格被他眼神中的信任和无助感深深触动。

第二天,林内格与他们二人一同去看房子。这是一套破房子,特别适合像书中所说的那样以低价买入然后转手盈利。林内格从自己的投资项目中掌握了有关破房子的所有知识，所以他感到更加自信。他知道自己可以卖掉这套房子。实际上，他知道人们会为破房子支付超出他们可能应该支付的价格。他将这套房挂牌，当晚就以全价卖出。当他第二天早上在家中一觉醒来时，他对妻子说："亲爱的，你老公可是了不起的房地产经纪人。"她问他此话怎讲，他说："你知道吗？我的全部房源在一个小时左右的时间内就以全价卖出去了。"他们都大笑起来，因为他们知道，一夜之间，他们的生活彻底改变了。

这段插曲并没有结束。年轻的西班牙女孩和她的未婚夫即将结婚。林内格那一天把他们俩约出来，与他们像老朋友一样闲聊，天还没黑就把一套好房子卖给了他们俩。然后，他们将林内格推荐给另外一对西班牙夫妇，林内格也将一套房子卖给了他们。48小时结束时，林内格成交了4套房，获得了一个可靠房源。两天前，他还处于长达6个月的低收入期。两天之间，他的唯一变化就是自信了很多，感受到十足的底气。他突然感到房地产行业其实并没有什么，他只差一棵巨大的豆茎，让他可以爬上财富王国。如果豆茎的顶部有一个巨人等着他，就更有趣。

结合想法

对于曾经站在潜在客户面前想要卖房子的许多经纪人而言，林内格的早期房地产经验可能并不陌生。卖房子不像卖其他商品，其中的风险很大。从经济上讲，购房人是将自己的身家都托付给房地产经纪人。对已经非常焦虑的客户而言，急于成单的菜鸟经纪人与深谙房产之道的经纪人之间有着天壤之别。在能够弄清楚客户真正需求的房地产经纪人手中，购房人感到放松，成单就变得容易得多。林内格发现了

第 1 章　颠覆性的收益共享理念

他的心态带来了多么大的变化。他知道,他只是刚刚开始发掘自身的全部潜力。

他主动投身于房地产行业,如饥似渴地阅读,参加了他能够发现的每一门培训课程。他成为戴维·斯通的追随者,追随他的每一次演讲,更加深入地了解他,将他作为个人导师(参见图1.1)。果不其然,生活开始显著改善。他刚刚发现的销售能力给他带来了大笔钱财,也赢得了周围人的尊敬。他买了一辆有空调的好车。令他意想不到的是,他获得了月度销售冠军的牌匾。

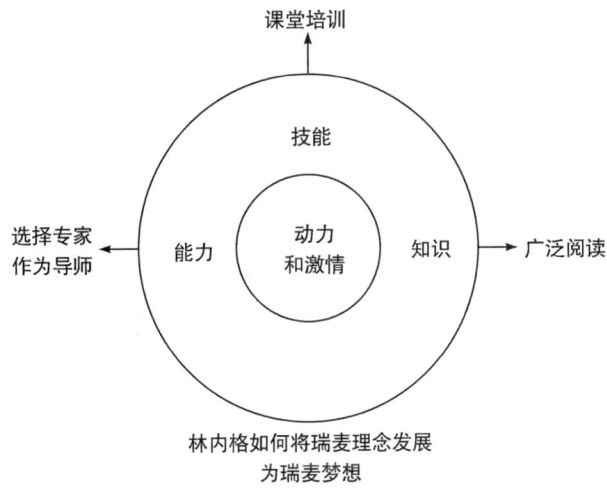

图 1.1　瑞麦学习模式

对于像林内格这样孜孜不倦的年轻人而言,这个牌匾象征着前进的号角。虽然艾德·瑟克希尔房地产经纪公司为林内格提供了销售和企业经营模式培训,但它毕竟是一家小公司,没有多大的目标,而且始终不求进取。所以林内格决定开拓新领域,一探究竟。20年后,在坐满瑞麦经纪人的会议厅发表演讲时,林内格回忆了他从艾德·瑟克希尔房地产经纪公司获得的经验教训、他的第一份工作以及他对这场经历的感激之情。演讲结束时,一个年轻人走到林内格跟前,将他的瑞麦名片递给了他。名片上的名字是小艾德·瑟克希尔。

人人皆赢:RE/MAX背后的故事和经验

离开艾德·瑟克希尔房地产经纪公司之后,林内格加入了另外一家规模大不了多少的公司——房地产经理人公司。公司的老板是一个好人,信奉"不走寻常路"的经营理念。他并不将经纪人佣金的50%收入囊中,而是让经纪人付费为他效力,经纪人进而能够赚到佣金的100%。业内的其他人将这种模式轻蔑地称为"皮包公司"。但是,对于林内格而言,它不同于医生或律师与其他同事分担办公室租金和共享行政支持并且自己招揽生意的模式。这种模式对林内格的吸引力很简单。他只想自己单干。他只需要一个办公桌、一部电话和一张名片,然后就外出跑业务。为此,他宁愿支付统一费用,也不愿支付一半的佣金。优点是容易赚钱。但是他在前6个月内都没有能够成单,因为他没能获得房源。但是现在他是月度销售冠军了,这正是他想要的风险—收益模式。

他开始赚钱了。他是独立的。他的家人比以前更加有生活保障。他正在沿着这个巨大的豆茎一步一步向上爬。一切都是完美的,唯独一点除外:林内格讨厌沙漠。冬天还好说。但是到了8月份,在37℃的高温下带客户看房简直令他备受煎熬。他对科罗拉多州这个狩猎、捕鱼和滑雪天堂早有耳闻,它听起来就像是上帝的国度。他知道他想要更好的生活质量,所以他和妻子决定搬家。

他们喜欢在新地方寻求新的开始。林内格在一年半中在艾德·瑟克希尔房地产经纪公司和后来的房地产经理人公司积累了惊人的销售业绩。他很容易前往丹佛市的更大更好的公司,并对这些公司的老板说:"这是我的销售业绩。我刚刚搬到这里。你能为我做点什么吗?"与寻求更好的生活质量相比,从头来过寻找新工作算不上多大的风险。

林内格参加了丹佛市的7家一流公司的面试,然后选择了范·沙克公司。范·沙克公司吸引他的地方是这家公司的成熟程度。范·沙克出身于类似艾德·瑟克希尔房地产经纪公司这样的公司,他有着截然不同的企业经营之道。这家公司为员工提供良好的培训、享有巨大的市场份额以及很高的品牌知名度。该公司拥有自己的搬家公司,而

第1章 颠覆性的收益共享理念

且还拥有庞大的经营网络,包括街对面的一处实验场所,所以经纪人可以拥有自己的私人办公空间,而不是在典型的大房间中办公。

1971年万圣节的晚上,26岁的林内格驱车载着家人来到丹佛市。他们租了一套房子,林内格参加了为期几个月的培训,以便为科罗拉多州房地产经纪人资格考试做准备。在此期间,他将范·沙克公司的每一名最高销售领导人约出来吃饭。林内格渴望弄清楚范·沙克公司是如何成为一家一流公司的。即使在他向聚餐的同事献殷勤时,他也不忘向他们刨根问底。"你是如何成功的?如果你刚到这个地方,你会如何在这里迅速起步?"这些都是他如饥似渴地寻求最佳建议和指导时提出的问题。他想要成为全世界一流的房地产经纪人。

他从1972年初开始起步。仅过了几个月的时间,他就再次开启了房地产经纪业务的良性循环。范·沙克为他提供了一套住房和一个品牌名称,因为范·沙克需要培育一个自力更生的新人,但是,由于他有了自己的关系网、大量的可靠房源以及蒸蒸日上的回头客业务,他实际上不再需要这家公司,他赚取的一半佣金都进入了公司的腰包,但自己却没有获得多少回报。

因为现在处在房地产行业中的食物链顶端,林内格意识到,他的不满并非来源于他效力的公司,而是因为体系自身的性质。范·沙克重视手下的经纪人,但是与其他房地产公司一样,它并不感激员工,也不真正在乎员工的成长或发展。公司和经纪人的关系差得不能再差,金钱是这个矛盾的根源。50%佣金制度短期而言对公司有好处,但是长期而言却损害了公司的利益。因为经纪人获得的回报太少,他们总是心不在焉。只有各种威胁、策略和操控才将经纪人留下来。这一切仍然都围绕着金钱。比如,顶级经纪人在2月获得的奖金等于上一年的佣金收入的5%。为什么是2月呢?因为在那个时候,下一年的工资支出与经纪人利害攸关,他们不大可能跳槽。不想跳槽的经纪人往往是经纪公司不想要的员工。他们依赖公司的品牌走走过场就可以获得足够赖以生存的业务。如果他们缺乏离职的动力,他们也同样缺乏增长自己的业务和公司利润的动力。总之,对于经纪人和经纪公司而言,这是一个双输的局面。

林内格知道,他的客户是从他那里买房子,而不是从范·沙克公司那里买房子。他仍然喜欢范·沙克的成熟和形象,他当然理解培训、支持体系、品牌名称和市场份额的价值。但是他忍不住回顾自己在房地产经纪人公司工作的日子,有一种怅然若失的感觉。坐在咖啡厅里,思考着租用办公桌理念的诱人之处,他猛然看到了更大的图景。

答案并不在于用一个想法取代另一个想法,而在于两个想法的结合。如果公司可以将范·沙克公司的蓝筹股声誉、专业性和成熟度与房地产经理人公司的租用办公桌经营模式的企业赋权相结合,那么这样的公司将势不可挡。经纪人会在财务上受到激励,再辅以有效培训,就能够自由地茁壮成长。购房人可以从更专业的服务和更长远的承诺意识中获益匪浅。经纪公司的业务也会呈指数级增长,因为经纪人会慕名而来,蜂拥而至。随着体系的运行,它就会将美好优雅的逻辑融入企业的基因中。如果恪守这些收益共享原则,如此形成的企业就会不断增长,直到成为全世界最大的房地产公司。问题并不是这种模式如何起作用,而是有什么理由不起作用。这种模式的吸引力是全局性的,能够吸引参与其中的每一个人。它就是人人皆赢的理念。

虽然范·沙克公司的人都不这么认为,但是林内格也一点都不灰心丧气。他知道这家公司的人有许多理由安于现状。但是由于他最终意识到了能够颠覆行业的体系,他的自信心爆棚,毫不犹豫地迈入未知领域,自己创造愿景。所以,他这样做了。在范·沙克公司工作了仅仅一年,他就离职了——于是瑞麦诞生了。与许多革命一样,谁都不知道有人打响了第一枪。回头看一看,你可以看到房地产行业从此被彻底颠覆了。林内格凭借自己的梦想重新缔造了房地产行业。

第1章 颠覆性的收益共享理念

战略举措

瑞麦拥有的不仅仅是一个想法,而是一个梦想和模式。

当我们研究瑞麦梦想的起源时,我们并没有指望发现这家公司为了缔造自己的经营模式而投入了多少时间、耐心和准备。尽管林内格年纪轻轻,但是这个想法实际上已经成形多年了。迸发灵感的时刻就是集思广益和化零为整的时刻。在我们的研究中可以明显看出,像瑞麦这样的宏伟蓝图是通过一个流程变成了可行的梦想。我们认为这是组织构建和成长的一个关键成功因素。

- 想法不像梦想那么有威力。梦想是有激情的想法。
- 将想法与其他想法结合在一起,让梦想变得更大。
- 一旦有了梦想,就去实践和检验这个梦想,与愿意倾听的任何人分享这个梦想!
- 有才能但是缺乏自律的人能够被梦想激励。如果你将他们与梦想联系起来,他们就会朝着梦想而努力。
- 林内格职业生涯初期的华丽转身时刻是他意识到客户更需要他,而不是他更需要客户的时候。正是在这个时间点,他感到了自己的能力和自信。
- 在能够弄清楚客户真正需求的房地产经纪人手中,购房人感到放松,成单就变得容易得多。就像所有优秀的销售人员一样,林内格发现自己的心态产生了多么大的变化。这样做让他意识到自己才刚刚开始发掘自己的全部潜力。把握好自己的心态有助于你与其他人分享你的梦想。
- 寻找你所在领域的未来导师,寻求与他或她的辅导关系,不论你的年龄,也不论你所处的职业阶段。
- 寻找你所处行业中的精英,向他们学习。邀请他们进餐,弄清楚他们如何取得了成功。向他们寻求建议,为你的具体处境指明突围的方向。为了成为精英,你必须下定决心向精英虚心学习。

●花费必要的时间参加围绕着想法的培训。竭尽全力学习。通过向专家学习成为精英,然后围绕着你的梦想成为专家。

●当你的想法变为有着核心体系的梦想后,付诸实践!

> **经验总结**
>
> 如果创意不能成真,就毫无价值。
>
> 将伟大的想法转变为可行的梦想并非易事。只有将抽象的想法具体化之后,才有可能把一个成熟的梦想变为现实。将点子变成现实是一个需要不懈努力的过程。林内格从产生伟大的想法到将其变为梦想,一共经过了5个步骤,而正是这个梦想,使这个世界诞生了一家最成功的高成长型企业(注意,我们研究的其他公司在创造梦想时也经过了类似的流程:麦当劳—雷·克拉克、沃尔玛—山姆·沃顿、微软—比尔·盖茨)。我们认为这是用于收获创意并将创意变为可以实现的梦想的好模板。瑞麦将想法转变为梦想所采取的行动步骤其实很简单:
>
> 第1步:将想法写下来,正确表述。
>
> 第2步:将多个创意加以组合,形成一个丰满的想法。
>
> 第3步:对创意进行检验,确保可以将它兜销出去。
>
> 第4步:创意孵化。
>
> 第5步:将它称为梦想,然后与人分享。

在每一步都需要对创意进行修改和调整。图1.2定义了林内格在将瑞麦的想法变为一个令人相信的梦想时所采用的学习模型。

第1章 颠覆性的收益共享理念

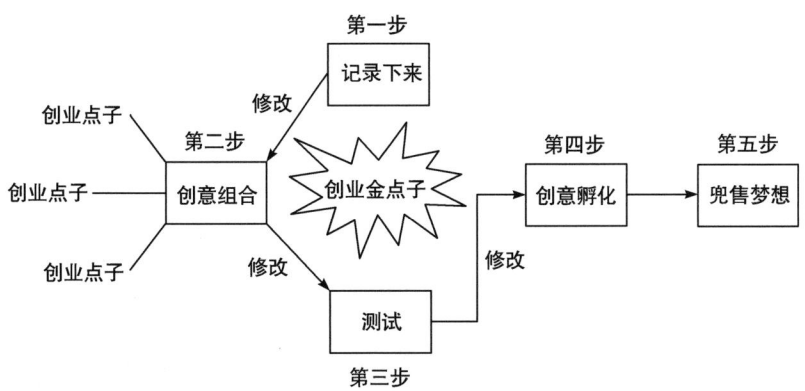

图1.2 梦想缔造者模型:将点子变成可以实现的梦想

第 2 章

认同梦想的人

第 2 章 认同梦想的人

> 吸引那些志同道合的人,一起去实现共同的梦想

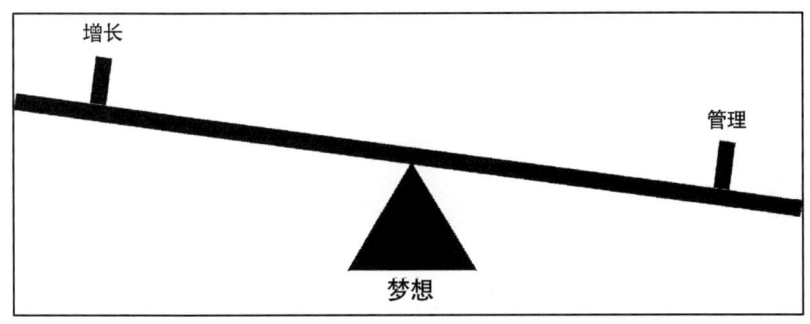

如果你想要建造一艘船,不要鼓动人们去收集木材,不要给他们安排任务和工作,而是要教会他们渴望远航。

——安东尼·德·圣-埃克苏佩里

当我们第一次开始研究瑞麦国际时,它已经是世界上销售额最高的房地产网络了,同时也是美国和加拿大历史上最成功的私营企业之一。我们可以看到,瑞麦联合创始人兼董事会主席戴维·林内格具备优秀领导人的旺盛精力和魅力。但是他也有显赫的丰功伟绩以及身后价值数十亿美元的房地产网络。换句话说,我们遇到林内格时,他已经登峰造极,呼风唤雨,举足轻重,仅仅通过吸引力就赢得了无数人的尊敬和追捧。我们想要知道的是,林内格在此之前是什么样的呢?当瑞麦还只是他心中的一个想法时,遇到他的人是否意识到了他的潜力?更重要的是,他是如何开始吸引其他人共同实现这个想法的?在决定谁是能够共同实现梦想的志同道合者的时候,他有什么战略和远见?

当林内格被范·沙克公司的杰克·布拉德伯里和其他人否定后,

他很快就开始追求他的梦想。虽然没有人认同他,但是他依然热情不减。所幸的是,他当时的处境不错,能够抓住实践新想法的机会。他有一些积蓄,拥有几套房子,而且知道自己能够始终作为自由房地产经纪人供养家人。离开范·沙克另起炉灶,这在他的宏图伟业中就像是小小地冒了一次险。

出发

1973年1月,他的新旅程开始了。林内格那天早上一大早起来与妻子坐在餐桌旁,商量着究竟该如何开始。喝了两杯咖啡,写了半打笔记纸之后,电话铃响了。这番通话出乎他的意料,向林内格表明他这条路走对了。

来电者名叫吉姆·柯林斯,是一家名为魏德特的土地开发公司的员工。柯林斯听说林内格离开了范·沙克,于是看到了机会。林内格是声名远扬的年轻才俊,在房地产界人脉很广,而且在过去短短一年里就取得了令人刮目相看的销售业绩。与此同时,魏德特公司计划将一种新型的开发模式引入丹佛市。该公司拥有丹佛市郊的大理石滑雪场,而且认为美丽的郊区是人们的理想休闲之所,蕴含着巨大的房地产开发机会。丹佛市当时正在快速扩张,而且市民越来越富裕。这意味着人们开始寻找各种休闲方式,利用科罗拉多州拥有的丰富自然资源。为了启动这个新梦想,魏德特公司计划设立一个住宅销售部门,想要邀请林内格成为这个部门的销售经理。

林内格彬彬有礼地倾听着柯林斯的这番讲述,但是他已经在思考如何向柯林斯推荐他的新企业。没等吉姆把话说完,林内格趁机脱口而出:"吉姆,听起来不错,确实如此,但是我正在开办我自己的公司。"他解释说,他的公司会将范·沙克公司的优质正式培训理念和品牌知名度与办公室网络和租用办公桌模式的财务结构相结合。"我相信我

第2章 认同梦想的人

的公司有朝一日会成为世界上最大的房地产网络"。

这是林内格第一次向外人投石问路的机会。柯林斯在听到这个突破性想法时立即表示认同。他邀请林内格与魏德特公司团队的其他人会谈，详细讨论他的新公司。

从那以后便一发不可收，林内格所到之处势如破竹。林内格与魏德特的4名投资人团体会谈。他们都是退役军人，在商界和土地开发领域声名显赫，而且胸中都怀揣着宏伟蓝图。此外，他们希望林内格带着他的梦想加入他们所谓的更大事业。原因显而易见。林内格确信，他的国际房地产网络理念会吸引成百上千名经纪人。"事实上，"他说，"不为我效力的经纪人肯定脑子有问题。"魏德特的投资人看得出林内格的想法与他们的抱负是多么契合。如果拥有全国房地产经纪人网络，他们就能够在全国各地出售土地、未开发的地块、分时共享度假房屋以及山区公寓。

但是魏德特看着林内格说："戴维，我希望你加入我们的团队。我们就像是一个大家庭。我们给你五分之一的股份，我们将获得你将要创造的公司的五分之四股份。我们还将给你几十万美元的启动资金。你意下如何？"

林内格会怎么说？一方面，他感到加入潜在竞争对手的公司是错误的选择；另一方面，他被深深打动了。魏德特的这些投资人开着奔驰车，乘坐公司的飞机，手中十几个土地开发项目同时在进行。他们都经验丰富、衣冠楚楚而且东奔西走。他们拥有庞大的军人和退役军人关系网，这些人都是他们的潜在客户，他们可以随时随地向这些潜在客户推荐新的投资机会。虽然林内格已经在自己的心中创造了一个全球房地产网络，但是他是这个世界上目前为这个想法努力的唯一一个人。数十万美元和一些经验丰富的合伙人会让他的梦想之旅走上捷径。此外，他也真心喜欢魏德特的这些投资人，从内心里感到这些退伍军人很亲切。他们都有勇有谋，胸怀伟大的梦想。他们的提议来得太突然，但是那并不意味着它是林内格应该把握的机会。

人人皆赢：RE/MAX 背后的故事和经验

"就这么定了！"他说道，随后他们握了握手。

那天晚上，他们围坐在酒店房间里，身旁是一瓶龙舌兰酒、一些盐和柠檬，商量着该给这家新房地产公司起个什么样的名字。一些想法脱口而出，但是很快就被否定。喝了半瓶龙舌兰酒后，有人提出给新公司取名为"房地产极限有限公司"。一时间没有人说话，因为每个人都喜欢这个名字。极限意味着每个人都发掘关系的最大价值，这种关系不仅仅是与房地产经纪人的关系，还包括与客户的关系。这个名字充分体现了作为新公司核心的人人皆赢原则。但是几分钟过后，他们意识到这个名字也不可取。这个名字对于品牌名称而言并不朗朗上口，而且如果放在房地产公司的标志中就显得过于冗长了。

大家的酒杯中又倒满了酒。没有人能够提出与房地产极限一样靠谱的名字。有个人建议将它缩写为 R.E. Max。这样就朗朗上口，而且从品牌名称的意义上说更加有吸引力，但是当你写出来的时候，它看起来太像是某个人的名字。你可以想象一大堆垃圾邮件会堆在 R.E. Max 先生和小姐的办公桌上。柯林斯指出，埃克森几年前才组建，字母 X 带一条横线看起来非常潇洒。所以林内格去掉了其中的点号，在这个词的中间插入了一条斜线，然后将所有字母大写。于是写在纸上就成了 RE/MAX。大家沉默了片刻，随后是一片欢呼声和击掌声。这个名字看起来无可挑剔，就像是他们正在谈论一家已经非常成熟的全球公司一样。

那么，颜色该怎么选择呢？他们正在兴头上，此时不决定，更待何时？几杯龙舌兰酒下肚，他们争论着该为新名字"RE/MAX（瑞麦）"选择什么样的合适颜色。他们很快就想出来了：房间中的每个人都参加过越战，而且都是不折不扣的爱国者。颜色当然必须得是红、白和蓝。当他们考虑整个方案的时候，他们知道无可挑剔了。这即是独特的瑞麦品牌创意诞生的全过程。考虑如今品牌开发中投入的时间和资源，他们的方法似乎不合常规，但是却积极有效。没有把钱花在广告公司、市场研究或商标保护上。唯一的投资就是一瓶不错的龙舌兰酒；唯一

第 2 章 认同梦想的人

的焦点小组就是一群围坐在房间中开怀大笑的人。

但是,尽管度过了愉快的一晚,林内格知道重大的事情已经发生了。梦想已经被体现为瑞麦这个品牌,林内格从外观和内心里觉得这个品牌是合适的。确定了品牌之后,一个新的合作关系应运而生,大家握手言欢。总而言之,那一天是一个了不起的日子,然而,林内格那天晚上回到家的时候仍然不确定将自己的梦想分享给其他人是不是上上之举。尽管与魏德特的合作以及瑞麦名称和标识的诞生让他倍感振奋,但是甚至在那个时候,他也意识到一丝丝完美从他的手指间溜走。他的直觉告诉他,必须非常努力地工作才能够将这点缺憾弥补回来。但是至少他有了一家公司、一个名称和一些了不起的色彩。这本身就是不可思议的一大步。

找到平衡

几乎在一瞬间,魏德特这辆"快车"就脱轨了。没人对林内格撒谎,也没有信口雌黄地许下承诺,但是魏德特是一家高度杠杆化金融集团,在低迷的经济中如履薄冰,利率刚刚发生了大幅提高。林内格对魏德特的现实处境只是了解了皮毛。

第一次打击随之而来。1973 年 1 月底,在他组建了瑞麦公司后,他向魏德特的新合伙人寻求之前承诺的数十万美元的种子资金。但是魏德特处境艰难,需要更多的时间来筹措资金。魏德特先给了林内格 15000 美元,这笔钱还是从银行借的,然后告诉他公司将在 60 到 90 天内作出重大出资。最后,大额投资始终没有到来,而林内格发现自己却背负了合伙人之前就发生的巨额商业债务。

尽管如此,15000 美元足以让林内格通过其他关键途径启动新公司的业务。他在一栋漂亮的写字楼里租了 450 平方英尺的空间,获得了两个办公室和一个接待区。这可以让他开始招聘行政助理。他联系了多家职介所,面试了22人,找到了他需要的人选。如果任何企业家需要在初期招聘的重要性方面上一课的话,那么接下来的故事应该让他们警醒。毕竟,林内格招聘的行政助理有朝一日会与他共同领导这家公司。

这名行政助理名叫盖尔·梅恩。她年轻漂亮,受过高等教育,而且极其聪颖。她刚刚结婚,她丈夫是一名企业经理,从中西部调任到丹佛市。她从圣路易斯市的一所高校毕业,获得营销和管理学位,然后加入了普瑞纳公司。如果她在丹佛市有机会,她就会留在普瑞纳公司,但是因为没有机会,所以她开始寻找新工作。

如果盖尔的保守背景——来自中西部的年轻已婚女性,拥有大型传统公司工作经验——导致她对是否加入林内格的新公司犹豫不决的话,她从来就没有表现出来。450平方英尺的办公空间甚至还没有准备好供这名新员工参观,但是林内格还是领着她见到了投资人。他一路上都在努力说服她加入这家新公司。她的身上有着林内格没有的特质:成熟的风格和态度,林内格知道这种特质是实现梦想所不可或缺的。她也是天生的经理人,林内格深知自己不是行政管理人员——他需要像盖尔这样的人。当他开车带着她前往下一次会议时,他将内心的想法和盘托出。"这将是完美的,"他说道,"我将担任销售经理,始终在外边招聘经纪人。你负责开设办公室、招聘秘书、建立会计系统,然后公司就开始运行。"他好像已经看到了公司运行的样子,他的热情感染了盖尔。

盖尔很快就下定了决心。她同意加入,原因有两个。首先,她理解林内格的人人皆赢原则,而且认为这种原则的逻辑很有说服力。其次,她坚信林内格能够在全世界建立最大的房地产网络,她想要成为这个冒险事业的一分子。对于林内格而言,盖尔毫不犹豫地接纳了他的梦想就是一个好的预兆。认同这种理念的人并不总是房地产人;实际上,有时候,房地产行业之外的人更认同这种理念。但是,认同这种理念的人意识到林内格是在销售一种体系,而不是房子。这种理念的微妙之

第2章 认同梦想的人

处会在未来几年里随着战略的完善而逐渐显现。

有了盖尔帮助他运作办公室——选择办公室的外观、组织各个系统以及管理后勤人员——林内格全身心招聘新经纪人。因为瑞麦采用的是100%佣金制度，它的成功源于它能够吸引新经纪人并且增长经纪人的规模。归根结底：经纪人支付每月费用后就能够采用瑞麦的品牌进行经营。瑞麦有招聘一流经纪人的动力，原因很简单：如果他们在市场中成功卖出房子并且满足客户需求，就有助于将瑞麦体系推广给其他潜在经纪人。林内格相信，他会不费吹灰之力就招聘到顶级经纪人。对他而言，已经成功的经纪人必然会喜欢获得100%佣金（而不是传统的50%佣金）的这个想法，而新经纪人和其他对自身销售能力没把握的人不大可能冒险尝试每个月都令他们亏空的工作体系。有了这个信念，林内格准备欢迎丹佛市的顶尖房地产经纪人加入公司，而这些经纪人必然会自己找上门来。

事情并不如他所料，但是演变过程确实说明了问题——而且对于想要实现企业增长的任何人都具有指导意义。

首先，林内格在《丹佛邮报》上发布了一个小广告，广告的内容是"你明明可以保留全部佣金，为什么要把佣金的一半交给公司？"这就像是给本地房地产公司发出了警告，而且必然会令一些人皱眉。这个广告意味着林内格正在积极招募其他房地产公司的最佳经纪人。在房地产的乡村俱乐部圈子里，这是不可能做到的。或者更准确地说，没有公开做到这一点。每一家公司都试图招聘其他公司的最佳经纪人。顶尖公司通过吸引力做到这一点，利用他们处于食物链顶端的优势地位。经纪人不停跳槽，留住经纪人比招聘经纪人要难得多。但是林内格这个初生牛犊不怕虎的后起之秀，正在给老体系挖掘坟墓——而且没有人喜欢听到铁锹的声音。

在接下来的一个月里，由于瑞麦的这个广告，梅恩接到了上千个电话。林内格然后进行了204次面试。在这个令人精疲力尽的面试过程结束时，林内格选择了4个人作为瑞麦经纪人。

人人皆赢:RE/MAX 背后的故事和经验

我们想知道的是,林内格在这4名经纪人中看到了哪些可能成为未来经纪人招聘标准的特质,于是我们问了他。他考虑了片刻,就好像是在理解我们的问题一样,然后在自己的椅子上后仰着身子,咧着嘴笑笑说:"呵呵,因为只有那4个人跟我说了'是'!"

换句话说,在1000多次询问和204名求职者中,只有4个人认同瑞麦的梦想。虽然那么多求职者都不认同,但是林内格并没有丝毫动摇。尽管他在第一场招聘中接纳了认同他的梦想的任何人,但是每一个人都具有成为总体成功的关键要素的核心特质。林内格喜欢的不是他们的聪敏或者他们的业绩、销售数量或者外表,林内格喜欢的是他们的渴望。此外,这4个人想要加入瑞麦。他们相信瑞麦体系会让他们的生活变得更好,他们想要进入这个体系。而林内格也想把这类人收在他旗下。

这4名经纪人的另外一个特质也同样说明问题:4人中的3人都是女性。要理解这个特质有多么激进,可以考虑一下本地顶级房地产经纪公司范·沙克,这家公司有300名经纪人,全都是男性。而紧随范·沙克之后的摩尔公司也没有一名女性经纪人。女性经历房地产行业恶性循环的方式与男性相同。成功的人离开了公司,加入另一家更好的公司,逐渐向顶部迁移。但是一流的公司都将女性拒之门外。虽然这并不令人震惊,但是鉴于这些公司代表的乡村俱乐部以及女性当时的社会地位,它确实指出了房地产文化的一个软肋。女性在房屋销售方面比男性更有优势。女性理解住房对家庭的重要性,而男性却不能以同样的方式理解。如果家庭要承认这一点,最终决定某套房子是否合适的往往是妻子,而不是丈夫。房地产经纪人能够理解、认同并且满足"家中妻子"的需求,往往是卖房子的关键。这是最基本层面上的关系销售。此外,承担家庭义务的女性需要灵活的工作时间,而带客户看房子能够满足这种灵活工作时间的需求。女性天生就适合从事房地产行业。

然而,顶级房地产公司并不这么认为,那些顶级女性经纪人需要用武之地。瑞麦很快成为她们的用武之地。简而言之，这些女性经纪人是瑞麦取得成功的基础，可以想象女性经纪人是多么有动力帮助瑞麦取得成功。在一个由男性主导的行业中，瑞麦在最初增长期内有75%以上的员工都是女性。1977年，当瑞麦招聘第289名经纪人时而且成为丹佛房地产市场的龙头老大时，它仍然没有从该市的两家顶级房地产公司招聘一名男性经纪人。然后，在接下来的一年里，这两家公司的200名男性经纪人最终集体加入瑞麦，使得瑞麦在当地市场实现了井喷式增长。

丹佛的这个缓慢稳定的过程以及随后的爆炸式增长会在全世界的其他区域市场中重演。

王子和公主

盖尔·梅恩和最初的4名经纪人的经历集中体现了林内格招兵买马的方式。获得合适的人远比随便招人重要得多。但是林内格认识到，合适的人是那些迫切希望参与实现他的梦想的人，就好像是这些人在招聘林内格。这些人从其他人那里听说了瑞麦体系，对这个体系产生了好奇心，向林内格了解详情，然后就喜欢上了这个体系给他们带来的利益，最终成为激情四溢的倡导者。实际上，他们是在自我选择。只有足够疯狂、足够胆大、足够创新、足够有决心和足够激情的人才愿意加入林内格的公司去掘金。在某种意义上，让经纪人去选择瑞麦，比林内格去挑选经纪人更好。然而，林内格知道，你必须要亲吻很多只青蛙才能够找到王子或公主。

其中的一个王子是名叫鲍勃·费舍尔的年轻人。费舍尔来自科罗拉多州。与林内格一样，他也曾经是不成熟而且没有目标的年轻人，一名品尝过生活艰辛的平庸学生。作为家中的独子，他肩负着父母的期望进入了科罗拉多州立大学，但是由于喜欢享乐而且厌恶学习，他被学校劝退。如梦初醒之后,费舍尔知道他想要回到学校,但是认为像科罗拉多州立大学这样的名校不适合他。于是,他来到了科罗拉多州阿拉莫萨,进入了亚当州立学院。在那个更加安静的氛围中,费舍尔发现了终生热衷的事业——教育。他获得了商业学士学位后觉得应该继续深造 MBA。因为亚当州立学院没有 MBA 课程,费舍尔给自己找了个理由,选择了让他更感兴趣的学位课程:文化关系硕士学位课程。

文化关系是文化人类学这一个更大领域的分支。科罗拉多州的阿拉莫萨有大量的西班牙人口,所以他所在的系以文化和群体动态为教研重点。费舍尔通过尽可能多的商业课程来补充文化理论学习,在组织发展课程开设前几天果断选择了组织发展学位课程。

在获得硕士学位后,他在盖茨橡胶公司找到了一份市场研究分析员的工作。作为底层员工,他跑遍全国,造访各个办事处并且与员工面谈,以确定每个销售团队的业绩。与公司间谍一样,他试图弄清楚团队的真正工作模式、每个贡献者的动态以及团队成员如何取得总体业绩排名。完成分析后,费舍尔撰写技术评估报告,这些报告强烈影响了每个销售团队获得的绩效评估结果。销售人员很快意识到,他们在公司的命运都掌握在费舍尔的手中。

通过观察这些团队的日常工作表现,费舍尔更像是一名文化人类学家,他观察的群体知道他的存在,但是逐渐习以为常,而且放松了防范之心。这是极好的团队动态和销售绩效教育,但是费舍尔很快就遇到了麻烦。与当时的许多年轻人一样,他一直留着胡子,保守的经理人坚持要求他刮掉胡子。骨子里叛逆的费舍尔费尽了口舌,坚决不同意。经理告诉他最好另谋高就,所以费舍尔就辞职了,但是仍然留着胡子。

费舍尔仍然留在盖茨橡胶公司,但是转到了轮胎部门,负责管理其中一家轮胎中心。事实表明,他有管理才能。在短短两年里,轮胎中心从全国生产业绩最差一跃变成了总体排名第二的轮胎中心。凭借这一成功以及首席分析师的经历,他期望有朝一日成为盖茨公司的精英经理人。

第2章 认同梦想的人

与此同时,他的一个大学老室友戈登·史奇克为自己的职业生涯做出了一件非同寻常的事。史奇克从亚当州立学院毕业后当上了教师,但是同时为 H&R Block 公司提供税务会计服务,以贴补生活开支。他和妻子都是身兼数职,依然不能满足自己和两个女儿的生活需求。迫不得已,他有了一个新想法。作为税务会计师,史奇克经常与家庭客户联系。史奇克意识到,如果他拥有房地产经纪人执照,他就能够劝说这些客户卖房子。所以,他辞去了教师职务,加入了一家小型房地产经纪公司。

进入房地产业之后,史奇克开始对瑞麦有所耳闻。对于精力旺盛、热情洋溢、渴望赚钱而且又自律的史奇克而言,这听起来是个非常好的想法。费舍尔也赞同史奇克"希望效仿瑞麦"的新想法,因为他刚刚得到一个令他坐立不安的消息。盖茨橡胶公司将退出轮胎行业,费舍尔认为自己快要失业。几瓶啤酒下肚之后,史奇克打赌说费舍尔过不了房地产资格考试。费舍尔坚信自己的考试能力,不论任何考试都不在话下,所以他接受了史奇克的挑战。几周后,他报名参加考试。尽管没有学习,他想方设法通过考试。很快,他就高兴地得知自己通过了考试。当盖茨橡胶公司几个月后撤掉了轮胎部门后,费舍尔想要尝试房地产经纪人的工作。他加入了史奇克所在的小公司,当史奇克不久之后跳槽到瑞麦后,费舍尔也跟随着他加入瑞麦。

当时是 1973 年。瑞麦才刚刚成立 6 个月,费舍尔是加入公司的第 13 名销售人员。与已经加入公司的大多数人不同,费舍尔是一名新手,他知道自己还需要学习很多知识。他埋头苦读,全身心投入工作。在接下来的几个月里,他偶尔能遇到林内格和梅恩。费舍尔给林内格留下了深刻的印象。林内格始终在兜售他的瑞麦梦想。他反复说道,瑞麦将彻底改变房地产行业,或者按照他的话说:"我们将成为遍布整个州的房地产公司,然后我们会走向全国,然后我们会走向全世界!"

费舍尔听了激动不已。即使才 26 岁,他已经憧憬着美好的未来,对未来的美好生活满怀希望。在大学里,他告诉史奇克和其他人:"我以后会拥有里尔喷气式飞机。"虽然他不知道如何实现这个愿望，但是他相信自己有朝一日会成为极其成功的人。如果这个梦想的实现需要卖轮胎或卖房子，那就去卖轮胎或卖房子。但是，在发现了林内格和瑞麦之后，他感受到了比金钱更大的目标的鼓舞。林内格有一种非同寻常的力量，费舍尔被深深吸引。他想，"如果这个家伙能够描绘并且实现他的愿景，那么我就是他的人了。"

几天后，他有了一个想法。他完全致力于实现林内格的梦想，现在他把这个梦想看作是自己的梦想。他一门心思想要弄清楚如何更有力地推动瑞麦的发展。他必须要在此期间充分了解林内格和盖尔。他们三人进行了许多次难忘的社交活动，经常饮酒到深夜，而且无休止地讨论如何将企业做得更好。一天晚上，费舍尔说出了心里话："在我来到这里之前的三年里，我为盖茨橡胶公司效力，跑遍了整个北美地区，让企业变得更好。我深知如何将企业扩展到全国。我希望你让我为瑞麦做同样的事情。派我出差，我会将其他人带入公司。"

这是一番唐突的表白，但是林内格听了之后很是欣喜。费舍尔可能并不像他想象的那样了解如何在全国范围内扩展业务，尽管他经验缺乏，却可以通过热情和自信来弥补。林内格凝视着玻璃杯边缘片刻，然后看着费舍尔说："我就跟你直说了吧，费舍尔，我没有钱付你的工资。但是我们将许可他们使用我们的商标名，如果你能够将许可证销售给全国各地的房地产经纪人，你可以从中获得50%的收益分成。"

换句话说，如果费舍尔可以以5000美元的价格将瑞麦的合作关系销售给一名经纪人，他就可以赚取2500美元的报酬。没有底薪保障，而且对于费舍尔而言，佣金金额也比他一心一意卖房子获得的佣金少，但是这正是费舍尔想要的工作，也是他想要看到的公司的未来。既然他在圈子内迈出了一步，而且将组织建设的一部分负担扛在了自己的肩上，他就不能谈条件。林内格和盖尔都几乎没有收益，而且将自己的工资降低到了最低水平，为的是看到公司的成功。对于费舍尔而言，这听起来简直太有趣了。所以他与林内格握了握手，把酒言欢。费舍尔

第2章 认同梦想的人

即将上路。

他如饥似渴,非常乐观,而且胸怀宏伟蓝图。他知道四处奔波之苦,也知道如何结交新人,观察他们的绩效。他理解企业文化,而且颇具商业头脑。此外,他还毛遂自荐。这恰恰是瑞麦的经营理念。人们看到机会,毛遂自荐,然后追逐瑞麦梦想,就如同追逐自己的梦想一样。作为强有力而且富有魅力的领导者,林内格将特定的一群人吸引到身边,发掘他们之前从未真正展示出来的潜力。他的个性非常豪放,以至于给予员工想要或需要的所有自由,让他们独立负责并且把事情做成。

这个态度就像是手套一样符合费舍尔的个性。这个宁愿辞掉工作也不刮掉胡子的年轻人不会迫于别人的淫威而屈服。他尊重林内格,因为林内格确实是言出必行的人。林内格给予费舍尔的自由获得了丰厚的回报。通过费舍尔在接下来的几年里全国各地出差,瑞麦会深入了解所处的行业。

还有第三个室友。史奇克和费舍尔赚的钱和享受到的乐趣开始引起他们的另一个大学室友——达尔·杰斯普森的强烈兴趣。

杰斯普森和费舍尔在大学毕业后走上了不同的道路,尽管他们个性不同,但是依然保持着密切的关系。费舍尔生活艰苦,但是非常聪慧,求知欲很强,而且容易厌烦——这些特点使得他毫不犹豫地快速把握新机会,甚至都不去想失败的后果。与林内格一样,费舍尔的态度是:"开始干吧。我们总会做到的。"杰斯普森更加谨慎小心。当他把握机会时,尤其是特别大的机会时,他会仔细考虑这些机会,分析其中的所有利弊乃至百分比。但是像盖尔·梅恩的深思熟虑和严格自律的风格一样,杰斯普森对这项伟大事业的决心和激情也同样是一股强大的力量。

大学毕业后,在费舍尔继续攻读文化关系硕士学位时,杰斯普森成为美国海军的一名军官。服役期满后,他曾为是否继续攻读硕士学位斗争过,因为他认识的每个人似乎都选择了继续上学。但是在商界,硕士学位并没有多大优势,实际上,在求职时还会是劣势。所以,杰斯普森选择为石油公司德士古效力。

德士古公司的零售加油站遍布全国。这家公司需要像杰斯普森这样的年轻人与加油站的经理人和所有者密切合作,从而为公司谋利并且将它们与公司的品牌统一起来。实际上,这是一种加盟店开发工作,但是德士古和其他石油公司并没有将加油站归类为特许经营业务——它们因此无须遵守特许经营法律。然而,杰斯普森与特许经营权所有者合作、开发他们的潜力、向他们介绍新理念以及帮助他们解决问题和应对市场挑战的经历,在后来的几年里正好在瑞麦派上了用场。

作为公司的员工,杰斯普森的表现出色,但是他开始想要知道篱笆另一边的草是什么颜色。戈登·史奇克刚刚在瑞麦获得了"年度销售冠军"的称号。这意味着他和妻子已经从每年打几份工赚取的总计15000美元的收入飞速增长到44000美元的年收入。史奇克和费舍尔都过上了富裕的生活。他们很有钱,开新车,而且分别拥有一艘船和一辆房车。与此同时,杰斯普森和妻子跟随这些家庭旅行,心里想着,"真令人羡慕呀!"对于杰斯普森而言,显然他需要找到新朋友或者新工作。

那个时候,换工作或者跳槽并不容易。企业奖赏忠诚度高的员工。长期效力被看作是成熟和可靠的标志。在就业市场中,难以找到与你一直以来做的工作不相似的工作。即使你找到一家值得你加入的公司,并且能够应付工资的略微波动,你也不大可能做出像史奇克那样将自己的工资翻一倍多的事情。杰斯普森心想,"我必须舍弃什么?我要获得我的房地产经纪人执照,尝试一下这份工作。"

他刚开始并没有考虑瑞麦。当然,他知道瑞麦,他甚至遇见过林内格,但是他最初被更加传统的公司吸引了。比如,范·沙克公司喜欢杰斯普森。他符合这家公司的用人标准:男性、退役军官、前财富10强公司的员工,而且穿西装、打领带的样子看起来很不错。他们为他提供了一个职位,仍然采取传统的五五分账的薪酬模式。在考虑这个工作机会时,杰斯普森与史奇克和费舍尔交谈了一番。他们一同盘算了一下。在一次交易后,杰斯普森不能够在范·沙克或瑞麦维持生计。在两次

第 2 章 认同梦想的人

交易后，他在范·沙克的收入会略好一些，而在瑞麦只是达到了盈亏平衡点。但是在瑞麦完成三次交易后，他赚的钱会超过在范·沙克完成四次交易后获得的收入，从那以后，二者的差距会呈指数级增长。费舍尔心想，这是明摆着的事情。即使是傻子（或者是没有为大公司工作过的大学室友）也能够看出，卖三套房子比卖四套房子更容易。在列出了事实和分析了可能性之后，杰斯普森，这个之前从未卖过东西的人，决定去银行借钱，加入瑞麦。

他的第一天工作很顺利。这一天，他走到办公桌前，将铅笔放入杯子中，将便条本放在桌子的右边角落，此时电话铃响了。周围没有其他人，所以杰斯普森就接起了电话。来电者表示想要了解一下瑞麦的一个房源。这是费舍尔负责的房源，杰斯普森恰好熟悉这个房源。"这套房被法庭没收抵押品赎回权了。"他告诉来电者，"你想要在一周以内购买这套房子吗？因为如果你犹豫了，你就会失去它。"来电者想要立即拿下这套房子。他就靠购买旧房子、维修旧房子然后转手出售来谋生。所以杰斯普森带这个人去看房。他们在 8 天内就成交了，杰斯普森在开始这份新工作后的短短两周内就赚到了第一笔佣金。

这是一个好兆头，杰斯普森完全迷恋上了瑞麦。他当年获得了"年度新人"的称号，而且这个称号不仅仅是瑞麦颁发的，也是房地产经纪人委员会颁发的。正是这种工作氛围帮助了他。杰斯普森没有经验，房地产经纪人执照只教会了他如何填写合同。与每个新人一样，他不知道如何寻找客户、在找到客户后如何与他或她打交道、如何成单或者如何保持密切关系，以促进回头客业务和客户的推荐。但是以伟大的创业精神，瑞麦办公室的员工接纳了杰斯普森，并且一路上为他提供指导。

正如林内格不断承诺的那样，这是一项充满乐趣的事业。

人人皆赢:RE/MAX背后的故事和经验

宣扬梦想

对于瑞麦的先驱而言,是"我们要征服全世界"。加入公司的所有经纪人都有一个共同的态度:他们厌恶房地产行业的经营方式,他们想要向全世界表明房地产行业会有多好。他们以自己能够向潜在经纪人宣扬瑞麦梦想为荣。这就是我们能够为你提供的——市里最好的交易,唾手可得,来吧,加入我们吧。

瑞麦的使命是要打破房地产行业的恶性循环。每个成功的经纪人都知道这个恶性循环是什么样子的:在一家房地产公司签了订单,感到被自己的成功所压榨,继续加入一家更大的公司,再次感受同样的经历,开办你自己的公司,遵循你作为经纪人沿用的规则,产生你自己的未来竞争对手。这完全没有道理,而且必须要结束这种恶性循环。向潜在经纪人解释瑞麦的不同之处以及经纪人为什么再也不用(也不想)另谋高就,这本身就是一种令人满足的体验。

早期先驱的核心团队(大约有50人)为了这个使命可谓是呕心沥血。他们每天工作12小时、每周工作7天。如果你早上6点半来上班,你会发现你是最晚一个走进公司的人。大家都比着看谁第一个来公司上班,这已然成为公司的笑谈。费舍尔心想自己终于拿到了销售冠军的称号,于是在某一天的早上五点来到公司,却惊讶地发现林内格穿着短裤和内衣在地板上爬来爬去,他吓了一大跳。林内格整个晚上都在公司加班,因为他想在第二天上班之前把一大堆邮件邮寄出去。他把信封、宣传册和印章摊开放在地毯上,现在正在好几堆邮件之间爬来爬去,折叠、插入、粘信封和盖章。费舍尔脱掉外衣,解下领带,然后也趴在地上协助林内格。在他之后来到公司的每个人都做了同样的事情。如果有人走到办公室门前朝办公桌望去,可能会以为办公室空无一人——每个人都趴在地上忙着邮件的事情。

第 2 章 认同梦想的人

　　费舍尔在路上的大部分时间都在销售瑞麦许可证。他用自己的信用卡租了一辆房车，在房车里装满了信息材料，前往每一座城市去举办研讨会。在伊利诺伊州，他向一对夫妇销售许可证，这对夫妇名叫迪克和贝蒂·哈格纳。不知何故，州证券委员会发现了这次交易，大喊犯规。按照该委员会的说法，瑞麦根本不是在销售许可证，而是在销售特许经营权，所以必须停止。当费舍尔和林内格抗议时，证券委员会告诉他们，他们要交罚款、蹲监狱、被驱逐出伊利诺伊州，或者登记为特许经营组织，继续他们的生意。最后一个选择听起来更好些。林内格看着费舍尔说："好吧，那么我们就做特许经营吧。"所以他们就这样做了。

　　一开始并不容易。林内格和费舍尔尝试了特许经营的想法，试图在科罗拉多州科泉市地区销售。他们每一天都在路上开车，做演示。有时，他们会碰一鼻子灰。有时，人们观看他们的演示，但是却只是对他们一笑了之。对于费舍尔，处处碰壁令他心灰意冷，满心困惑。

　　杰斯普森接管了费舍尔的房地产业务，这样费舍尔就能够在销售特许经营权的时候有收入。大多数晚上，经过一天漫长的工作后，费舍尔和杰斯普森会在酒吧叙旧。谈话始终都会转到销售特许经营权的问题以及为什么那么困难上。他们俩都不理解为什么其他人没有看到这个梦想的力量。二人都享受瑞麦体系的利益，在瑞麦赚的钱比他们之前赚的钱多很多，而且对未来的可能性充满信心。其他人没有看到的是什么呢？杰斯普森和费舍尔不由自主地开始讨论这些问题。费舍尔和林内格的哪些事情没有做正确？他们下一次如何做得更好？还可以通过其他什么方式阐述或构造这个想法，以促使其他人认同这个想法？

　　费舍尔告诉杰斯普森说，他有一个优质潜在客户，这个人名叫欧文·海德。但是海德不具备进行下一步的所有必要条件，始终都存在绊脚石。

　　"那么他有什么呢？"杰斯普森问道。

　　费舍尔想了一想，说："他有房地产经纪人执照。"在科罗拉多州，你需要房地产经纪人执照才能够开办房地产经纪公司。"他拥有不错的背景。"海德是多重挂牌服务公司的本地分公司的董事会主席,所以经纪人都非常了解他,这为他开办自己的经纪公司创造了条件。"但是他的资本不够。"海德有足够的钱购买特许经营权或者开办自己的经纪公司,但是却没有足够的钱同时做到这两者。"他不相信这个模式会成功。"

当他们系统性地思考这个问题时,二人开始意识到了解决方案。"我们拥有他所缺少的东西。"杰斯普森说道。"他拥有我们所缺少的东西。"

杰斯普森和费舍尔有了信心——他们可以凭借成功经验轻易地招聘经纪人。此外,如果他们发现了几个合作伙伴,而且费舍尔运用从特许经营权销售中获得的一部分佣金费用,他们就能够筹到海德缺乏的资金。

"如果我们不能销售特许经营权,"费舍尔笑道,"我们就要弄明白如何买到特许经营权。"

他们与海德、史奇克以及另外一个瑞麦经纪人奥利·温特尔谈论了这个想法。大家一拍即合。满怀信心的杰斯普森、费舍尔和史奇克在一个下午来到林内格的办公室,告诉他说他们准备购买科泉市的特许经营权。

林内格睁大了眼睛,倍感惊讶,但是他立刻回过神来。"你们打算怎么购买?"他问道。他们告诉了他。林内格说,听起来不错,随后将一张纸插入了打字机,准备起草协议。敲了几下键盘后,他抬起头来问道:"你们俩都非常了解博尔德市场。你们也愿意购买这个市场的特许经营权吗?"

三个人被这个提议吸引住了。到了晚上,他们决定将会议转移到附近的一个酒吧,继续谈话。在天亮之前,林内格已经将科罗拉多到新墨西哥州以及落基山脉弗兰特岭(不包括丹佛市区)的特许经营权卖给了杰斯普森、费舍尔和史奇克。林内格知道他们是合适的人选,能够将梦想提升到新高度。因为打字机不顺手,他们在鸡尾酒纸巾上写下了

第 2 章 认同梦想的人

协议,然后签了字。

到了白天,费舍尔仍然热情高涨,但是杰斯普森经历了一段疑虑期。并不是他不相信梦想——他有大量的证据证明这个梦想能成功。但是他担心自己的前进速度太快了。他是否走过了头?他出身于一个保守的家庭,参加过海军,而且为一家保守的财富 10 强公司工作过。现在,突然之间,他有了钱、一辆卡迪拉克和一辆房车。这一切似乎像做梦一样。如果他跑得过快过远,他会摔得很惨吗?

他跟朋友和家人聊起了这个话题。每个人都建议他放慢速度。这个建议令他担忧起来,但是并没有说到他的心坎里。所以他向业内的某个人寻求更多建议。泰瑞·维斯纳是杰斯普森知道的最成功的人之一。他曾经是范·沙克公司的经纪人,现在在瑞麦卖房子。他也是开发商和住宅建筑商。他坚毅、成熟而且精明。杰斯普森把他约出来喝酒,跟他讲了自己的担忧。

维斯纳搅动着调酒棒,倾听着杰斯普森对风险的担忧。最后,他问了杰斯普森一个简单的问题:"他们要将你大切几块?"

杰斯普森不理解。"你这话是什么意思?"

维斯纳耸了耸肩。"如果你失败了,他们要将你大切几块?"

杰斯普森明白了。如果他失败了,他不会丧命。但是他如果不冒这个险,他就不会失败。他意识到,自己对下一步的担忧全在于他是否有正确的心态。风险是可以计算的,并不离谱。他了解业务,他有计划,也有不错的合伙人。如果他们不成功,他们也不会掉脑袋。但是如果他们不去尝试,他们就永远不会知道他们是否能够成功。

他谢谢维斯纳给的建议,再也没有回头。

杰斯普森和费舍尔在接下来的几年里开设了 9 个办公室。他们聘请了可靠的经理人作为商业伙伴,办公室开始运转。尽管取得了成功,但他们也认识到瑞麦有需要克服的挑战。瑞麦体系作为一个网络发挥了最大作用。瑞麦的办公室就像是传真机。第一台传真机并不是非常有用或宝贵,因为它没有其他传真机与它通信。但是当全世界的每个办公室都有一台传真机的时候,它的用处和价值就会极大增加。换句话说,瑞麦加盟店在网络中存在其他瑞麦加盟店的时候才更有价值。关键在于开发市场、创造品牌知名度、分享想法以及形成动能。这些无形元素的结合有助于房地产经纪人卖出更多的房子。瑞麦体系的总体成功有助于加盟店招聘更多经纪人。体系让任何人都受益的唯一方式是,体系让每个人都受益。这就是人人皆赢原则的核心。

理解了这个理念之后,杰斯普森和费舍尔开始着手销售更多特许经营权和区域。他们这样做是为了瑞麦,同时也是为了自己。他们知道,他们自己的区域和办公室只有在全世界有更多瑞麦办公室和经纪人的情况下才会更成功。经纪人是在科罗拉多州还是在俄亥俄州都没有关系。

费舍尔和杰斯普森有一天驱车来到了丹佛市北部的福特·柯林斯以开设一家新办公室。此行取得了成功:公司又向前迈出了一步。当他们当晚驱车返回时,他们可以看到山下的丹佛市灯光璀璨。"那就是我们的所有存货,"杰斯普森说道,费舍尔笑了,他知道这句话的意思。房地产销售是他们的保护伞。他们始终能够依托房地产销售来养家糊口。经纪人的工作给他们带来了与众不同的生活方式和大量的财富。但是开公司可不是闹着玩的,而是一件特殊的事情。他们正在改变人们的思维方式。他们正在改变全世界。

1977年,在林内格的帮助下,费舍尔和杰斯普森在全国销售了110个特许经营权,其中一些是小城市的个人特许经营权,其他则是像他们在科罗拉多州那样的大规模区域。成功很美好,但是有一件事变得明显起来:他们需要提高组织水平,以培训所有这些人。这并不是一个糟糕的问题。

第2章 认同梦想的人

"以及其他"

1976年,文尼·崔西是田纳西州大学的一名篮球运动员。他高高大大,身体矫健,而且展现出很强的团队领导能力,但是他的出名之处并不仅仅是运动技能。崔西是团队小贩。只要校友想要买卖大型赛事的门票,崔西就是首选渠道。他凭借出色的交际技能与人谈判、成交以及安排交换。

其中一名校友成为崔西的导师。他的名字叫罗伯特·欧维霍特医生。欧维霍特是一名成功的医生,但是也喜欢经营。当崔西毕业时,欧维霍特问他有什么人生目标。因为崔西不知道自己的人生目标,欧维霍特就劝说他在美国奖杯奖励公司担任销售员,而欧维霍特拥有该公司的一半股权。崔西在销售期间走访了少年棒球联合会和许多公司。由于他是田纳西州大学的一些知名运动员的朋友,而且能够安排演讲活动,所以他敲开了许多客户的门。这个工作很有乐趣。

格兰·格拉斯是一名足球运动员,在欧维霍特还是田纳西州大学的大三学生时,他才刚入校。1977年,格拉斯走访了欧维霍特,给他介绍了一家了不起的新公司。这家公司就是瑞麦,而且它提出了名为100%佣金的设想。格拉斯和欧维霍特飞到纽约与林内格会面,回来后坚信瑞麦就是房地产行业的未来之道。欧维霍特同意给格拉斯提供用于购买肯塔基州或田纳西州特许经营权的资金。

崔西从欧维霍特口中得知了这家新公司,他感到好奇,"瑞麦是什么?"他问道。

欧维霍特用崔西熟悉的语言向他解释了瑞麦的理念。"瑞麦办公室有点像诊所。所有房地产经纪人就像是医生。经纪人必须出钱支付办公室经营费用,但是他们保留赚取的所有报酬。这就是100%佣金模式。"

崔西来了兴趣。"听起来不错。它与房地产行业的其他公司有什么不同？"

欧维霍特是一名宗教信徒,所以他的回答让崔西吓了一跳。"崔西,我不知道怎么解释这一点。但是传统房地产经纪公司就像是皮条客。经纪公司让经纪人出门去销售,从他们的所有售房收入中获取50%。"

崔西笑了起来,继续向欧维霍特提问。"好吧,你们这些人购买地区的特许经营权,但是你们不去卖房子,那你们是在干什么？"

"我们卖特许经营权。"欧维霍特回答说。

"我可以卖特许经营权。"崔西说。

"崔西,你知道特许经营权是什么吗？"欧维霍特问道。

"没关系。"崔西说,"你不希望我去卖房子,你希望我去销售商业系统。根据你刚才讲述的传统房地产模式,我知道我可以销售瑞麦的特许经营权。"

崔西24岁。他对商业系统知道些什么呢？很少,但是他知道如何凭借自己的口才进入办公室,而且还能够有效地推销。在最初的6个月时间里,他被大多数办公室拒之门外,但是他并没有放弃。他相信瑞麦的理念是全世界最伟大的理念,其他人迟早也会弄明白这一点。

1978年,他来到丹佛市的瑞麦公司参加特许经营权销售培训。课堂上介绍理念的方式令他对如何更成功地销售特许经营权形成了清晰的思路。在那一周结束时,崔西走到培训室前部的高级团队面前。林内格、盖尔·梅恩、达尔·杰斯普森和费舍尔看着这个来自田纳西州大学的瘦高前篮球队员走向他们。"这是我上过的最好的一门课,"崔西说,"你们聘请的教师是世界上最好的人。但是我能讲得比他还好。如果你们给个机会,我就是你们的人了。"他大步流星地离去,渴望着回到田纳西州,尝试更多的销售工作。

那年末,林内格和盖尔邀请崔西飞到塔霍湖参加求职面试。盖尔在他们之间的桌子上放了一盘三明治。"崔西,你饿吗？"林内格问道。

第2章 认同梦想的人

"有点饿。"崔西承认说。此行让崔西花光了仅有的一点钱。他几天都没有吃上一顿像样的饭了。在林内格和盖尔向他提问题的时候,他狼吞虎咽地吃完了一整盘三明治。这盘三明治是为所有面试者准备的。林内格和盖尔笑了。

尽管他毫不掩饰自己的胃口,林内格依然录用了他。但是,他只能每月向崔西支付1000美元的工资。"如果你能在90天内证明自己的实力,"林内格说,"我们会给你每月增加250美元工资。如果你不能,你可以卷铺盖回田纳西去。"

崔西用了一天的时间考虑。丹佛市是瑞麦的中心。在田纳西州,瑞麦只有30到40名经纪人。在科罗拉多州,瑞麦有近400名经纪人。以林内格提供的工资,崔西难以应付生活开支,但是他不在乎。他希望用行动来证明。他告诉林内格说,他想要签约。

丹佛办公室的努力工作和尽情娱乐的文化是他遇到过的最激动人心的事情。他将工作日的每一刻都投入到努力工作中。工作之余,大多数骨干人员在盖尔·梅恩的房子聚餐——他们自己甚至买不起一日三餐,这给他们持续磨砺梦想的机会。林内格会把牛排扔在烤肉架上,盖尔则端上绿豆砂锅。崔西将眼前的一切食物吃个精光。

入职后三周,崔西差点被解雇了。瑞麦总部为科罗拉多州的所有经纪人举办了一次派对。出席者超过了200人。崔西很放松也很享受。当晚快结束时,林内格让崔西清理派对现场。崔西答应了,但是很快就与一些年轻人离开,去别处继续派对。

几个小时后,他回来了,期望能够在天亮之前打扫干净而且不让林内格知道。他按下了电梯按钮,门开了,林内格站在电梯的中间,周围满是垃圾袋。"你去哪里了?"林内格问他。崔西一时无语。他走上前去帮助林内格将垃圾袋搬到垃圾箱。"不用了。"林内格说,"我自己来。"

在接下来的周末,崔西如坐针毡。周一早上,他出现在办公室的门口。盖尔在每周一都举行一次会议,询问骨干人员的各自部门情况。

人人皆赢:RE/MAX 背后的故事和经验

她站在房间的前部,右胳膊放在讲台上,左手拿着咖啡杯。当轮到崔西的时候,她询问崔西培训情况如何。"挺好,"崔希回答说,"我们这周有一次课,三个人来自卡尔加里,两个人来自亚特兰大……"

还没等他说完,林内格就从房间的后部站了起来。"这个房间里的某个人最近让我很失望。"他说,"我不确定他在今天会议结束时是否还会留在公司。"

崔西的心怦怦跳。当会议结束后,他等待了5分钟,然后走向林内格的办公室,敲了敲门。

"你想干什么?"林内格问。盖尔站在他的椅子旁。

"我确实搞砸了。"崔西说道,"我道歉,下次不会了。"

林内格没有说话,接着他点了点头,"我接受道歉。"

崔西感到如释重负。"我会更加努力工作,不辜负你的期望。"

"你已经在努力工作。"林内格说,"我只想要看清楚你的本质。"

林内格在接下来的一个月对崔西不冷不热。5月的一个周日下午,他们在办公室里碰到了。崔西在这一周每天都工作,包括周末,但是这是林内格自上次派对以来第一次接近他。"来吧,"林内格说,"我们去盖尔的家吃烧烤。"

他们一同走进了停车场,崔西坐在了林内格的摩托车的后面。他们都没有戴头盔,但是林内格飞一般的冲出了停车场,猛然减速。摩托车达到了每小时80英里的速度,飞速穿过了街道。崔西的身体前倾到林内格的背上,眼睛盯着他肩膀上的前方,紧紧抱住林内格的腰,他心里想:"求求你,上帝,饶我一条命!"林内格在骑车的过程中跟他谈话,尽管崔西几乎没有听明白他在说什么。"崔西,我是这个地方的主人。如果我愿意捡起垃圾,如果我愿意给某个人递一杯咖啡,如果我愿意在他人都回家之后逗留,你就应该愿意跟着我做。"这番话句句表明了崔西了解到的瑞麦的工作纪律;它也是林内格会给其他追随者上的一堂课。瑞麦的每个岗位描述都列出了每个职位的职责,并且都以"以及其他"的字样结束。在林内格的世界里,"以及其他"比这个词之前的任何

第2章 认同梦想的人

其他事情都更重要。

当他们终于来到了盖尔的家中,崔西就像是丢了魂一样走来走去。逐渐地,他回过了神。他吃着烤肉,笑着、说着。他度过了一段好时光。在当天深夜,他意识到他已经重新被组织接纳。

到了1978年,林内格和盖尔放弃了自己的工资,以保持公司的正常经营。林内格靠卖房子赚的每一分钱都投入到了公司中。但是崔西搬到丹佛市之后的三个月,林内格给他加了薪。三个月后,他又一次获得了加薪。

"我不需要。"崔西说,"你们刚给我加了一次薪。"

"崔西,你的工作很出色。这是你该得的。"

之后,崔西愿意为林内格效犬马之劳,他极其崇敬林内格。他接受了加薪,回到了工作中。他与瑞麦同呼吸共命运。只要有机会,他们就谈论如何做得更好或者与众不同。

培训课规模变大了。1980年,林内格在总部附近买了一块地,给崔西展示了他设想的这块土地开发的蓝图。在崔西眼中,这块地就像是一个大滑雪场。"崔西,这里将是你的培训室。"林内格告诉他。

崔西激动万分。"哇,那该有多大呀?"他问道。

"你能够在那里培训100名学员。"林内格回答说。崔西摇了摇头。

"戴维,我举办过的最大的培训班就是25人。你在想什么呀?"

"崔西,不要担心。"林内格说,"你会需要这么大的空间。"

如果这句话出自其他人的口中,他会怀疑。但是,当林内格这样说了,崔西知道这是板上钉钉的事了。

战略举措

创造褒奖王子和公主的文化。

● 瑞麦并不是没有选择的招聘任何求职者——瑞麦招聘的人都认

同瑞麦的梦想。从技术上说,瑞麦广泛传播它的梦想,引起求职者的兴趣和注意力。但是它只在确定求职者与瑞麦一样追求这个梦想之后才会提供工作机会。增长梦想的目标只通过志同道合的人实现——愿意像造梦者一样卖力宣扬梦想和辛勤工作的激情拥护者。

- 在分享你的梦想时,一定要谨慎。其他领导人可能会分散你的注意力,或者想要将你的梦想纳入他们的囊中。虽然搭别人的便车可能更安全或者更有确定性,但是对于梦想却是错误之路。
- 花时间将梦想描绘为有形状和颜色的蓝图。它将成为你的品牌,这个直观化过程会在你跌倒的时候把你扶起来。
- 梦想像造梦者一样脆弱。尽管会犯许多错误,但是梦想依然会存在。建议:继续前进,不要回头,这只是开始。不要放弃梦想。
- 在构造你的梦想时,注意你的个人劣势。从一开始,招聘与你优势互补的人。
- 招聘认同梦想以及与你一样热衷于将梦想变成现实的人。
- 形成你自己的独特招聘标准。你可能找到其他人忽视的梦想分享者。瑞麦是第一家积极招聘女性经纪人并且从而创造竞争优势的房地产公司。
- 合适的潜在员工会毛遂自荐。瑞麦招聘的人相信林内格的梦想,而且想要成为梦想的一部分。
- 始终寻求忠实的员工。努力招聘合适的人。瑞麦从一开始就相信,"你必须要亲吻许多青蛙才能够找到王子和公主。"
- 不断在你的组织内外宣扬梦想。作为领导人,一定要始终以梦想为核心,用你的激情感染周围的人。一旦员工致力于这个梦想,它就会成为员工的梦想,他们就会像你一样努力工作。
- 勇于完善你的梦想,按照市场的要求扩展梦想。瑞麦发现,特许经营是其成功模式——这个模式并不是最初梦想的一部分。
- 瑞麦的员工自己看到了机会,并且自己选择职责。他们将自己看作是最适合在组织中大展拳脚的人,而且推动瑞麦梦想的某个方面,

第2章 认同梦想的人

就像是追逐自己的梦想一样。林内格作为领导人的人格魅力以及对团队的信任,给予了员工独立自主地追逐梦想的自由度。

- 一旦你拥有了认同梦想的一群员工,他们就会向其他人宣扬这个梦想,把他们带入企业。
- 在资源匮乏的早期阶段,通过避免具体的岗位职责来设定基调。让每个人参与其中,形成"人人负责"的文化。

经验总结

分享梦想,方能使梦想成真。

从第2章中可以得到的小经验是,梦想在与其他人分享的过程中可以变得更加可信。林内格有很强的定位梦想的能力,瑞麦的梦想在他的定义中就像是一个必然会实现梦想一样。这种让梦想看似比现实更伟大的能力,使得他能够吸引顶尖的人才。

一个更重要的经验是,宣扬梦想需要广撒网。(参见图2.1)心中要牢记,一旦撒下了网,你只想捕到几条上等的鱼。实际上,瑞麦证明了,最重要的是捕到想要进入碗中的鱼。

瑞麦采用了一种非同一般的招聘流程,这个流程产生了对梦想、对品牌,以及对彼此的惊人的忠诚度。这个招聘流程从卖力宣扬梦想开始。然后入选者必须证明自己认可了同一个梦想之后才会被录取。这个过程如下:

第1步:(一开始)广撒网,获得足够多的可供筛选的"鱼";

第2步:根据技能(必要条件)和素质(态度和文化契合度)来筛选可能入围的人。

第3步:面试并且向他们卖力兜售梦想。

第4步:然后选择向你表现出多么想要实现梦想的人。

志同道合的人

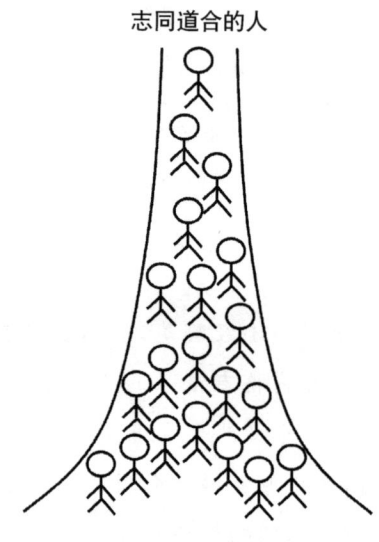

图 2.1 广撒网

第 3 章

我们究竟处于什么行业？

第3章 我们究竟处于什么行业？

> 寻找合适的市场定位，坚守梦想

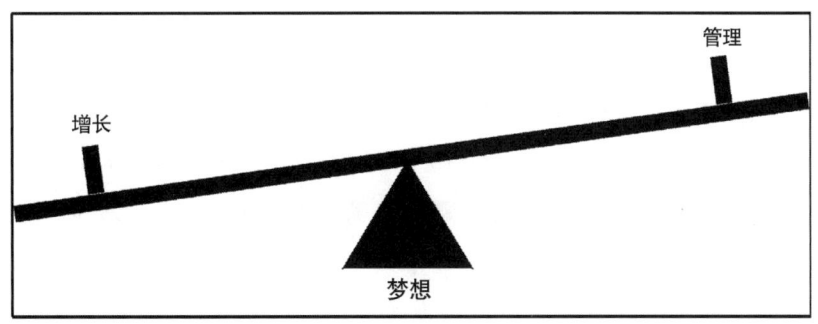

> 发现是像其他人那样看待同一个事物，然后以不同的方式思考。
>
> ——阿尔伯特·森特·哲尔吉，诺贝尔奖获得者

当林内格在1973年创立瑞麦时，房地产行业仍然很像是家庭手工业。全国拥有超过200名经纪人的房地产经纪公司可能不到21家。当时，林内格的前任雇主范·沙克公司有300多名经纪人，可能是全国最专业最成功的公司。许多新兴公司都想以特许经营的方式走向全国。这些公司包括安迪·英吉斯1966年在加州核桃溪市创立的红毯房地产经纪公司、杰克逊家族在1971年创立的ERA公司、阿特·巴特赖特和马什·费舍尔在1973年创立的21世纪不动产公司。然而，大多数经纪公司都是小型家族企业，只有几名房地产经纪人，其中许多人都是兼职者或半退休人士。

这种状态保持了大半个世纪。房地产经纪人追逐着美国梦，帮助家庭购买首套住房，并且在这些家庭为了追求更好生活而搬家的时候再次帮助他们卖房。这是高度个人化的行业，经纪人和家庭坐在餐桌

人人皆赢：RE/MAX背后的故事和经验

或办公桌旁讨论私人需求和愿望。随着国家的发展，越来越多的人买房，房地产经纪人因为拥有其职业的爱国自豪感而被原谅。这种情感在美国房地产经纪人协会（NAR）于1913年采纳的《道德准则》中得到了夸张的体现，而且如今依然存在：

这种权益设定的义务超出了普通商业的义务。它们设定了房地产经纪人应该全力履行的严肃的社会责任和爱国责任，而且他们应该勤勉地为这种责任做好准备。房地产经纪人因此热衷于保持和改善他们的职业标准，而且与其他房地产经纪人共同分担对正直和荣誉的责任。

《美国房地产经纪人协会道德准则》突显了瑞麦经营模式在那个传统房地产行业中有多么激进。该道德准则的整个基础是"黄金法则"："像对待自己一样对待其他房地产公司。"对于需要用法律术语来解读这条规则的人来说，近30条不同的条款和子条款详述了细节。比如，第24条实质上规定："禁止招聘其他经纪公司的房地产经纪人。"房地产特许经营模式必然会削弱这条法则。但是，瑞麦是第一家明确打破这条法则的房地产公司，它向房地产经纪人提出一个简单问题："为什么要把你的佣金的一半分给你的经纪公司？与我们合作吧！你可以得到100％的佣金。"

随着瑞麦越来越成功，而且经纪人不断加入瑞麦，许多本地房地产经纪人委员会做出了反击，想要将林内格踢出协会，声称林内格的瑞麦公司违反了第24条的规定。这是对一家新兴公司的严重威胁，林内格以非常个人化的方式予以应对。他没有律师，但是他参加了各种委员会听证会，挫折感和愤怒感涌上心头，他的忍耐到达了极限。当他最终有机会发言时，他丢出了会迫使行业变革的战书。"我想要你们知道，"他说，"你们现在的所作所为正在妨碍商业自由。这是反托拉斯活动，任何违反反托拉斯法律的人都会进监狱。我去打越战并不是为了听你们告诉我说，我不能够以更高的工资给你们的经纪人提供另一份工作。我要对你们提出刑事起诉，我拒绝再参加这样的会议，因为继续参加这样的会议会让我成为你们价格垄断活动的共谋。"他大步流星地走出会议室。

他的这番话并不是虚张声势。美国房地产经纪人协会和多家本地房地产经纪人委员会近期遭到了联邦政府的反托拉斯行动调查,联邦政府指控他们收取固定价格佣金费率。这种做法在行业内早已经成为标准,更多的是作为一种谅解,而非共谋;但是刑事指控的可能性使得各个知名房地产经纪公司的领导人非常紧张。林内格毫不迟疑地利用了这种担忧,他的策略奏效了。美国房地产经纪人协会因此取消了第24条。林内格没有花一分律师费就轻松赢得了一场行业大战。事实上,他当时根本就没有钱请律师。

识别真正客户

在磨砺瑞麦梦想的同时,林内格深入研究红毯房地产经纪公司、ERA、21世纪不动产以及房地产行业之外的其他公司采用的特许经营模式。他看到了其中的一些局限性,知道自己可以创造竞争优势。100%佣金制度是这种优势的基础,但不是关键区分点。林内格相信他的公司最终会取胜,这并不是因为公司给经纪人更多金钱,而是因为公司给经纪人提供了改善生活质量的机会。

这种差异的发现可以归结为一个简单但是强有力的想法。林内格知道,瑞麦从事的不是房地产行业,而是房地产经纪人行业。它真正的客户不是房地产市场中的购房人,而是满足购房人需求的房地产经纪人。

这种细微差别的威力不能高估。在每个行业中,都有颠覆性创意、技术或战略改变游戏规则、目标乃至名称的时候。战略理论家使用"营销近视"这个术语来描述企业对自己业务性质的有限理解。这些理论家的意思是,如果企业只专注于自己所认为的优势业务,那么往往就看不到他们提供的服务的本质。对于房地产行业,特许经营公司以及特许经营体系中的经纪公司顽固地坚信他们从事的是房地产买卖业务。林内格的视野超越了这种狭隘观点,意识到虽然房地产经纪人销售房地产,但是瑞麦的宗旨是通过为经纪人提供卓越的服务来帮助经纪人尽可能成功。

这种远见能够改变行业并且实现企业的差异化。比如,在19世纪,铁路公司是美国最富裕的公司。美国的快速发展需要铁路公司长距离运输原料和货物。那个时候,没有其他选择。后来出现了汽车、卡车、高速路系统和飞机。随着这些交通工具的发展,伟大的铁路公司进入了漫长的衰退期。虽然他们的业务仍然是如今经济发展的关键,但是他们不再是拥有无限潜力的强大经济体。

考虑一下,如果铁路公司意识到他们从事的不是"铁路"行业,而是"运输"行业,那么世界将会是什么样子?通过这种更广泛但又具有细微差异的理解,可能会产生许多不同的战略、模式和心态。设想一下,如果B&O铁路公司像今天的联邦快递一样经营隔夜快递业务,或者联合太平洋公司像联合航空公司那样经营飞机队,那会是怎样的情况?

一些公司搞清楚了其中的奥妙。这些克服了行业营销近视问题的公司,通过着眼于核心能力来正确地管理这种转变。微软意识到,它从事的不是计算机行业,而是软件行业,所以它像巨无霸一样主导着那个市场。迪士尼意识到它从事的不是电影或动画行业,而是娱乐行业,于是所向无敌地建造主题公园和邮轮并且提升品牌知名度。亚马逊网站意识到它从事的不是图书行业,而是在线发行行业,于是将业务扩展到图书之外的许多其他产品。这些差异并没有永久地提供竞争优势,因为竞争者最终能够效仿成功战略。然而,在关键时期,这些差异能够将企业的使命感与行业内的其他公司区别开来,迫使其他公司模仿和追赶,至少在下一个颠覆性创意出现之前会始终模仿和追赶。

林内格看待房地产行业的视角与周围人非常不同。在他的第一篇新闻稿中,他说,瑞麦不能满足所有人的一切需求。因此,瑞麦将专门服务于绩效最高的经纪人。这并不是意味着瑞麦忽视了其他公司视为

第3章 我们究竟处于什么行业?

真正客户的购房人。实际上恰恰相反。瑞麦认为,通过比其他房地产公司更好地服务于经纪人,经纪人也会比其他房地产经纪公司更好地服务于购房客户。

理念很简单:关爱员工的企业拥有卓越的客户服务文化,因为快乐自豪的员工会以个人责任感对待客户。在20世纪80年代初期的复兴期间,西尔斯公司采用了这个理念并且通过员工满意度调查将其变为可度量的目标。基本上而言,员工满意度是企业财务健康度的首要指标,因为快乐的员工创造了快乐的客户,后者会给公司带来更多的业务。西南航空公司就是第一家宣布客户并不是上帝的公司。这并不意味着蔑视客户,或者将客户视为理所当然。相反,西南航空公司知道,如果聘用合适的员工并且提供合适的培训,员工会在面临棘手的客户挑战时做正确的事情。并不是所有客户都对所有决定感到满意,但是如果员工知道自己是公司成功的关键,他们就会以首席执行官或创始人的赋权和责任感做事。

林内格认为,如果瑞麦为经纪人提供最佳培训和服务,最终消费者——购房人——就会获得很好的服务。服务好购房人是符合经纪人的最佳利益的。毕竟,这些经纪人保留了100%的佣金。因为这个原因,瑞麦最好善待经纪人。顶级经纪人能够说跳槽就跳槽,换名片就像换西装那么容易——这就是房地产行业的恶性循环的本质。如果不给这类经纪人提供满意的服务,企业就不可能留住他们并且发展业务。

牢记了这一点,林内格做出了任何其他经纪公司之前都不会刻意去做的事情:他创造了一家致力于始终弄明白经纪人的业绩提升需求和要求的公司。

针对顶级经纪人设计的第一项重大创新就是"个人推广"。行业的其他公司往往教导经纪人努力促进公司的发展。大多数公司都有钱做这件事,但是瑞麦始终采用集资广告制度。在这个方面,林内格不得不开展个人推广的创新,部分原因在于公司的经营理念,部分原因在于不得不这样做。无论如何,这种做法奏效了。瑞麦给经纪人的启示是:推广你自己。你是公司中最重要的人,你的70%业务都是回头客和客户推荐的业务。利用这一点,通过提升你自己来把握这一点。

为此,瑞麦教导经纪人运用瑞麦品牌来从瑞麦网络中受益,但是将他们的名字放在每份推广材料上的前部和中心。这是革命性的,经纪人喜欢这种做法。瑞麦之外的经纪公司强烈抵制这个想法,因为他们认为这会导致他们的经纪人与公司竞争。按照个人推广的理念,林内格还鼓励经纪人设立自己的办公室。之前,大多数经纪人都在大车间一样的办公室中工作。在瑞麦,因为经纪人自己付费赚钱,态度是不同的:你是商人。你需要推广你自己。你需要私人办公室,而不是小隔间。私人办公室大大地提高了经纪人的形象,让客户感到他们是在与最佳经纪人打交道。

此外,林内格看到了个人助理的价值。这是他倡导的顶级经纪人时间管理体系模式的一部分。大多数经纪人公司迫使经纪人事事亲力亲为:自己写广告、自己树标牌、自己收信息、自己装信封、自己填合同。林内格做了调查、写了很多笔记、设计了许多时间管理课程,为的是尽可能提高经纪人的工作效率。为什么瑞麦在乎赚取100%佣金的经纪人是否每个月能够提高销售业绩?因为经纪人成单越多,经纪人就越成功,经纪人对瑞麦就越忠诚,更多的其他人就会看到加入瑞麦的好处。

林内格通过研究发现,顶级经纪人将20%的时间用于与客户面对面打交道,剩余的80%时间都用在了参加房地产经纪人委员会会议、查看新房源、参加销售会议以及实施外围任务。在林内格看来,这80%的事情可以由其他人来完成或者干脆完全省略。"你们为什么要每周举行销售会议?"林内格问经纪公司。得到的回答是,因为每个办公室一直在每周举行销售会议。"为什么不花费每周两小时的时间提供培训或辅导?"林内格问。经纪公司无法想象两小时的培训或辅导能够讲授什么内容,所以林内格开始提供内容,向经纪公司说明如何向服务宝贵客户那样服务于经纪人。

第3章 我们究竟处于什么行业？

这种说服经纪公司经营高绩效房地产办公室的做法符合每个人的最大利益。如果经纪人可以将20/80的传统时间管理比率转变为80/20，他们就能将销售业绩提高4倍。不直接产生销售业绩的一切事情都不值得做，或者可以由助理来完成。以每小时10美元的工资，助理可以在经纪人与客户面谈时张贴广告，经纪人同时还可以利用这些时间带客户看房、成单或者请求客户推荐潜在客户。通过坚持不懈，瑞麦发现三分之一的经纪人开始聘用个人助理。这种做法会自然而然地演变为团队概念，顶级经纪人通过提供职场经验来辅导和培训新员工，同时在日益复杂的业务中为自己获得省时省力的帮助。

通过着眼于提高房地产经纪人的绩效，瑞麦还在专业认证方面起到了领导作用。在演讲、会议、私下谈话和聚餐中，林内格鼓励瑞麦经纪人参加培训、考试、获得认证以及在营销材料中显著地显示这些资格证。他有两个动机。首先，拥有更多专业认证的经纪人能赚更多钱。其次，林内格知道，专业房地产组织仇视瑞麦，他想要通过在专业房地产组织中安排自己的经纪人来打破平衡。

培训课程价格不菲，林内格和他的员工竭尽全力理解他们对其他人的价值。林内格经常坐在拥挤的办公室里，专家教师抽出时间来向他求教瑞麦模式和100%佣金理念。然而，林内格知道，获得专业认证的经纪人能够赚更多钱。这种经纪人更有好奇心，与企业的互动水平更高，这意味着他们有成功的潜力。此外，他们从培训课上关系网营造的机会中受益匪浅。比如，如果经纪人从圣路易斯前往芝加哥参加培训课，他也会花5天时间与一屋子的人来往，这些人认识圣路易斯市的某个人，他们可以将该经纪人介绍给这个人，从中获取20%的介绍费。

如果经纪人够聪明，他会获取出席名单，将它添加到名片盒中，开始制定自己的联系人名单。

顶级经纪人知道，客户的推荐是成功的关键。他们的大多数业务都来自所在房地产经纪人委员会的其他经纪人，因为委员会的每个成员都共享房源。但是同样重要的是认识其他州的人，以获得销售线索。

这样做可以显著提高经纪人的收入。在买房的客户中,20%都从一个郡搬到另一个郡,其中大多数人搬到其他州。顶级经纪人从经验中知道,次优潜在客户是回头客推荐的人。排名第三的最优客户是慕名前来,想一探究竟的人。但是最佳潜在客户是另一个经纪人推荐的人。为什么呢?因为其他经纪人知道这个客户有多少购房资金,知道客户的需求,而且亲自将该客户介绍给另一个经纪人,以获取佣金的20%。客户在航班上会遇到经纪人。客户有两天时间买房。经纪人知道客户的需求,客户没有时间与其他经纪人交谈。这是不能错过的销售机会,可以在非常短的时间内成单。

瑞麦为了这些政治原因和推介原因而推动专业认证。经纪人通过佣金收入的提高而获益。逐渐地,随着瑞麦的经纪人队伍增长,这种对专业认证的重视也有助于转变各种协会中的平衡力量,而且改变瑞麦在行业内的形象。林内格亲自鼓励骨干经纪人成为本地或州经纪人委员会或协会的主席。最终,几年后,一名瑞麦经纪人成为美国房地产经纪人协会主席。对于美国房地产经纪人协会的许多成员公开贬损而且积极阻挠的瑞麦而言,这是一个漫长而又艰辛的历程。但是如今,瑞麦在本地委员会拥有的主席席位数是它的人均比率表明的预期主席席位数的两倍。知晓和理解如何操控行业的政治观点,这是林内格下的一盘棋的一部分——而他就像是国际象棋大师一样做到了这一点。

一次一个客户

1973年,当瑞麦诞生时,它只有4名经纪人。2004年,经纪人人数增长到近10万人。几乎所有经纪人都通过个人招聘流程加入了瑞麦。瑞麦跟踪市场中的最佳经纪人,了解他们并且试图弄清楚他们生活中的需求,想方设法向他们兜售瑞麦梦想。换句话说,这是一次招聘一个经纪人的过程。

第 3 章 我们究竟处于什么行业？

设想一下，在特定的行业中，以一次一个客户的速度构建世界最大的公司。顶级经纪人的招聘并非易事。为了招聘到市场中的顶级经纪人，新的加盟店主通常会经历类似于以下这样的事情：比如，有一道没有门窗的砖墙。你需要到墙的另一边去，但是你只有一个大锤子。所以你用锤子狠狠地砸向这道墙。墙颤抖了，但是没有移动。似乎不可能打穿这道墙。但是你认为你可以，所以你再次抡起大锤子砸向这道墙。几块碎片落下。你又砸了一次，几块松动的砖头冒出头来。你继续砸，更多的砖块开始松动并且落下。你感到更有力气了，因为你知道再砸几次就可以成功了。然后，通过最后一击，顶部的砖块轰然掉落，你的努力没有白费。

同样，新的特许经营权所有者面临着只能通过一次砸一锤的方式才能够砸倒的墙。瑞麦旗下的新经纪公司很可能在市场中已经享有盛誉，认识一些顶级经纪人，而且可能已经将自己的办公室或公司转移到瑞麦旗下。但是这只是相当于第一次抡起锤子。大多数经纪人（乃至顶级经纪人）竟然害怕变化。他们害怕不确定性，也不愿离开朋友和同事。最初加入公司的几名经纪人就像是最先颤抖的几块砖。他们可能不是本地区的顶级经纪人，但是他们是正在对传统体系感到不满或者因为个人原因而感到被经纪公司排挤的优秀经纪人。女性、少数民族、胸怀大志但是经验不足的年轻经纪人以及可以归类为放荡不羁者、最先吃螃蟹的人和格格不入的其他人——这些都是特定区域中最先加入公司的几类人，他们的成功成为全世界的最佳广告。

随着这些经纪人在瑞麦旗下做得更好而且收入和业绩超过了其他公司的同辈，人们口口相传，绩效更好的经纪人很容易被公司招聘。瑞麦特许经营权体系不断增长，在地区赢得了声誉。同时，瑞麦特许经营权所有者一直在积极跟踪和了解顶级"获奖"经纪人。通过这种关系，瑞麦特许经营权所有者充分了解顶级经纪人，知道他们的真正需求。这些顶级经纪人的招聘打击了市场中的其他经纪公司的信心。当特许经营权所有者的经纪人证明了体系的成功时，就更加容易招聘更多的经纪人。它可能需要花费 5 年、10 年或 15 年的时间,但是特许经营权所有者最终构建了一个即将迎来爆炸式增长的牢固企业。

专注于顶线绩效指标[①]

特许经营行业中的其他房地产经纪公司更加担心增长,而不是顶级经纪人的招聘。那么,为什么瑞麦专注于招聘和培养最佳经纪人呢?一定程度上,这种专注是 100% 佣金制度的自然结果。只有顶级经纪人有信心冒险经营。但是林内格想要招聘顶级经纪人也有其他原因:他研究了顶级经纪人对财务绩效带来的巨大好处。

其他国家特许经营公司给小经纪公司提出的价值主张很简单:加入我们。我们将共同形成强大的区域网络。你将能够与范·沙克这样的大公司竞争。你的经纪人将获得培训和商业系统,你将像其他大企业那样获得同样的报纸广告价格,你在经纪人人数、房源数量等方面看起来比他们的规模还要大。此外,你还将成为我们更大规模的全国经纪公司的一分子。你将获得我们的庞大推介资源。全国各地的业务会自己送上门来。你将独立,但是我们将是一家公司,覆盖全国,使用相同的文具、相同的标志色彩以及相同的胸牌。你只需要穿上这个夹克就可以了。

夹克在行业顶尖经纪人之间是一个笑柄。在红毯房地产公司,夹克是红色的;在 21 世纪不动产公司,夹克是黄色的;在 ERA 公司,夹克是蓝色的。当具有强大的反权威和红白蓝精神的瑞麦领导层在行业展会上看到了一群穿夹克的人时,他们中的一个人必然会大叫:"红夹克过来了!红夹克过来了!"瑞麦甚至发布了比以往更加露骨的广告,广告中的一个男性房地产经纪人穿着定制西装,一个女性房地产经纪人

[①] 在利润表中顶线即第一行为营业收入,故顶线即指营业收入。——译者注

第3章 我们究竟处于什么行业？

穿着华丽的皮草大衣,上面都标着这样的口号:"这就是我们的夹克"。

这种影射是一目了然的。其他房地产经纪公司将独特的夹克看作是提升强大品牌形象的一种途径,而专注于满足顶级经纪人需求的瑞麦则将夹克看作是一种限制性制服,没有传达出人的尊严以及对收入颇丰的人才的尊重。实际上,行业的流言蜚语都在嘲笑夹克,认为之所以给经纪人提供夹克,是因为那么多人都没钱给自己置办一身专业行头。

加入21世纪不动产或红地毯这样的大型区域性房地产经纪公司的小规模经纪公司,正在寻求数量上的实力和安全感。但是,他们的经纪人对总体业务做出了多大的贡献呢?林内格研究了市场房源和销售数据,希望解答一些关键问题:普通经纪人有多少房源?房地产经纪公司需要多少普通经纪人才能够拥有像范·沙克这样的大公司那么多的房源?他对这些数据的研究强化了80/20法则。当时,房地产行业20%的经纪人创造了80%的销售额。全国品牌的重要性是否能提高底部80%的生产力?林内格不这么认为。几年来,他一直观察这些数据,想要弄清楚他的理论是否成立。在他的分析中,即使在为全国特许经营品牌工作时,底部的80%经纪人的表现也依然如故,顶级经纪人的业绩继续超过其他人,并且产生了绝大部分销售业绩。

对于林内格而言,这是明摆着的事情。如果像范·沙克一样,大型特许经营网络专注于顶级经纪人并且给他们提供最佳培训和服务,那么它就会势不可挡。从20%的顶级经纪人中,林内格知道,有许多经纪人因为各种原因不会加入瑞麦。一些人已婚或者与所在经纪公司有关系。一些人为特定市场中的最佳房地产经纪公司效力,不愿意加入瑞麦。一些人自负或者不道德,不适合瑞麦品牌,或者对瑞麦的伤害会大于给瑞麦带来的好处。通过忽略这些人,大致而言,瑞麦的总体目标是将20%的顶级经纪人中的一半纳入旗下。通过招聘这10%的顶级经纪人,林内格相信,瑞麦会获得30%或40%的市场份额,因为这些经纪人的生产力更高。瑞麦甚至将这个目标写入了加盟协议中。通过获得 10% 的顶级经纪人以及 30% 到 40% 的市场份额,瑞麦将攻城陷地,赢得这场竞争,成为全世界最大的房地产网络。这是体系内的每个人都可以追求的明确的、可以度量的最高目标。对于我们而言,这证明了仅仅有梦想是不够的,企业还需要有可以度量的增长公式。

自 20 世纪 90 年代中叶以来,随着经纪人的专业性显著提升,瑞麦扩大了它的范围,专注于招聘 30% 的顶级经纪人的一半,瑞麦相信,这样做仍然会给公司带来大约 40% 的市场份额。在已经实现这一目标的地区,数字说明了问题。在一直作为瑞麦的主要市场的加拿大,18% 的加拿大房地产经纪人都加入了瑞麦,瑞麦拥有 38% 的市场份额。在美国,瑞麦目前拥有所有经纪人的 7.5% 和 16% 的市场份额。未来,当瑞麦拥有所有美国经纪人的 15% 时,瑞麦相信,瑞麦经纪人将占据数十亿美元的美国房地产行业的 40% 份额。在全世界的所有其他市场,这个目标也会实现。

绩效指标确实看似简单而且很诱人。如果遵循了这些绩效指标,就会产生狂热棒球迷在观看棒球锦标赛时感受到的那种热情。林内格的办公桌很大、很空而且也很干净。在每个月的 20 号,一份报告会放在那个干净的办公桌上。实际上,这份报告不再必须等到 20 号才递交给林内格——那只是没有计算机的年代遗留的产物,因为当时需要几周的时间来人工组织和记录数据——但是林内格这个有纪律有习惯的人,仍然希望在每月的 20 号拿到这份报告。报告中是他需要用来评估瑞麦业绩的所有统计数据。数据用简单的表格罗列:经纪人人数、总数百分比、超过或低于 15% 目标的数量。小学生都可以看得懂报告中的图表,并且准确分析企业还需要做出多大努力才能够实现全球目标。每个地区的经纪公司都知道目标。这是他们的战斗口号。他们内心都有一个目标,并且像饥渴的晋级赛队伍那样追求目标,寻求季后赛席位,在更进一步时用记号标出魔力数字。加入瑞麦的每个经纪人都知道,自己在为实现这个目标做出贡献。从顶级房地产经纪公司招聘到一个经纪人,就意味着这家公司少一个经纪人,瑞麦多一个经纪人——这就像是双重失败,相当于针对自己部门内的球队赢得了比赛。对15%目标的竞争点燃了双方的角逐情绪和精力。

当然,每个地区都由许多小型销售办事处构成,这些办事处的绩效构成了整个地区的业绩。所以,瑞麦化整为零,跟踪每个办事处的经纪人增长情况。一年来,区域主管能够监测经纪人的人数是缓慢增长还是快速增长。如果因为某种原因,人数下降,瑞麦的加盟店开发顾问(FDC)就会前往实地一探究竟。办事处面临的任何问题都是瑞麦面临的问题,加盟店开发顾问帮助解决问题。

对于最初的20年,瑞麦只专注于每个顶线绩效指标。引人注目的是,公司中的人都不关心财务报表,因为林内格认为追求长期目标才是关键,短期收益不重要。难以想象如今的上市公司能够接受这种心态,这可能反映了我们的现行制度的衰败,并且这种情况肯定会妨碍内生性增长。瑞麦自成立30多年以来,每个月都实现了增长,从未在哪一个月中发生负增长。

行业演变和死胡同

尽管发展势头强劲,瑞麦在初期阶段(至少在1983年之前)并没有引起许多人的关注。它当时过于激进,规模过小,没有人将它看作是对行业巨头的威胁。比如,在科罗拉多州,尽管瑞麦实现了大部分的初期增长,但是在范·沙克的眼里却不值一提。然而,正当瑞麦着力推动行业内部变革时,经济形势也在从行业外部产生压力。

20世纪70年代末,美国房地产业一蹶不振,购房经济学正处于激进变革之中。通胀失去控制。利率最高曾达到了难以置信的18%。经纪人在经济繁荣时期相对容易卖房子,但是现在却发现几乎不可能卖掉房子。即使顶级经纪人也难以维持生计。瑞麦也受到了重创。随着全国各地加盟店的经纪人停止支付每月费用，加盟店也停止向瑞麦付费。企业靠着梦想以及加拿大的及时帮助勉强为继，当时的加拿大度过了最艰难的滞胀时期。但是所有经纪公司都因为经济低迷而遭受重创，只有最好的公司存活了下来。

美国梦也在变化。曾几何时，购房家庭在30年贷款期内忠实地偿还房贷。20世纪80年代初期，家庭开始购买他们在常规意义上无法承担的住房，因为房屋成本低于房屋的增加值。换句话说，通胀使得你更愿意在今天购买你曾经以为直到明天买不起的房子。正如《财富》杂志编辑约瑟夫·诺切拉在他的名为《分一杯羹：中产阶层如何成为富裕阶层》（西蒙和舒斯特出版社1995年版）中写道：

房价就像通胀的直接副产物而暴涨。人们开始以这种全新的方式考虑住房，这一事实是房子价值暴涨所直接导致的。人们不再像投资买房那样购房；首付款就是他们的"股本金"。经过四五年后，在他们的投资价值翻倍时，他们有可能愿意将它看作是任何其他投资——参与某种利润分配并且将资本收益投入到更昂贵的投资中——即，另外一套房子。（第188~189页）

有史以来第一次，房地产价格和利率成了后院烧烤聚会、高尔夫球场和商业会议上的热门话题。可能正是因为这个原因，当房地产行业之外的公司最终希望分一杯羹的时候，第一个"吃螃蟹"的公司必然是来自金融行业的公司。

美林公司是一家不同的金融公司，积极开展零售业务，专注于从相关服务中寻找其他之前尚未开发的收入流，"看好美国的未来"。上一届美国总统罗纳德·里根的幕僚长唐纳德·里根，怀有一个激进的新愿景：美林起到的作用更像是一家超级银行，而不是一家经纪公司。客户只要有房地产就可以进入这家银行。因此，在1978年之前，美林开始收购全国各地的知名房地产公司，希望打造一个帝国。

第3章 我们究竟处于什么行业？

21世纪不动产公司在此时已经上市。1981年，它利用机会将公司出售给了更大的企业集团。环球航空公司和希尔顿酒店的所有者"环球公司"就是买家。环球公司将21世纪不动产公司看作是它的巨大拼图中的另一小块。虽然它没有影响21世纪不动产公司的经营战略，但是它确实希望发掘后者的客户群体。道理很简单：客户会购买机票、支付租车费和酒店住宿费，通过环球公司买房子。

西尔斯公司于1981年也涉足房地产业。作为全国最大的零售商，西尔斯公司的一个新目标是将金融服务纳入它的业务范围。西尔斯零售店已经在吸引顾客购买花园水管、地毯和油漆。为什么不给他们提供购房、获取住房保险和住房抵押贷款的地方呢？与环球公司一样，这是西尔斯公司为了实现纵向一体化和协同作用而迈出的一步，此举虽然在理论上可行，但是在现实世界中不一定成功。然而，西尔斯公司收购了区域巨头"科威国际不动产公司"，随即在全国赢得了举足轻重的地位。

谁控制着经纪人，谁就控制着客户——这就是当时的想法。但是事与愿违。实际上，在企业搬迁这个利润丰厚的行业中，诸如西尔斯和美林这样的大公司都有内在的优势——他们知道并且非常了解大企业客户。但是在零售层面上，住宅房地产经纪人并不那么容易受到影响。让经纪人引导客户的保险、抵押、税务会计或经纪需求，这可能符合母公司的最佳利益，但是经纪人可能也有卖保险的堂兄弟、为其提供全国曲棍球联合会比赛门票的私人会计师，以及经常向他推荐客户的银行家。房地产是一种本地行业，具有复杂的人情关系网。企业监督人无法像他们期望的那样轻松地转移或引导这个关系网。

环球公司将21世纪不动产公司卖给了大都会人寿保险公司。大都会人寿保险公司有一个了不起的想法。因为它已经在保险业声名显赫，所以它会给21世纪不动产的每个经纪人提供一个保险执照，帮助他们通过同时卖房和卖保险而赚钱。但是这个想法失败了。

人人皆赢：RE/MAX 背后的故事和经验

1989 年，美林决定退出房地产业，将他们的 450 多个办事处出售给保诚，而后者一直在以美林的模式缓慢地构建自己的帝国。然而，这顿饭并不容易下咽，更别说消化了。保诚意识到，它的独家加盟协议和美林的独家加盟协议往往彼此直接冲突。需要花费几年时间和几亿美元的资金才能够得出解决方案和妥协。

与此同时，到了 1993 年，瑞麦成为美国的头号房地产网络（按照房地产销售量）。此外，它实现这个目标并不是通过收购，而是通过每个经纪人专注于企业的成长。对于瑞麦而言，成功的关键在于公司看待与代理人关系的独特方式。在大多数公司，经纪人都是为经纪公司效力的员工。而在瑞麦，经纪公司为经纪人效力。

逐渐地，100%佣金制的吸引力开始影响行业内的每个人，几乎每一家公司都发现他们的佣金收入逐渐转移到了瑞麦的手中。瑞麦也开始尝试 100%佣金制的各种不同方案。这种战略趋同性——其他公司采用 70/30 或 80/20 模式，瑞麦尝试 95/5 模式——是正在成熟的行业的典型特征，表明了更重要的一点：战略可以被模仿，经营方案可以被复制，但是核心能力是区别因素。其他公司向瑞麦妥协后仍然发现瑞麦的增长速度超过了他们，这一事实证明了瑞麦将经纪人作为客户看待的做法确实有影响。

随着这些经济学原理发挥作用，行业整合被加速了。一方面与本地大企业竞争，另一方面还要与瑞麦的最大佣金制竞争，小企业失去了最佳经纪人，销声匿迹，或者被大公司收购。业内人士自 1978 年以来就发现了这种合并趋势，而且预计，在 1983 年之前，行业的 80%将被两三家大企业主导。实际上，现实比预期晚了 20 年，为大公司效力的经纪人与为小公司效力的经纪人的比率不会超过 50%。尽管面临所有压力，房地产业依然是本地行业。但是全国巨头的主导地位确实每年逐渐增长。酒店加盟体系（HFS）公司通过收购 3 个品牌（科威国际、21 世纪不动产和 ERA）而成为主导公司，后来成为升达特公司。（参见表 3.1）

第 3 章 我们究竟处于什么行业？

表 3.1 房地产网络的演变

年份	事 件
1906	科尔伯特·科德维尔创立科威国际。
1971	杰克逊家族创立 ERA。
1973	戴维·林内格和盖尔·梅恩创立瑞麦。
1973	阿特·巴特赖特和马什·费舍尔创立 21 世纪不动产公司。
1977	美林收购 TICOR Relocation。
1979	梅瑞迪斯公司(《美好家园》杂志出版商)创立美好家园房地产部。
1979	美林设立房地产部。
1980	ERA 出售给商业信贷公司(控制数据公司的子公司)。
1981	21 世纪不动产公司出售给环球公司(环球航空公司和希尔顿酒店的所有者)。
1981	科威国际出售给西尔斯金融公司。
1985	21 世纪不动产出售给大都会人寿保险公司。
1986	ERA 出售给 EMB 资本公司(格勒蒂斯家族控制的公寓开发商)。
1987	保诚组建房地产部。
1988	保诚出售第一个加盟店。
1989	美林搬迁和房地产部出售给保诚。
1992	科威国际出售给弗里蒙特集团(贝克特尔家族)。
1995	21 世纪不动产出售给酒店加盟体系(HFS)。
1995	ERA 出售给理查德 L.S(由迪克·施洛特完全拥有)。
1996	ERA 出售给 HFS。
1996	科威国际出售给 HFS。
1997	HFS 成为升达特。
1998	《美好家园》出售给 GMAC 住宅服务公司。

相比之下，瑞麦的长期顶级经纪人招聘发展战略有了回报。它的每个经纪人生产力远远超过了行业平均水平，而且在房地产销售量方面稳居第一位，甚至它的经纪人招聘势头有增无减。

在长达 30 年的经纪人人数增长后，房地产行业的动荡使得瑞麦实现了一直以来的目标：头号房地产品牌。盖尔·林内格说："我一直以为本应该更早就实现了。"但是局外人很少能够想到这么快就发生了，而且这么具有戏剧性。如果你光顾街道的五金店或咖啡店，想象一下有朝一日如何成为像家得宝或星巴克这样的全球巨头，你就可能意识到瑞麦是如何走到今天这个地步的。

战略举措

- 了解你的客户。
- 顶线增长是一种心态。此外，它也是战略和制胜战术。瑞麦专注于围绕着梦想发展企业，始终努力寻求目标。瑞麦采用了新的行业模式，改变了游戏规则，实现了创新，所以能够清晰地看到无限收入增长。实际上，游戏规则的改变（比如，以经纪人为本）创造了竞争优势。
- 增长并不是不可能的，但也不是必然的。可以通过坚持不懈地追逐梦想、强大的领导团队以及构建打破常规的新的业务模式来实现增长。
- 知道你究竟处于什么样的行业。企业的成功要突破传统模式。你的独特性是什么。
- 不要让无意义的传统或"游戏规则"妨碍你自己的经营之道。
- 只专注于自身优势的企业往往看不到他们所提供的服务的实质。
- 将员工看作是客户的企业能够形成强大的客户服务文化。这种公司必须始终弄清楚员工为了提高业绩真正想要和需要获得的东西。
- 瑞麦在增长之前专注于获取顶级人才，因为它知道，影响财务业绩的关键因素是员工。
- 为了增长，瑞麦设定了企业内的每个人都可以遵循的一个明确、可度量的顶线目标。
- 通过一次招聘一个员工和开发一个客户，实现持续增长。
- 在你的品牌下给予员工信任——他们会用努力工作来报答你。

第3章 我们究竟处于什么行业？

● 教导你的员工如何更有效地管理他们的时间和个人资源,这样也可以促进公司的增长。

● 员工培训和教育是一项很缓慢的前期投资,但是可以带来巨大的长期回报。

● 知道和了解如何操控行业的政治观点。行业政治是获得客户支持的第一战场。

经验总结

领导人敢于提出棘手的问题。

企业领导人如果关注企业的增长,这种视角将影响他如何制定经营方针。为了改变现有的行业规则,必须认真学习和了解你所处的行业。这是一些专家所说的创新循环(cycle of innovation)。我们将其解释为三步系统性思维,这种思维对于所有企业都有效,不论其行业(参见图3.1)。

第1步:了解你的行业动态,列出关键规则和流程。

第2步:识别规则和流程下的关键假设。

第3步:提出改变假设的更好解决方案。

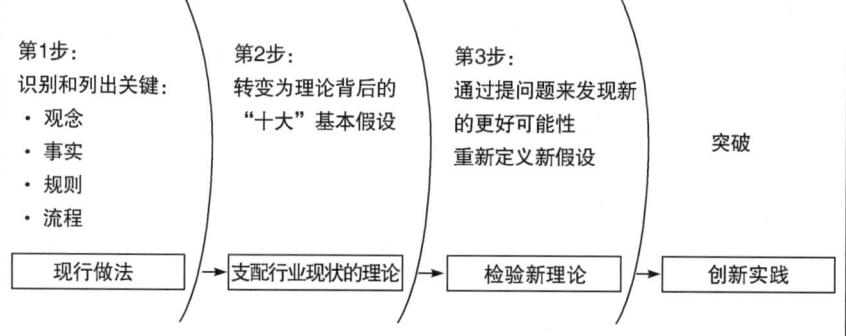

图3.1 创新流程:如何实现创新和优化

*练习:让一个小组假设存在一个奇迹——即,假设规则已经被改变,且这个假设可以自定义。那么你所处的行业会是什么样子?

75

第 4 章

独木难成火

第 4 章 独木难成火

构建品牌，传播梦想

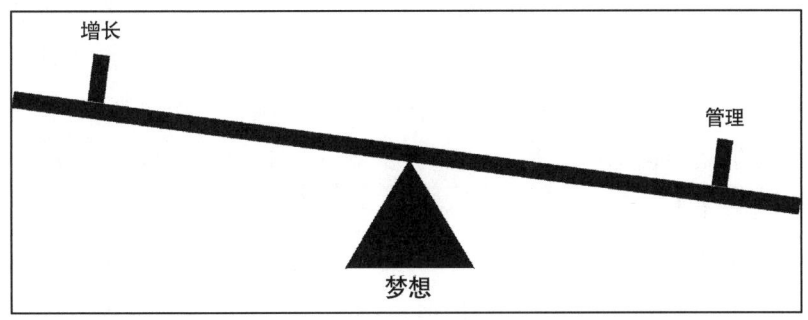

> 团队协作是实现共同目标的能力，指导个人实现组织目标的能力。它是让普通人实现不普通结果的推动力。
> ——安德鲁·卡内基

商业计划书是关于将设计公司标志这项服务卖给瑞麦。如果成功了，唐和格兰达·哈森伯格的公司可能成为这家年轻的房地产公司的非官方供应商。虽然瑞麦在整个行业内无足轻重，但是它是一个不错的商机，哈森伯格认真对待这个商业企划案。他带着几个样品、一些数据和一份计划书走访了瑞麦。

哈森伯格是十足的创业者。他一直是大公司的顶级销售人员，虽然他的孩子还很年轻，但是他控制不住创业的冲动。他和格兰达是在遇到一对想要出售广告公司的夫妇时起家。这家公司在 17 个西部州有 130 名销售人员，专业从事促销商品，包括铅笔、日历和公司礼品直至房地产标志。哈森伯格和他的妻子在 20 世纪 70 年代初收购了这家公司，事情进展顺利，唐和格兰达管理公司并且分担负担。几年后，他

人人皆赢:RE/MAX背后的故事和经验

们在堪萨斯城聘用的一名销售人员路易斯·罗维给他们打了一个电话。罗维一直在为位于堪萨斯城的丹尼斯·科廷经营的瑞麦办公室工作以及内布拉斯卡州林肯市的一家小办公室服务,为他们提供房地产标志。在这个过程中,他对瑞麦产生了浓厚兴趣,对瑞麦的随心所欲理念异常痴迷,而且意识到瑞麦必然会成大气候。罗维知道,关键是要与位于丹佛的公司总部成交。"我觉得你应该给他们打个电话,看看我们是否能够从他们那里获得一些业务。"罗维告诉哈森伯格。所以,哈森伯格就开始自己一探究竟。

格兰达的妹妹恰好在与一名瑞麦经纪人约会。瑞麦当时在丹佛有15家门店,在其他州也有一些门店。虽然瑞麦还没有在全国范围内产生多大影响,但是这个经纪人向哈森伯格夫妇保证,总有一天瑞麦会做到的。

哈森伯格认识一个名叫戴维·威特曼的人,此人与林内格合作,而且经常与林内格讨论。威特曼用了一些华丽辞藻将林内格描述为值得信赖的力量。"当你遇到了他,你就会知道我所说的意思。"他笑着对哈森伯格说,这让哈森伯格更加好奇。

丹佛的门店虽然小,但是很繁忙。哈森伯格遇到了林内格和盖尔·梅恩,对他们所做的事情感到惊讶,甚至还被每个员工身上的工作热情所感染。就像别人告诉哈森伯格的那样,林内格非常自信,但是却不高傲,他积极而且热情,充满了胆识和果敢。他有愿景,而且积极兜售他的愿景。他周围的人走路和说话的样子就像是某个全新宗教的信徒。他们是真正的信徒,一心一意地想要彻底改变房地产行业。

哈森伯格越来越感兴趣,但是他依然理性,不会感情用事。对于他的企业家头脑而言,100%佣金理念是一种启示。他喜欢这个理念,而且希望能够找到一种途径将这个理念应用于自己的企业。他面临同样的问题——20%的销售人员干着80%的工作。但是对于广告和推广销售人员提供的产品,经济学机制是不同的。然而,像房地产这样的行业,商机是无限的。只有一个关键点:哈森伯格可以看出100%佣金为

第 4 章 独木难成火

什么对经纪人和瑞麦都有好处；但是他不明白经纪公司如何能够赚大钱，而对于他而言，经纪公司才是关键。但是，这仍然是将要成功的模式和文化——你可以看得出来。

哈森伯格和罗维将他们的标志样品和商业建议书递交给了林内格和他的团队。会谈很友好，讨论的氛围也很放松。数字似乎引起了瑞麦人的兴趣。他们没有像一些小企业与卖方那样讨价还价。林内格的唯一问题是付款。"我们可以拥有一个往来账户吗？"他问。这对于哈森伯格而言不是大问题，只要他在 30 天内获得付款。"可以呀！"他说，然后他们就握手成交。

成交

哈森伯格还不知道，但是林内格迫切想成交。实际上，瑞麦还没有着落。他们的所有其他供应商刚刚终止了与瑞麦的合作关系，因为瑞麦不能按时付款。林内格的随意风格就像是扑克牌一样，手头空无一物，没有钱来下注，只是相信船到桥头自然直，而且任何签约的人都会获得不错的回报。并不是所有卖家都愿意接受这种坏账，但是哈森伯格不介意，直到他发现问题所在。回头想一想，他的时机是再好不过了。他刚刚成为一家即将疯狂增长的公司的供应商。即使这个主持大局的离经叛道的年轻人遭遇了一些坎坷，而且他们也没有多少营销意识，但是哈森伯格感到，从他遇到瑞麦的这些人开始，利润就会滚滚而来。

哈森伯格夫妇的生活被彻底改变了。1976 年，哈森伯格夫妇二人前往拉斯维加斯参加瑞麦的第一次供应商会议。他们是唯一的供应商，其他公司都不愿意来。他们搭建了展台，陈列出了一些样品以及房地产标志牌的价格清单复印件。哈森伯格在一段时间里不断给格兰达讲述林内格是多么地有胆有识和富有激情，格兰达迫切想要会一会这个大人物。她没有想到,眼前的林内格是一个个子不高、肩膀宽阔、留着长发和胡须、穿着褐色西装和凉鞋的人。林内格滔滔不绝,她可以看得出来;但是格兰达就是忘不掉林内格脚上的那双凉鞋。原来,林内格之所以穿凉鞋,是因为他刚刚做了一次脚部手术。他从来没有考虑过穿着凉鞋会让其他人感到多么怪异。

哈森伯格被林内格的感召力和动力吸引了,而格兰达却发现盖尔·梅恩和达尔·杰斯普森的坚强更有吸引力。由于在美南浸信会长大,她在四处感受坚实的基础。她对林内格以及他的强硬而又艰苦朴素的作风感到不安。对于格兰达而言,盖尔·梅恩和达尔·杰斯普森让她确信,瑞麦的勇气和胆识背后有着某种稳定的好东西。她眼中的盖尔是一个聪明、友好、美丽的女人,与她遇到的任何企业经理人一样精明强干、脚踏实地,而且对瑞麦的信仰与所有那些创业者一样强烈和坚定。格兰达立即喜欢上了盖尔,并且信任她。她身上就是有一种特质让你感到很舒服。

女人的友谊在接下来的几年里会日益加深,格兰达需要这种友谊,因为冒险即将开始。林内格喜欢上了他从哈森伯格身上看到的特质:一个精明的营销人士和一个成熟的商人,理解品牌、广告和销售的零售性质,而且敢于承担风险,追求财富。他是林内格希望留在身边的王子。所以他开始劝说哈森伯格,希望让他放弃自己的企业,加入瑞麦。"哈森伯格,你现在已经加入这项事业了。"他在第一次会谈之后就这样对哈森伯格说。"我们需要你的才能。我们将拥有一万名经纪人。我们将乘坐喷气式飞机,全国各地到处跑。兄弟,你一定不想错过这个机会。"

这简直不可思议。一万名经纪人,哈森伯格忍不住思考这个数字。这意味着比林内格现在经营的企业规模大15倍。如果这话出自大多数人的口中,哈森伯格会不以为然。但是如果林内格这样说了,你会看到一片乐土,就像是他拉开窗帘,让你放眼望去一样。

瑞麦成为哈森伯格的公司的最佳客户。除了其他几个优质客户

第 4 章 独木难成火

外,哈森伯格愿意放弃剩下的所有客户。所以,哈森伯格制定了一项计划,将他的大部分业务出售,并且保留与瑞麦相关的那部分业务。林内格完全赞同。格兰达将负责经营这部分业务。他们的第一名员工是平面设计师鲍勃·布朗,一个留着马尾辫、拥有语言和视觉天赋的嬉皮士,布朗几年后成为瑞麦的公司形象执行总监。他们该给这个新公司起个什么名字呢?布朗做了一些研究,建议起名为"特效公司"。当时是 1977 年,《星球大战》是票房大卖的电影,每个人都喜欢这个主意。哈森伯格作为第八名员工加入了瑞麦营销部,在盖尔·梅恩办公室外的走廊中有他的一张办公桌。

这是一次巨变,哈森伯格迫切想要开启生命中的新篇章。他有很多点子,知道如何兜售瑞麦的梦想。格兰达也准备好接手特效公司的管理。她对工作的强度、旅途时间和纵情派对有一些疑虑。但是她知道哈森伯格多么渴望机会,而且将瑞麦看作是一家既平衡又脚踏实地的公司,甚至比热火朝天的工作劲头更加严肃和脚踏实地。当林内格周日早上在哈森伯格出门之前给他们俩打了一通电话,告诫他们不要相信《落基山新闻》的头版中写的有关他的任何一个字时,格兰达算是吃了颗定心丸。他们还没有拿到那天的报纸,所以,她得自己跑出去买一份报纸才能看到。这篇报道并不友好,而且可以算是对他们即将开启的新生活发出的警告。头条新闻写道,瑞麦即将破产,虽然林内格发誓说没有这回事。这就有点像是看到林内格留着长发、穿着凉鞋一样——只不过这次是在白纸黑字中。

步兵

他们把它称之为精干营销团队,而且制定了一份将在全国各个城市不断重复上演的攻击方案。哈森伯格担任战场上校。团队里有其他七名突击队员,林内格是四星上将,从总部飞到战场督战和检阅士兵。

人人皆赢：RE/MAX 背后的故事和经验

目标是销售大量的特许经营权，而且展开瑞麦的革命。策略是游击战。

第一个目标是辛辛那提市。他们周六飞抵这座城市，在名为"转盘"的廉价旅馆里订了几间客房。初始任务将持续一周时间。他们在周一早上共进早餐，各个表情严肃，等待着进入战斗。哈森伯格拿出一张地图，在地图上画了几条线，然后将地图切成八片，分发给每个突击队员。每个人都租了一辆车。他们离开餐厅，兵分八路，计划跑遍这座城市的大街小巷，寻找房地产公司。

当精干营销团队的一名成员走进房间时，那些房地产经纪公司的人员一头雾水。之前还没有人走进过房地产经纪公司招揽经纪人。通常，只有购房的、寻找经纪人工作的或者收水电费的才会走进他们的办公室。这些人手里拿着手册，就像是在传教。手册的标题为《房地产行业的趋势变化》，信使邀请感兴趣的人参加周四晚上的研讨会，以便弄清楚这些趋势变化对于他们的业务究竟意味着什么。

一些人被逗乐了，一些人产生了兴趣，一些人将精干营销团队的成员赶出门外。周四，林内格飞抵这座城市，他将主办这场研讨会。就在那一周，这个团队召集到了大约30名感兴趣（但又略感疑惑）的参与者。他们都在前台登记，留下了名片，走进会议室找座位。林内格在走向讲台时一定让人好奇，他走到讲台旁，开始播放幻灯片。他讲到了房地产委员会的由来以及房源共享系统（MLS）的内容。然后他阐述了区域公司以及国家特许经营模式的兴起。讲课内容很有趣，林内格以犀利的视角剖析了房地产人可以感受到的身边变化。林内格是一位颇具娱乐性的演讲者，富有洞察力和魅力。在参与者思考这些趋势对他们生活的影响时，林内格改变了话题。"100%佣金理念是房地产行业的下一个生力军，"他说。他解释了这个理念的原理，因为几乎所有人之前都没有听说过这个理念，然后，他回答了一些问题。

接着，他描述了瑞麦及其经营模式。一家全国性特许经营公司、人人皆赢原则、100%佣金制。两个小时的讲课结束时，就在鸡尾酒会开始前，林内格宣布，课堂上有几位瑞麦员工可以回答任何人提出的任何

第 4 章 独木难成火

其他问题。他们在这里就是为了销售特许经营权,如果谁想要了解更多信息,他乐于讲解。

周五早上,林内格飞回了丹佛市,精干营销团队共进早餐,这一次是为了整理名片以及追踪潜在客户。他们尽可能在办公室内外做了预约,有时甚至直接上门邀请。一些潜在客户已经受够了来自丹佛市的瑞麦疯子,直接拒绝了进一步谈话。其他人经过彻夜思考后希望了解更多信息。彼时人们可以批量购买飞机票。精干营销团队的每个成员的口袋里都装着两张飞往丹佛的机票,准备随时将机票交给他们能够找到的两位最佳潜在客户。你能够与某人达成加盟交易的唯一途径就是通过某种方式将他带到丹佛市,让他亲眼看到此商机有多么好。眼见为实,耳听为虚。六七个人同意下一周飞往丹佛一探究竟。

三周后,精干营销团队再次造访辛辛那提市。这一次,这个城市准备好迎接他们。来自竞争对手的房地产经纪人将这个奇怪团队的故事告诉彼此。他们告诫认识的每一个人不要参加名为《房地产行业趋势变化》的研讨会。只有 8 个人感兴趣,愿意参加周四晚上的研讨会。但是这 8 个人比三周前的那 30 个人更加感兴趣。精干营销团队感到他们开始取得进展了。在五个月内,他们在这座城市卖出了 15 个特许经营权。

下一座城市是匹兹堡,接下来是托莱多。工作就是门到门,日复一日。他们一路上想出了更好的新策略,尝试有意义的一切方法,重复起作用的方法。他们创造了群发邮件。既有红色宣传册,又有蓝色宣传册。一万个直接邮件一定会带来 20 或 30 个销售线索。他们通过电话、走访、会议以及前往丹佛市的免费机票来跟进这些销售线索。他们又卖出了很多特许经营权。

这是最原始的零售营销:长达几周的奔波劳累、漫长的几天后勤工作、不断兜售瑞麦梦想、与志同道合的任何人签约、向他们解释他们真正所处的行业。林内格每天早上起来都会有一屋子的人等待了解瑞麦的理念,他精神抖擞地演讲,观众听得如痴如醉。精干营销团队将每一个字烂熟于心,他们已经听过上千遍了。但是正如林内格所说:"这对于我们来说是打破纪录了,但是对于他们来说,这只是财富之旅的第一天。"紧皱的眉头、欢声笑语、急切的提问——既艰难又耗费体力,但是却充满了乐趣。

最重要的是,团队开始看到了惊人的结果。梦想——一个接一个的加盟店、经纪人和标志——开始传播开来。

为什么网络起作用

这都归结于一个简单的真理:究竟如何才能够构建一个伟大的组织。正如西德·西弗茨森(Sid Syvertson)后来所说的,"独木难成火"。

西弗茨森是瑞麦迄今为止取得的最大成功。通过与史蒂夫·黑塞尔顿合作,西弗茨森在加州经营一家成功的领先公司。这家公司名为春天房地产经纪公司,被认为是美国一流公司之一。它的经营模式已经非常接近特许经营模式,因为它为门店经理提供补偿和赋权。但是该公司知道,如果想要真正增长,就必须要迈出一大步,成为纯粹的加盟网络。

西弗茨森与黑塞尔顿密切关注他们的最大竞争者,他们已经有了一叠厚厚的名为"瑞麦"的档案。当他们四处打听这家来自丹佛的公司时,他们听到了一些负面评价。瑞麦的理念"很危险",人们说。瑞麦能够通过成熟的客户群体招募更加独立、专业和成熟的房地产经纪人,迫使其他公司只能招聘企业级经纪人。这到底是怎么回事?西弗茨森心想。他和黑塞尔顿一直以来都得意于手下经纪人的素质和专业性。100%佣金制理念很有道理。他们决定仔细考察瑞麦的可能性。

西弗茨森给身在加拿大的林内格打了个电话,告诉他,他想要购买加利福尼亚州的特许经营权。林内格的回答一如既往。"你到底是谁?"他问道。西弗茨森建议林内格好好想一想,然后给他回电话。当

第4章 独木难成火

林内格第二天给西弗茨森打电话时,显然他做足了功课。"你是春天房地产经纪公司的老板吗?""没错,"西弗茨森答道。"就是那个被认为是房地产行业黑名单上的春天房地产经纪公司?""是我。"西弗茨森说。林内格笑了。"好吧,我们现在正在加拿大举行经纪公司所有者会议。你和你的商业伙伴可以飞过来现场了解一下,如何?"西弗茨森和黑塞尔顿立马飞到了多伦多市,会议现场聚集的专业群体给他们留下了深刻印象。

西弗茨森和黑塞尔顿之后很快就买下了加州的特许经营权。瑞麦之前没有与他们进行过任何谈判,突然之间,他们就面临着要过渡近一千名经纪人和一大群门店的任务。但是西弗茨森和黑塞尔顿还没有准备好。他们的经理都是一心想着利益增长的商人。他们的经纪人都是高素质人才。西弗茨森和黑塞尔顿急切地将注意力转向网络的营造、卖出更多特许经营权以及向加盟店提供更好的服务。他们再也没有回头。

西弗茨森和黑塞尔顿理解林内格的目标,也理解他打算通过将经纪人和加盟店的数量最大化,从而在特定市场中强化瑞麦品牌的市场份额的想法。大多数经纪公司和经纪人都抵制这一战略。他们担心彼此竞争,因为他们不能够看到全局。林内格知道,创造压倒性市场形象(OMP)将使所有经纪人和加盟店都受益。他只是需要找到一条解释该观念的途径。

林内格提出的术语是一流市场形象(PMP)。PMP 有 5 个方面:(1)市场份额;(2)品牌知名度;(3)客户满意度;(4)高素质员工;(5)社区服务(参见图 4.1 和 4.2)。大多数经纪人和加盟店店主都难以接受市场份额的想法。他们不希望与其他瑞麦代理人和经纪人来往密切。在最初的几年里,林内格在销售特许经营权时就谨记这种情感,给予经纪人大范围的独家区域,以尽量降低来自瑞麦自身的竞争。但是,林内格能够证明,特定区域内的瑞麦经纪人越多,每个经纪人的平均收入就越高。产生的利益是呈指数级增长的。在新区域中,如果只有为数不

人人皆赢:RE/MAX背后的故事和经验

多的几名瑞麦经纪人,瑞麦品牌下的房地产销售和新经纪人招聘就会非常困难。在实现一流市场形象的区域中,瑞麦经纪人70%的业务都来自回头客和客户推荐,而且他们也可以从更高的品牌知名度中受益。每一个瑞麦房源、"房屋出售"标志、宣传手册、广告牌或者瑞麦赞助的社区活动,都是在给该体系中每个其他瑞麦经纪人打广告。那里的瑞麦经纪人和加盟店越多,每个人的收益就越大。

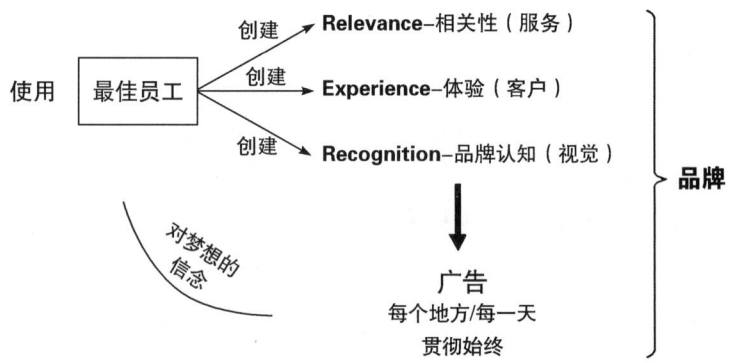

注:在服务业中,最佳员工通过RER(相关性、体验和认知)来创造品牌,与稳定有效的广告相结合,就会给你带来压倒性市场形象(OMP)。

图4.1　RER:服务公司品牌化战略

林内格看到了房地产经理人(最初采用100%佣金理念的公司)在创造独家特许经营区域时犯下的错误,他不希望重蹈覆辙。这都归结于特许经营的价值核心。特许经营对于商人很有吸引力,因为它提供了更大的品牌、独特的产品或服务、更高水平的培训能力以及团购。因为担心内部竞争,房地产经理人公司将独家权利销售给孤立的城市,但是在这一过程中,他们削弱了特许经营模式的威力。在同一座城市中,如果房地产经理人公司拥有一家加盟店和12名经纪人,瑞麦会卖出30个特许经营权。这些加盟店是否在同一个社区乃至同一个街区,这并不重要。从每个加盟店都没有经纪人开始,年末,每个加盟店预计都会获得总计10名经纪人,而瑞麦品牌在这座城市就赢得了300名经纪人。与此同时,房地产经理人的一个加盟店可能将经纪人总数增加3

第 4 章 独木难成火

倍,达到 36 人。房地产经理人无法与其竞争。瑞麦会拥有 10 倍的房源、10 倍的品牌知名度和 10 倍的市场形象。此外,瑞麦的加盟店群体会大大提高批量购买广告的机会。它将提供相同的独特产品和服务(软件、计算机技术、办公空间和培训设施),但是人均成本却要低得多;它将能够购买更多更好的培训服务,不仅仅是在区域内,而且是在全国范围内。年末,瑞麦经纪人将以更低的人均成本获得更好服务和培训;瑞麦品牌将在消费者中达到高很多的首先提及品牌知名度。在下一年,差距只会呈指数级增长。如果以一流市场形象战略将瑞麦扩展到每个新市场,网络还会将相同经历贯穿全世界每个角落——奋斗、渐进增长、创造一些大交易、感受到势头的形成、打破平衡、指数级增长。

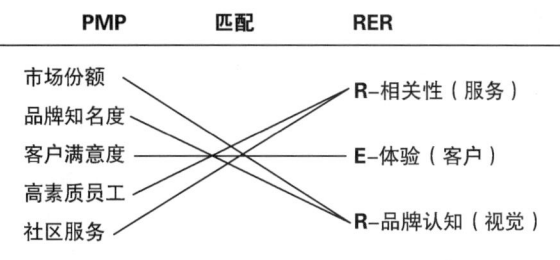

图 4.2　PMP 与 RER 的匹配

然而,林内格发现很难从道理上说服别人相信他的理念。自然,每个加盟店店主和经纪人首先主要担心自己的处境,难以认识到林内格的统计数据给出的直接相关性。在前往亚利桑那州阿帕奇湖的一次周末度假期间的一个晚上,林内格向一群经纪人和瑞麦领导人严厉指出这个问题。他们当天玩得很尽兴,吃了一顿不错的烧烤,而且晚上还喝了很多酒,纵情享受彼此的陪伴。最后,夜已深,大多数人都去睡觉了。剩下的几个人围坐在篝火旁,烘烤着空酒瓶,看着酒瓶熔化。莫名其妙地,西弗茨森抬头看着林内格,说道:"林内格,独木难成火。"林内格意识到话里有话,就问他此话怎讲。"这就是瑞麦的意义所在。"西弗茨森继续说,"你有一根木头,你想要点着它。你没法让它真正烧起来,它只是阴燃。你拿来十根木头,加上一些火星,用一根火柴点燃它,你就有了熊熊大火。熊熊大火才有用处。你在创造十万根燃烧的木头,林内格,那将是势不可挡的。"

林内格点了点头。确实如此。这正是他想要做的事情。这样说来就很容易理解。独木难成火,这就是瑞麦的战略,回报就是你可以用来取暖并且引以为傲的熊熊火焰。林内格在接下来的几个小时里一直在琢磨这个想法,看着燃烧的火焰,直到那天晚上上床睡觉。

每个人受益

然而,要燃起熊熊烈火就必须要找到木头、点燃火焰,一点一点地扩大火势。这并不容易,巧妇难为无米之炊。它需要惊人的勤奋、耐心、毅力,而且还要有慢慢积累的意愿。

瑞麦的基石就是(而且现在仍然是)这种缓慢和稳步的积累。从一开始,林内格就知道,他不能与大公司竞争。其他公司的财力是无限的,始终都会有其他更强大的公司加入进来,吞并竞争者、给他们的体系注资、愿意不惜一切建立品牌知名度。瑞麦拥有的唯一竞争优势就是人人皆赢原则。通过让经纪人变得富裕和成功,并且赋予经纪人自我推广和自主经营的自由度,瑞麦是在拱手奉送信用,为它的熊熊大火换取更多的木材。

相比之下,大多数大公司都有屈从文化,即使是特许经营公司也不例外。总部希望公司变得无比强大,希望销售人员怀有感激之心。主旨很明确:你们的所有成功都来源于公司品牌的实力——没有品牌,你啥都不是。瑞麦希望创造一种不同的文化。林内格知道,实际上,房地产品牌没有个体那么重要。个体驱车带着客户前往六七处房子去看房。个体拥有所有个人关系。如果某人退出,客户很可能跟着他走,而不是对公司品牌忠诚。

林内格的个人推广创新就是一个激进的例子,而且他反复向员工讲授个人推广理念。推广你自己,将你的名字写在标志牌上。此前,房地产行业从来都没有听说过这样的事情。公司始终都是关键——个人只是车轮上的一个小齿轮。但是,林内格知道,员工不仅仅是为了工资而工作。他们想要获得归属感和舒适感。

在大小型培训会上,林内格向经纪人讲授如何制定自己的广告预算;如何度量接到的电话数量;如何分析广告支出,以及如何按照每个客户的金额将广告支出分类;如何完善和最优化个人战略。这是他作为领导人的职责演变,他认为这种演变是绝对必要的。他不断参加他能够找到的各种相关培训班或研讨会,始终给自己充电并且了解前沿知识。他参加美国管理协会会议,每年用几天的时间学习如何管理私营公司、如何从门外汉的角度理解财务报表、如何开展个人直接邮寄活动。他将一切有价值的内容都结合到自己的演讲和辅导课中,将自己的所有知识讲授给经纪人和代理人,目的只有一个:让他们变得更好,在此过程中,给熊熊烈火添加木材。

建立品牌知名度

最难的环节依然是打开这扇门。瑞麦的区域所有者都热切地希望获得公众的认可。兜售梦想的零售模式就是脚踏实地地工作,不问为什么;但是,挑战在于如何开始、加速推动、实现一些大的跨越。此时,新墨西哥州的区域共同所有人比尔·艾克尔斯的想法犹如凭空出现,但又看似一直以来都摆在你的面前。

艾克尔斯从二十七八岁开始一直从事房地产行业,非常享受这个职业。对于他而言,这是一个无忧无虑的行业,利润丰厚而且令人满足,对于喜欢交际的人而言尤其如此。用他的话说,这个行业是"你即使是干销售也依然感到满足的行业"。他与父亲和哥哥一同经营一家公司多年,但是到了35岁感到精疲力竭,所以他将公司出售,做了一些

人人皆赢:RE/MAX 背后的故事和经验

咨询工作,讲授房地产业务。此时,他开始听闻房地产经理人提出的100%佣金理念。他喜欢这个理念——经营自己的公司时,他培训了许多经纪人,可后来这些经纪人要么跳槽,要么另起炉灶——他想回到房地产行业。但是房地产经理人的费用结构没有让他动心。

一天,在新墨西哥州克洛维斯市授课时,他接到了一个紧急电话。他离开了教室,拿起电话,听出了电话另一头的声音。对方是他的挚友兼大学室友达瑞尔·史迪威尔。"这家公司名叫瑞麦,"史迪威尔神秘兮兮地说,"明天在丹佛见。"

史迪威尔在参加美国房地产经纪人协会迈阿密大会时看到了瑞麦的展台。这正是史迪威尔和艾克尔斯苦苦寻觅的。1977年11月,他们一块儿飞到了丹佛。他们感到很满意,立即买下了新墨西哥州、亚利桑那州、内华达州地区的特许经营权。

这是一份辛苦工作。那个时候,作为区域所有者就意味着你必须要有很多头衔。你要开设办公室、招聘和培训经纪人并且销售特许经营权。仅招聘这一项就是一个全职工作,而且是你的生命线——没有经纪人,你就没有收入。成功的关键(如果你能发现通往成功大门的钥匙)就是吸引经纪人为你效力。史迪威尔和艾克尔斯从林内格、费舍尔和杰斯普森那里学到了一些战略。他们在房地产经纪人大会上设立了论坛和研讨会,谋划房地产行业的未来,让房地产经纪人思考未来8到10年的前景。这激发了人们的好奇心,许多人前来一探究竟。"你所说的我未来10年的前景到底是什么意思?""我难道不是依然在这里做着相同的事情吗?"二人的回答引发大家开始讨论瑞麦、100%佣金制、特许经营权和"房地产行业的其他趋势变化"。一次,某个人询问起瑞麦,艾克尔斯不顾第24条的规定,与这个人开始了一种非常不同的谈话。艾克尔斯在家庭招待会上如法炮制。他参加了这座城市的各个地方在每个周末举行的所有家庭招待会,将名片递给带客户看房的经纪人。"瑞麦,瑞麦是啥?""呃,"艾克尔斯于是就会说,"让我来给你介绍一下吧。"

第4章 独木难成火

这个过程并不容易,他们二人并没有很快取得进展。根据其他人的经验,他们知道这是必然的,所以他们准备好克服困难。但是这并不意味着他们在那次漫长的拓荒期没有感觉到紧张。二人用了3个月的时间才招聘到第一名经纪人,当他们最终做到的时候,他们一次就招聘到了5名经纪人。

迪恩纳·邓恩是一个温柔甜美的女人,她为城里的最大经纪公司效力,她有许多房源,而且始终在忙于带客户看房子。艾克尔斯知道,她将是不可多得的招聘对象。所以,每个周日,只要她出现,他就会想方设法凑到她跟前跟她打招呼,嘘寒问暖。艾克尔斯表现出了令人愉悦而且随和的执着,但是邓恩知道他是为了业务而来。"邓恩,你还有哪些有关瑞麦的问题没有得到解答?"他笑着问她,心里知道一旦她弄清楚瑞麦有多好,她一定会喜欢上瑞麦的理念。邓恩每次都回答说:"艾克尔斯,我也不知道呀。"他们于是将问题留到了下一周。

人们不愿接受新体系。最主要的是,他们担心自己付不起每月费用。他们固执地认为,是他们所在经纪公司的名声让他们获得了大部分业务,而艾克尔斯凭经验意识到这种观点大错特错。在耐心劝说邓恩长达两个半月后,艾克尔斯亮出了底牌。"邓恩,这是我最后一次给你打电话,"他一开始说道。邓恩说她正在认真考虑他的建议,他不应该这么快就对她失去信心。但是艾克尔斯更进一步。"我是认真的,"他说,"我们讨论这个话题已经有挺长一段时间了,帮我个忙,也帮你自己一个忙。从你的文件柜中取出你达成的每一项交易的记录,你就能够弄明白你的业务到底来自哪里。是你自己赢得的业务,还是你的经纪公司帮你赢得的业务?我看到了你的辛勤工作,我认为是你自己的努力才赢得了业务。当你弄清楚的时候,给我来个电话,告诉我,我想要知道。"

大约48小时后,邓恩给他回了个电话。当时是早上7点半,她说话铿锵有力,就好像她仍然对自己的意外发现感到激动不已。"艾克尔斯,说出来你恐怕不会相信,"她说,"你知道我从经纪公司获得了多少

人人皆赢：RE/MAX 背后的故事和经验

交易吗？零。"艾克尔斯轻声地笑了笑。"好吧，你现在怎么打算？"他问道。这一次，邓恩毫不犹豫地说："还用问吗？我今天下午就过去与你谈一谈。我把4位女经纪人也一块带上。"很快，5位女经纪人都加入了瑞麦。

这次成功以及其他类似的成功让艾克尔斯和史迪威尔更加坚信他们的卖点。但是，他们知道，要改变这种害怕变革的心态，他们还有很多工作要做。他们在这一方面的第一个重大创新随即诞生。他们创造了所谓的TAP计划。TAP代表着临时合伙人计划，这项计划旨在让经纪人更轻松地过渡到瑞麦体系。对于因为资金问题而犹豫不决的经纪人，他们这样劝说经纪人：

现在，你与瑞麦公司是六四分成。如果你加入瑞麦，我们会在3个月里给你带来相同的交易。我们每月会向你收取100美元的费用用于会计目的，但是我们将跟踪你的所有交易。你将在3个月末拿到60%的佣金。你可以与之前从其他经纪公司赚取的佣金进行比较，看一看你是否想要转变为100%佣金制。

平稳过渡本身就是一项巨大创新，他们之后很快就赢得了许多经纪人。他们甚至帮助经纪人与所在经纪公司握手道别，让原来的经纪公司保留老房源上的最初佣金分成。这使得经纪人仍然能够从原本可能失去的房源中获利，而且还不影响过渡过程。人人皆赢的时候难道不是皆大欢喜吗？

如果有某种途径能够更早开始招聘谈话，那就加快这个进程，甚至吸引人们主动找上门来，这会产生极大不同。问题是，瑞麦没有品牌认知度。很多人都没有听说过瑞麦。经纪人不了解瑞麦，所以他们就不能很快认可瑞麦。但是，同样重要的是，购房人也不了解瑞麦——而且经纪人对客户的观点很敏感。每个地区都经历了相同的艰难爬坡过程。直到你达到了那个转折点，人们开始知道你是谁，这是一场对每个经纪人的持久攻坚战，为的是构建企业和兜售梦想。

第4章 独木难成火

地区主管每个季度聚在一起讨论和分享想法与问题,分析和比较每个人的业绩。在一次会议上,有人建议成立一个广告委员会。那个时候,瑞麦还没有任何团体广告——他们没有钱——但是大经纪公司及所有者开始感受到紧迫的需求。艾克尔斯在进入房地产行业之前曾在广播行业工作过12年,所以他被任命为广告委员会的主席。在塔霍湖举行的下一次季度会议上,广告问题变得更加紧迫。主要竞争对手21世纪不动产公司发布了一条新的商业广告,这条广告以社区中的儿童为题材。广告很奏效。每个人都可以看到这条广告所传达的强大感召力。这家公司的"社区专家"形象产生了巨大影响。这就是房地产业的实质——儿童、邻里、家庭以及友好、乐于助人而且始终贴身服务的专业房地产经纪人。广告委员会的成员仔细分析、讨论这条广告。他们知道,必须要想出一个能够成为家喻户晓的品牌的广告创意——一个词语、一句口号、一种感觉……但是那会是什么呢?

艾克尔斯坚信灵感的自由发挥,强扭的瓜不甜。他听说爱因斯坦曾坐在椅子上睡着了,手中拿着一个钉子,握紧的拳头下是一个铁桶,当爱因斯坦熟睡时,他的手会松开,钉子会掉下来,落入桶中,发出"啪"的一声。当爱因斯坦睁开眼时,他一直想要发现的想法就出现在眼前。作为广告委员会的主席,艾尔克斯决定是时候检验一下这个爱因斯坦创造性理论了。他宣布,委员会应该散会,每个人应该各回各家。他确信,他们中的某个人会在某时某地迸发出合适的品牌创意,可能是在他或她最意想不到的时候。然而,当这个人恰恰就是自己的时候,艾克尔斯仍然倍感惊讶。

一周后,在新墨西哥州,他吃完午餐正开着车返回办公室。一名经纪人坐在车里,这个经纪人是他想要从另外一家房地产经纪公司招募的女经纪人。他们正在闲聊,因为大部分业务都已经在餐厅讨论过了。透过他的挡风玻璃的一角,他突然看到让他完全忘记交谈的某个东西。在远方的田野之外,有4个热气球。在新墨西哥州,热气球并不少见。

人人皆赢：RE/MAX 背后的故事和经验

从 20 世纪 70 年代初期以来，阿尔伯克基市就一直在举行热气球节；虽然当时还不成气候，然而人们仍然习以为常。但是当时，看到热气球缓缓地漂浮在蓝天下，艾克尔斯感到像是手中的钉子掉落在了铁桶中。

车里的女经纪人感觉到了异样，但是艾克尔斯太专注于自己的想法，以至于都无法讲清楚。他把这位女经纪人送到了办公室，又连忙返回自己的办公室，停了车之后飞快跑进了办公室。他看到了史迪威尔，抓住了他的胳膊。"我们得谈一谈。"他说。史迪威尔疑惑不解。"艾克尔斯，我们这就要开会了。我告诉汤米，在你回来后立即与他会谈。"汤米·汤普森是他们的新经理。艾克尔斯知道自己不能推迟会议。这关系到他能够想象到的唯一一件事，当然，一大车新经纪人主动送上门来找他签约除外，而他的新想法就要因此暂时搁置。虽然不情愿，但是他还是同意先开会。

坐在会场上，他心潮澎湃，头脑飞速运转着。汤普森走了进来。三人握了握手，开始交谈。汤普森有一个想法，他开门见山地说道："我的邻居是柯达地区代表。"他说，"他是竞赛气球飞行员。他去年舍弃了气球，但是想要购买一个新气球，他希望与我合作购买气球。我告诉他，我不擅长，但是我的老板可能感兴趣。你们意下如何？这会是不错的广告途径吗？"

埃克尔斯不敢相信自己的耳朵。"就这么办了，"他说。

史迪威尔一脸惊讶地看着他。"你说什么呢？"

"这正是我想要告诉你的，"艾克尔斯立马说道，他知道激动不已的他说出的话可能听起来像是疯子。"品牌、形象、我们一直在寻找的东西。就是它了。我们需要一个瑞麦热气球。你难道看不出来吗？"他用手冲着天花板比划了一下。"瑞麦红白蓝三色气球飘扬在天空中！"

汤普森和史迪威尔向上看去。如果他们也看不见，那真是见鬼了。

第4章 独木难成火

瑞麦气球

他们没有将自己的想法告诉任何人——包括广告委员会的任何成员以及其他区域中的任何人。他们当然也没有告诉林内格。他们想要看一看是否能成功。他们想要给公司一个惊喜。这个柯达地区代表希望他们将瑞麦的横幅广告放在气球上。艾克尔斯说:"不行。我们要让整个气球都是红白蓝三色。气球将是瑞麦的标志。"当然,他们都不知道用气球做什么、把气球放在哪里以及如何照管气球。所以他们就租了一个气球,而没有直接购买气球。他们从巴尔内斯气球公司订了一个气球,给它涂上了颜色——192红和反射蓝。气球如期而至,上面没有字母。现在,好戏开场了。他们将气球带到阿尔伯克基市的世界气球公司,将公司的标识印在气球上——红色字母和蓝色饰带。"啊!"气球设计师说,"你们不会那样做吧。气球的白色背景上的红色字母在天空中不显眼。"艾克尔斯想了10秒钟,然后告诉他将颜色颠倒过来。

他们赶在气球节的前一天将气球做好。汤普森是《超级8》影迷。柯达代表是他们的飞行员。他与其他人一样激动,给瑞麦团队提供了足够的免费胶卷来翻拍《乱世佳人》。汤普森竭尽全力拿到了气球的视频。

他们将胶卷显影、剪辑、装罐,然后上了飞机。气球节正在进入最后一个周末,但是地区所有者正在芝加哥的万豪酒店开会。走进会场后,艾克尔斯将林内格叫到一旁,请他看一看他们制作的宣传片。林内格很忙碌,性子也急,心不在焉。"会场休息之后再说吧,"他说,"但是如果我们没有时间,我会让你关掉它。"会场休息过后,艾克尔斯和史迪威尔装上了胶卷,打开了投影机。光影闪烁,播放完数字之后,蓝天、热气球场和瑞麦的红白蓝三色气球出现在眼前。

地区所有者欢呼起来。瑞麦的一切对于他们来说都是大买卖,但是这个气球广告创意简直绝了。飘浮在空中的、七层楼高的带有瑞麦色彩和标识的这个热气球太吸引人了。每个人都喜欢上了它。

林内格除外。他坐在那里,双臂交叉在胸前,不为所动,而且对周围人表现出来的热情很是懊恼,"我不喜欢。"他说。艾克尔斯问他为什么,林内格只能耸耸肩:"色彩大错特错。"

林内格没有看出来气球与房地产业有什么关系。他认为,气球反而弱化了公司的真正宗旨——空洞无物。色彩的反转更是让他很气恼。他是瑞麦品牌的坚定捍卫者,他认为红色和蓝色的对调是完全错误的。他无心听人解释,他以为眼前的这个气球影像肯定是印刷出了错。

其他所有者能够明白他的意思。大家一致反对将标识的色彩逆转。林内格说:"如果你想要用气球给自己的区域找个乐,把气球带到马拉松竞走、开业剪彩和慈善活动,我没有意见。但是在科罗拉多州,这些色彩代表着我们的做事方式。"

会议即将进入到午餐环节。其他参会人员有说有笑,而林内格和杰斯普森穿过会议室来到了火房子酒吧,为每个人买了一些饮料,然后带了回来。在等待酒吧服务员的间隙,林内格和杰斯普森抬头看着电视,看到了屏幕上的瑞麦气球飘浮在空中。"怎么回事?这是唱的哪一出?"林内格询问酒吧服务员。"这是丹娜·肖个人秀,"酒吧服务员回答说,"她正在阿尔伯克基市的某个气球节现场直播;每次进入广告时间,他们就播放瑞麦气球的画面。"

杰斯普森跑回去叫其他人。大家都站在电视机周围,手中拿着饮料,等待着下一次商业广告出现。果不其然,七层楼高的瑞麦气球出现在画面中。地区所有者欢呼起来、相互碰杯、拍着背、骂着脏话。

大家自发地举行第二次投票表决。瑞麦气球是否应该成为瑞麦的正式标识,瑞麦色彩是否应该反转?所有人是否赞成?

这一次,大家依然投了反对票。艾克尔斯和史迪威尔回到新墨西哥州,虽然没有取得成功,但是仍然感觉很好。艾克尔斯相信,其他人

第4章 独木难成火

会慢慢想通的；与此同时，他一有机会就使用瑞麦气球。

艾克尔斯知道自己这样做是对的。当你开公司时，没有人知道你是谁，像"那是啥"这类的任何问题都会给你提供讲述自己故事的机会。气球就是一个了不起的故事。

他们邀请房地产经纪人委员会主席乘坐热气球。这位女主席后来成为加盟商。他们又邀请经纪人、贵宾和媒体人乘坐热气球。甚至还有一名瑞麦经纪人在热气球上结了婚，宣传工作开始起作用了。气球所到之处无不吸引公众的视线。气球很有趣，让他们感觉很好。在下一年的热气球节上，他们从各个办公室招募了志愿者。热气球节的每一天，气球都需要地面工作人员在早上4点半到场，为早上5点半的升空做准备。当时，艾克尔斯的公司有17名销售人员。他问有多少人想要参加。每个人都举了手。他们决定制作一些团队夹克。但是夹克难道不要显示某种口号吗？汤普森建议说："冲上云霄（Above the Clouds）。"艾克尔斯想了想瑞麦理念意味着"超越"其他房地产公司，所以他建议采用"出类拔萃！（Above the Cloud!）"这个口号获得了大家的一致同意。瑞麦想要通过提供出类拔萃的服务和最大化的佣金来招聘顶级经纪人。"出类拔萃！"正好完全契合这个理念。夹克做好了。他们安排公司中每个人都出来工作，他们知道，每天早上都需要四五个人。人们带着全家人、邻居和朋友前来参加热气球节。气球成为社区的一道景观，瑞麦因此也更加贴近民众。销售人员彼此认识——他们大多数人在加入瑞麦前都是竞争对手，彼此了解——但是现在，他们开始以朋友的身份了解对方。这对瑞麦有利，而且有助于瑞麦的招聘工作，因为这些家人和朋友都开始谈论瑞麦的故事。他们告诉人们自己的工作多么有趣，他们有多么热爱这家公司，他们正在变得多么成功。在这些人眼里，瑞麦已经从一个100%佣金制理念变成了一片不断发展的乐土，而归属这片乐土是一件多么美好的事情。

在看到人们对天空中的瑞麦热气球的喜爱之后，其他地区纷纷开始制作自己的热气球。一年后，在科罗拉多州，他们纷纷效仿。此时，

人人皆赢：RE/MAX 背后的故事和经验

科罗拉多州有几百名瑞麦经纪人，而且很快成为瑞麦拥有最大市场份额的地区，但是这未必就会转化为市场知名度。瑞麦在媒体中还没有获得任何积极的报道。大公司根本不会在自己的行业报纸中给瑞麦唱赞歌。所以，林内格意识到必须开办自己的杂志，效仿《福布斯》杂志的取名方式，将其命名为《林内格的房地产》。在全力开办自己的杂志之前，他聘请了一名创办了本地商业周刊的顾问。"当时是1978年，瑞麦是科罗拉多州的龙头老大，"林内格吹嘘道。这位顾问随即去查阅了一些数据。一周后，他回来了。"林内格，我说你是行业老大。""正是。"林内格说。这名顾问耸了耸肩。"我们每年对各个行业的客户进行调查，包括滑雪场、水疗所和房地产公司等等行业，你只是丹佛市第八大房地产公司。"

林内格看了看数据，发现这些数据是按照很多种不同的方式分类。你可以按照任何数量的人口统计指标来划分这些数据，包括在丹佛市存在的时间。在丹佛生活了20年以上的人的眼里，瑞麦甚至还达不到第八名。在新居民眼中，瑞麦不是第一就是第二。对于范·沙克和摩尔以及其他老牌企业而言，多年来积累的广告效应形成的发展势头是林内格难以企及的。独木难成火。

对于林内格而言，这是醍醐灌顶的时刻。他告诉经纪人说，瑞麦遇到了一个问题。"我们是行业老大，但是没有人知道我们是行业老大。我想我们必须得上电视。"他们进行了投票表决，每个人都决定每月拿出50美元购买一些电视广告。他们将这笔钱积攒了一年，攒到了18万美元。

林内格给电视台打电话，询问他们是否能够为瑞麦做广告，要不然瑞麦就去别的地方寻找广告机会。电视台推荐了一家名叫社区创意的广告公司。盖尔和戴维来到这家公司了解如何做广告。

要想做一个真正的好广告，需要花费大约15万美元。但是这还不包括用来购买媒体时间的钱。所以他回过头来向经纪人解释说："一个好广告会花掉我们一些钱。如果你们愿意，我可以在地上树立一个标志牌,上面写道,'嗨,我是瑞麦公司创始人戴维·林内格,我想向你介绍房地产业头号企业瑞麦公司。'但是我觉得这个想法太逊色了。"其他人也认为这样做不合适。这不符合拥有这么多经纪人的大企业的形象。所以,有个人大声说道:"戴维,你是飞行员。而我们正好有这个红白蓝气球。我们为什么不放飞热气球,你驾驶直升机给气球拍摄一段视频,然后我们在视频里喊道:'瑞麦,出类拔萃!'"

每个人都很喜欢这个想法。所以大家决定这样做。因为瑞麦现在已经遍布全国,他们想要拍摄一段简单的视频,只以蓝天为背景——没有高山或独特的区域景观。从飞机上用摄像机拍摄气球画面是非常困难的一件事,而且还不能在气球上留下飞机的影子,背景中还要避免高山或地面。但是,最终,经过近两个小时的盘旋飞行后,他们拍摄了大约25秒的足以用来制作广告的视频。于是他们开始了为期8周的广告活动,花光了广告预算中的每一分钱,正好赶在科罗拉多州的下一次年度消费者调查之前完工。拿到调查结果之后,林内格的顾问不敢相信统计数据。"结果显示,有66%的人在没有提示的情况下表示,你们公司的符号是红白蓝气球。36%的人在没有提示的情况下表示,你们的口号是'出类拔萃!'在我研究过的所有广告中,这是我听说过的对于企业标识产生的最大影响。"林内格深刻领会了这番话的意义,但是顾问还没有说完,"现在告诉我,既然你在这个气球广告上没花几个钱,有什么理由不将它作为你们公司的标识呢?"

所以,林内格翻转了气球上的颜色,同意了这个色彩方案。从那一刻起,气球图案印在了标志上、名片上、公司文具上。

品牌的力量

林内格对气球和颠倒的标识表现出了异常强烈的抵制情绪,然而这是他的领导风格中一个颇具吸引力的特点。诚然,林内格比我们遇

人人皆赢：RE/MAX 背后的故事和经验

到或研究过的大多数领导人都更加愿意接受新想法，而且更加虚心向周围人学习。他采取开放式的方式管理公司，而且以人为本。但是他极力保护他的品牌。他会与损害品牌或标识色彩的任何人发生争执，对簿公堂，甚至不惜大打出手。与我们这个时代的伟大品牌领导者一样——理查德·布兰森、菲利普·奈特、沃尔特·迪士尼、雷·克拉克——他从内心里知道，正是品牌的力量才能够营造一家全球公司的市场形象。然而，你不能认为林内格不愿意承认错误。在他意识到气球的威力后，他果断地采用了气球。林内格的品牌思路适应了行业需求。如前文所述，房地产行业基本上属于本地行业。拥有其他行业背景的大企业有时并不理解品牌转化为客户的过程能有多糟糕。房地产是从经纪人的个人声誉和客户推荐中产生的行业，超越了经纪人所在公司的声誉，确实需要许多木材才能够燃起一团人们能够看得到的熊熊大火，更别说让人们感受到火势了。在品牌认知度方面，我们这个时代的一位伟大的企业经理人和最伟大的营销高手可谓是专家，但是即使他也感到房地产行业难以捉摸。在一次行业大会上，他以非常沮丧的语调随口说道："你们知道吗，这个行业最令我百思不得其解的事情就是，它是我见过的唯一一个品牌知名度对品牌使用率不起作用的行业。这是一个完全疯狂的行业，但是事实就是如此。"

与其他国家特许经营品牌不同，瑞麦倾向于让经纪人推广自己。个人推广始终都是顶级经纪人被赋予的独立性背后的原则，顶级经纪人可以以自己认为适当的方式推动自己的业务。正如林内格对他的经纪人和代理人这样说道："是你们自己造就了你们的成功，而不是你们的公司。但是当我们更加成功时，我们将给予你们额外的优势，将你们推到最高峰。"如果经纪人想要给自己做广告，林内格会举双手赞成。但是他告诫经纪人不要丢掉品牌的力量。那些自以为自己比网络更重要并且因此离开公司的人，往往会重新回到公司。他们不知道，如果没有瑞麦品牌作为他们的坚强后盾，自己单打独斗会有多么艰难。

众人拾柴火焰高，品牌的威力加速了向所有经纪人推广价值的过

第4章 独木难成火

程。如今,美国的普通瑞麦房地产经纪人在广告上花费的支出接近 1 万美元。美国有 75000 名瑞麦房地产经纪人,这意味着团体广告预算高达 7.5 亿美元左右。其中只有 3500 万美元投入到了国家电视,另有 3000 万美元投入到了本地或地区电视。在其他公司谴责电视广告的影响力下降的时代,瑞麦经纪人支出的广告预算的大部分都投入到了"房屋出售"标志牌、网站、个人宣传册、分类广告以及他们想方设法就地取材的任何其他广告中。全世界 10 万多名经纪人共同支付广告费,将他们的优质服务和市场声誉传达给自己的客户,这对于这些经纪人而言几乎是没有花费什么成本,而影响却是不可估量的。最终,品牌知名度归结于选择性认知的力量。如果你曾经拥有一只金毛猎犬宠物,你会发现到处都是金毛猎犬。一旦你知道了瑞麦气球,你会看到每个社区中的房地产标牌上都有小小的瑞麦气球。

这种延伸到社区层面的品牌力量是关键。人们想要与熟悉本地市场的人做房地产生意。瑞麦费尽心思开发的一个早期广告就向他们证明了这一点。1974 年,也就是瑞麦正式经营的第 2 个年头,瑞麦想要消除声称公司将要破产的负面媒体报道产生的不利影响。林内格给经纪人打电话,告诉他们他想要在报纸中发布一个整版广告,但是需要每个人出资 100 美元。就在那一年,他们发布了一条广告,广告的顶部赫然显示着 3393 万美元的营收以及销售代表的名单。这篇广告是这样写的:"在我们正式经营的第一年,这家公司的男女员工都创下了任何其他房地产公司都难以匹敌的销售记录。"下一年,公司依旧发布了这条广告,营收金额变成了 8000 万美元。再下一年,变成了 4 亿美元。第 4 年达到了 10 亿美元,500 多名销售代表的名单占满了 8 个版面。每个人都在期待着广告插页,激动不已,无比自豪。但是,最早成为经纪公司所有者的经理人之一的迪恩·盖提斯,反对这个想法。

林内格非常恼怒。他想要庆祝成功,他需要大家的一致同意。盖提斯却表示反对。"你不能这样做,"他说,"如果你在报纸上发布这条广告,你想告诉公众什么呢?他们看到我们开着奔驰车,他们认为我们的佣金费率过高,你是在告诉他们,我们都是亿万富豪。"林内格领会了他的意思,但是依然尖刻地说:"好吧,你打算发布什么样的广告?我们辛苦了几年才达到这个数字。"盖提斯想了片刻。"有了,"他说,"在这些版面上列出的 530 名瑞麦经纪人希望感谢 39000 个家庭今年通过我们为他们买卖房屋。我们同在一个社区,我们的孩子上相同的学校,我们都去同一个教堂,我们是邻居,我们爱上了房地产业,我们爱上了客户。感谢你们让我们为你们提供服务,从而让我们能够供养我们的家人。"这是一篇准确、绝妙而且真实的广告词。

一流市场形象的实质也是回报和感恩。它是许多因素的结合。当经纪人竞争业务时,他或她手中有一大把"牌"可以打出去。一张牌上写着:"我们提供优质服务,因为瑞麦经纪人是最棒的。"另一张牌上写着:"我们同在一个社区,我们回馈我们的社区,因为是社区让我们的企业有意义。"还有一张牌上写着:"我们是全世界最大的房地产网络,拥有最具知名度的品牌。"与可口可乐公司、麦当劳或耐克的标识一样,瑞麦的气球标识以各种语言传达了企业的宗旨。

战略举措

瑞麦创造了一个聚焦品牌化的文化。

瑞麦从来都不低估品牌的力量。瑞麦领导人似乎从直觉上认识到,品牌从积累企业的故事开始。每一件事物(包括其色彩和符号)都是品牌战略的一部分。虽然它是一个反复的过程(即,日复一日、年复一年地营造品牌),但是也有计划性和巧妙性。就好像品牌力量是瑞麦的战略应用的一部分,而战略应用可以引发一系列目标明确的举措。这种战略需要教导每一名员工如何像产品经理那样思考。正是从这种品牌思维中诞生了一些重要概念,比如压倒性市场形象(OMP)和一流市场形象(PMP)。

第 4 章 独木难成火

- 当你在不同的公司甚至是不同的行业中遇到了"王子"和"公主",一定要竭尽所能追求他或她,尽管他或她可能没在找工作。向人们兜售梦想,始终努力为公司找到合适的人。
- 在兜售梦想时,记住:"这对于我们来说是破了纪录,但是对于他们而言却是成功之路的开始。"
- 瑞麦运用一流市场形象的概念来实现压倒性市场地位。这是经过实践检验的专注于市场增长的方法。一流市场形象的 5 个方面是:

1. 市场份额
2. 品牌知名度
3. 客户满意度
4. 高素质员工
5. 社区服务

- 独木难成火。一根木头不会燃起熊熊火焰。但是有了 10 根木头(以及一些火星),你可以用一根火柴生起熊熊大火。如果你有 10 万根燃烧的木头,你就有了势不可挡的熊熊大火。与你的员工和客户建立良好的关系。
- 用 10 万根木头燃起熊熊大火是一个缓慢的过程。你必须要找到合适的木材、呵护火苗、从无到有逐渐地燃起大火。这需要时间、耐心、毅力和勤劳,但是长期而言,就会燃起熊熊大火。通过人人皆赢原则,瑞麦还能够营造网络,因为它帮助经纪人取得成功,而且给予经纪人自我推广和寻求职业发展的自由度。
- 对你的员工(或者潜在员工)的信任要超过他们对自己的信任。他们会不辜负你的期望。
- 当人们难以适应新体系或形势时,给予理解,并且制订有助于平稳和轻松过渡的计划。
- 让你的企业文化充满乐趣,你的员工会享受项目和团队合作,从他们的职责角度不断磨砺梦想,而且与其他人分享对工作的热爱。
- 牢牢保护你的品牌,采取一切办法向公众推广品牌。

人人皆赢：RE/MAX 背后的故事和经验

●只有客户可以获得良好的品牌体验，品牌才能具有力量。在房地产行业，"所有品牌化"都具有本地性。将品牌的威力延伸到"社区"层面是关键。在如今的全球市场中，人们仍然希望与生活在本地市场中的人做生意。你的公司广告需要寻求这个层面的品牌认知。

经验总结

压倒性市场形象（OMP）让梦想变大。

为了成功地让梦想越来越大，必须要寻求压倒性市场形象（OMP）。如果终局是持续增长，那么在关键地理区域中获得并且保持市场份额就是获胜的关键。第9章中的所有高增长、高影响力公司（HG、HI）都展现出了压倒性的市场形象。瑞麦认识到，一个市场中的经纪人越多，员工就越受益。麦当劳就是一个典范，它体现了在特许经营权持有人的后院布局门店的价值。考虑品牌和市场支配地位（OMP）之间相互促进的作用。OMP要求企业制定一流市场形象（PMP）计划。PMP 在"人人皆赢"增长模式中发挥了天然的作用，因为它产生了内部竞争圈，尽管品牌在这个圈子里似乎在与自己竞争，然而实际上因为市场认知度提高了，反而产生了更多机会。成功的PMP计划的实施以及内部阻力的克服都需要持之以恒的内部销售。在PMP理念被广泛推广之前，瑞麦在内部花费大量时间来证明，它确实可以提高特定市场中的营业收入。

PMP 计划加上 OMP 战略，就等于提高和保持品牌知名度和市场支配地位。对于瑞麦而言，显而易见的是，这两个概念是涡轮增压式增长的必要条件。我们认为，这是一条宝贵的经验，可以作为通用的帮助实现增长的理念和模型，供其他机构借鉴学习。（参见图4.3）

第 4 章 独木难成火

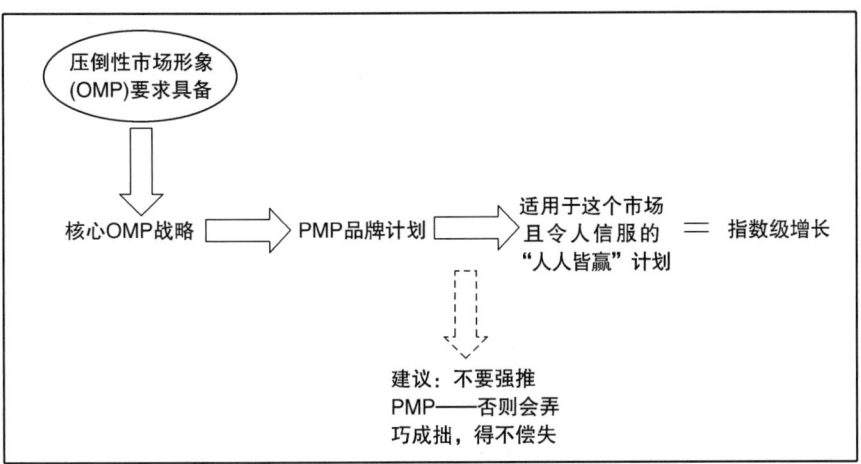

图 4.3 涡轮增压式增长

第 5 章

沙克尔顿的领导力

第5章 沙克尔顿的领导力

我们通过耐力去征服

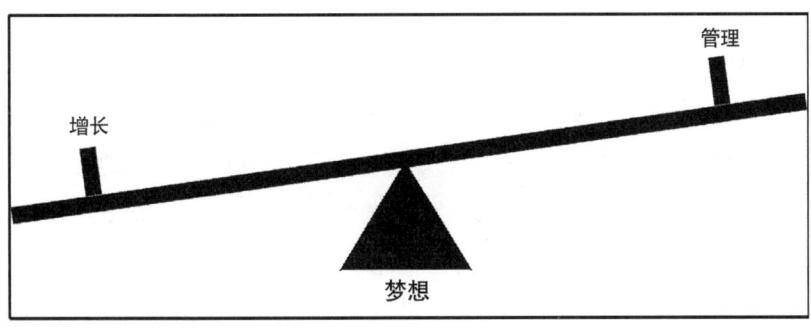

> 你等着。每个人都有一个南极洲。
>
> ——托马斯·品钦

领导人实现伟大目标的故事有很多,但是描述领导人如何渡过难关的故事却很少。渡过难关并不总是像好莱坞大片那样如出一辙,但是我们认为,渡过难关在伟大组织的形成中起到的作用并没有得到充分的探索。当然,对于瑞麦而言,难关、生存、毅力、坚持以及伟大的同志情谊,成为瑞麦文化中的关键元素,而且促进了瑞麦的最终成功。

由于许多这样的原因,欧内斯特·沙克尔顿及其徒步征服南极洲的故事与林内格和瑞麦核心领导团队产生了深深的共鸣。他们是在1999年听到了沙克尔顿的故事,感到这个故事反映了他们自己对如何才能够冲破艰难险阻并取得成功的理解。他们将这个故事的启示看作是伟大的学习工具,并且开始讲授给瑞麦的全世界员工和领导人。将沙克尔顿及其团队的经历与瑞麦最初10年的经历进行比较,有助于理解任何伟大事业背后的决心究竟有多大。

人人皆赢:RE/MAX 背后的故事和经验

沙克尔顿的故事

沙克尔顿是出身于爱尔兰人家庭的英国公民,探索了世界上许多人迹罕至的地方。他两次参与了试图第一个到达南极的探险队,但是在征途中被挪威的罗尔德·阿蒙森打败。但是他对南极洲的痴迷之情丝毫没有减弱。他的梦想演变了,他想要成为第一个徒步穿越南极洲的探险家。尝试这次冒险的 10 人团队需要穿过 1 500 英里的冰封荒地,面临每小时高达 100 英里的大风以及抵御可能达到零下 70 华氏度的极寒温度。沙克尔顿知道,只有具备合格素质的极少数团队才能够做到这一点。1915 年,他贴出了一个通知:"男人渴望危险之旅。工资少、极其寒冷,生还是个未知数。"

也许是因为沙克尔顿对严峻挑战的真诚袒露,或是因为他表现出的领导意识,抑或是因为时代的冒险精神,大约 5 000 人申请加入这个探险队。沙克尔顿亲自挑选了其中的 28 人。他的名为"耐力号"的船只就从他的家族信条"我们通过耐力去征服"中得名。这些人从英格兰出发前往遥远的南极,他们既兴高采烈又急切,不确定是否能够生还。

随后发生的事情可谓是有史以来最伟大的领导力故事之一。据说,沙克尔顿大大激发了团队成员的斗志。凭借不可撼动的信心,他领导探险队克服了难以想象的困难。当耐力号被困在距离陆地 1 000 英里之外的冰雪中的时候,沙克尔顿并没有表现出任何失望,而是在认真地评估了形势之后告诉队友,他们不得不安营扎寨,等待冬天过去。为了在漫长的数月时间里保持士气,沙克尔顿让每个人都忙着工作,而且精神抖擞,玩游戏、唱歌、做运动,以同志情谊和友情分配为数不多的补给品。然而,当春天最终来临时,耐力号并没有像沙克尔顿希望的那样摆脱冰雪的围困,而是被冰雪击碎了。安全返回的可能性几乎降低到了零。

第5章 沙克尔顿的领导力

沙克尔顿放弃了最初的计划。他的探险队不再有可能穿越南极洲。但是，他又提出了一个新目标——将每个人安全带回家。对于这些人来说，沙克尔顿的决心让他们有了继续前进的勇气。他没有惋惜或者沉溺于过去的失败。他的愿景始终是向前看。过去的已经过去了，只有未来值得他们全力以赴。他们会因想要实现目标的历史伟大感而喜悦归来，他们会在身体或精神虚弱的时候互相照顾。

在接下来的5个月里，探险队都在冰流上度过。他们将新家称为"耐心营地"。每个人都努力保持高昂的斗志，同时等待着冰层漂向陆地。作为领导人，沙克尔顿的所有精力都用在了鼓舞士气上，鼓励队友不要担心绝望。当冰层最终漂移时，沙克尔顿决定放弃营地，进入他们从耐力号拯救出来的救生艇，划向岸边。他们的目的地在800英里之外，是一个已经留下了补给品的岛屿。风险巨大。一场暴风雨就可以掀翻他们的小船，或者将他们冻死在冰层中。天气状况非常糟糕，以至于在4天不懈努力后，水流实际上将他们又推回了30英里。沙克尔顿坚信他们会成功，探险队继续向另一座岛屿前进。

当他们最终到达大象岛的时候，这是他们在一年的时间里第一次踏上了干燥的土地。沙克尔顿意识到，他们在这个偏远小岛上不可能获救，所以他尝试了另外一次大胆的赌博。从救生艇上卸下物资后，他重建了一艘小帆船——詹姆斯·卡尔德号——与其他四人开始最后一搏，向南乔治亚岛进发，那个岛屿上有一个捕鲸站，有可能会获得帮助。在被认为是有史以来最伟大的无甲板船航行中，他们成功穿越了地球上最危险的海域之一。然而，他们失去了船舵，在正对着捕鲸站的岛屿另一侧登陆南乔治亚岛。两名队友病情危重，不能继续。沙克尔顿和其他两人依然健康，他们必须要穿越荒无人烟的山脉才能够到捕鲸站寻求帮助。他们用一条绳子、一把斧子和扎在鞋底上的防滑钉子，经过了36小时艰苦卓绝的跋涉，一鼓作气地穿越了险象环生的山脉。又过了6个月后，沙克尔顿才得以回到大象岛，成功拯救了他的所有队友——并且实现了不让一个队友掉队的目标。

沙克尔顿的队友仅仅凭着一线希望度过了两年多不可能的探险之旅,这归功于沙克尔顿卓越的领导力。他显示出毫不动摇的力量和毅力,对目标的专注,以及在应对和克服每个新挑战中的创造性。同样关键的是,沙克尔顿为队友赋予了同志情谊和伟大使命感,在他们原本认为没有希望之后的很长时间里鼓舞了他们的斗志。虽然穿越了半个地球,未能实现最初目标,但是他们取得了比最初的目标更伟大的成就:他们活了下来。

毅力

不难看出,林内格为什么对沙克尔顿的故事感同身受。几乎从创立瑞麦的那一刻起,他感觉天都要塌下来了。在最初的几个月里,当林内格从魏德特集团的土地开发商那里获得融资时,他认为,他是在给这个年轻的公司提供急需的动力。但是接着就发生了欧佩克石油禁运事件。

与任何高度杠杆化的投机团体一样,魏德特集团在经济遭受重创时跌落悬崖。魏德特的战略一直都是在城市远郊的山区里为高收入家庭建造度假村——这个想法超前了几十年。经济衰退抑制了魏德特一直以来指望的强劲增长。燃料的高价格以及购买汽油的距离改变了每个人的未来愿景。没有人想生活在城外30英里的地方每天上下班。魏德特的开发项目迅即破产。因为林内格作为合伙人加入魏德特集团,他不仅失去了融资,而且还背上了魏德特的部分债务。

在某种程度上,这并不是林内格最担心的。房地产行业对这个采用100%佣金制概念的新兴公司的打压才是更大的挑战。反瑞麦的呼声四起,人们传言瑞麦的做法不道德。于是人们发起了写匿名信的运动,把匿名信寄到政府机构。林内格请不起律师。他亲自应对所有法律诉讼,以自己对行业的透彻理解来反驳他们,但是对方的攻势异常猛

第5章 沙克尔顿的领导力

烈。联邦调查局随即介入调查针对瑞麦的匿名举报，举报者称，瑞麦通过欺诈方式获得了联邦住房管理局（FHA）和退伍军人管理局（VA）的贷款。瑞麦甚至不是一家抵押公司，联邦调查局很快退出，但是调查声明已经落在了纸上，给瑞麦造成了损害。证券交易委员会接踵而至。该委员会调查了瑞麦股票发售的涉嫌欺诈行为，即使瑞麦从未发行过任何股票。科罗拉多州房地产委员会也对瑞麦发难，向瑞麦发出了一封与事实不符的谴责函。他们发现瑞麦的信托账户中有多余的一美元，这一美元是由于银行没有针对丢失的支票收取支票遗失费用而留下的。虽然谴责函已经公开，但是从未提到差异金额。

在瑞麦寻求增长目标的每一步上，阻碍、挑战和威胁轮番上演。可能这本不应该令人惊讶。瑞麦正在房地产行业做着不可想象的事情——积极招聘其他经纪公司的经纪人——而且态度上在许多人看来是自负且无礼的。所有革命都会引起受到变革威胁的人的敌意。但是林内格的强硬、果敢和不达目的不罢休的个性强化了对他的忠诚和敌对的两个极端。他自负、睿智而且头脑反应快；他不害怕抵制他的人反攻倒算，也不怕被扔砖头，更不怕别人轻视他的公司。他本质上是内向的，他周围的人都是他能够完全信任的人，就像是给他筑起了铜墙铁壁；但是，在捍卫他的信仰或信徒的时候，他不怕公众的关注或发难。他似乎天生就是在险恶条件下求生存的领导人，他有应对四面楚歌的心态，这使得他对与他并肩战斗的人极其忠诚而且富有同情心，同时也激发了将他看作是威胁的那些人的同样强有力的反击。

林内格重视保持最高团队的平衡。然而，他周围的人并不从个人角度看待他的斗争，相反，他们以更加合理、有度和得体的姿态应对他的激情。他们看到瑞麦受到了不公平的待遇，这也惹恼了他们。但是他们专心做必要的事情，以消除阻碍和冲突。他们像林内格一样专注，而且同样愿意为了事业而穿越火线。但是他们似乎不那么愤怒和情绪化，就像是他们认识到所有那些激情——即使是林内格自己的激情——都在一场伟大（和有趣）的游戏中产生一样。然而，尽管他们相对冷静,这个内部团体以真挚的感情表现出对林内格的热爱和崇敬,这种真诚似乎在企业环境中很少见。

像沙克尔顿的队友一样,他们知道林内格有远见,而且对人性有精辟的理解,他们充分领教了这种理解才认识到,林内格确实是天才。林内格愿意承认错误、弱点或者知识的缺乏,这使得其他人也愿意原谅他或者伸出援手。他似乎以深入的个人方式去理解每个人,而他们最初并没有认识到他的这种方式,直到他们意识到林内格其实是在给他们机会、奖励或者挑战,而他们需要这些机会、奖励和挑战去感受生活的伟大和美好。他在员工需要的时候关爱员工,不论员工是因为身体、情感还是经济上的原因需要帮助。他是舍己为人的那类人。瑞麦的梦想就是他的全部,他在这个梦想上倾注了所有财力,却不求回报,即使他确信周围人不仅获得了他们所需要的,而且还获得了他们应得的。他以无限的乐观心态以及"无所畏惧"的解困方式来提升员工的士气。他是这样领导人:在周五面临严重的薪资短缺的情况下,趁周末飞往拉斯维加斯,然后周一早上攥着足够多的资金返回,以保持整个公司在接下来的几周里正常运转。他努力工作、尽情娱乐,热情地与其他人分享他的想法和梦想,帮助其他人取得成功。他一直在成长、学习和进步;比如,他帮助其他人像他那样创业和经营。

难怪当他告诉他们,他们不仅会生存下来而且会最终获胜,他们相信了他。

瑞麦在最初几年面临的许多问题是外部问题,但是林内格同样很快遇到了他自己的难题。不久,由于财务负债,林内格发现他付不起员工的工资了。他放弃了自己的工资。然后,盖尔·梅恩也放弃了自己的工资。在必要时,费舍尔和杰斯普森也为了公司的长远发展而放弃了工资。两年里,林内格靠信用卡为生,没有拿工资,同时他的信用急转直下。账单欠付,债权人开始向他发出通知,电话也被切断。更要命的是,国税局威胁要关掉瑞麦的办公室大门。林内格天真地认为,国税局就像是另一个债权人。他不知道税款的欠付会让你立马关门。

第5章 沙克尔顿的领导力

四面楚歌的感觉太强烈了。但是像沙克尔顿一样，林内格给自己设定了一个新目标——他不会申请破产。然而，他不得不承认，他自己也不知道瑞麦如何才能存活下来。此时，梅恩将他带进了办公室，关上了门，告诉他该怎么做。他们在那个时候都在亲自销售房地产，但是他们将赚取的佣金重新投入到企业中。他们把自己搞得太累了，身体和心理上都超出了极限。但是，盖尔对于该怎么做依然保持着冷静的头脑和心态。

"我们挽救这家公司的唯一途径就是，你专注于销售和招聘工作。"她温柔但又肯定地说，"其他由我来负责。我来应付债权人。你不用再理会他们了。我会解决这些问题。你专心负责企业的增长。"

对于林内格而言，这个简单的分工可谓是解脱和释放，使得他重新找回了毅力和信念。对于梅恩而言，这是承担经理人很少面对的高层次挑战的机会。

在与债权人打交道的过程中，她的优雅、正直和坦诚赢得了债权人的信任。而林内格可能会强有力地向他们推销自己的方案，冲他们大声叫嚷，梅恩的做法让债权人感到了合作的态度。在林内格看来忍无可忍的情况，梅恩却能够客观、成熟而且称职地处置——而且还对其中涉及的情感和关系非常敏感。她轮流接待每个债权人，与他们私下商谈。她打开瑞麦的账簿，将瑞麦的弱点和希望全都展示出来。她制订付款方案并且严格执行，逐渐降低了债务。当林内格向其他人推销瑞麦的梦想时，梅恩向债权人表明，如果他们继续相信瑞麦，瑞麦会如何满足他们的需求。

二人的分工协作成功了，而且给团队重新带来了可能性和活力。林内格重新找回了强有力的专注度。即使在债台高筑的时候，他也能够泰然自若应对。一次，在招聘经纪人时，林内格被他的秘书打断。接待区的一个人想要收回办公室的一台 IBM Selectric 打字机，因为公司在这台 200 美元的机器上还拖欠他 142 美元。林内格让求职者稍等片刻，然后走进接待区，分析了形势，让这名打字机销售员等待 5 分钟。

林内格然后回到办公室继续与经纪人谈话。此时,他的坚持和鼓励语调更加强烈:"这就是你的归属。"林内格告诉这名求职者,"这里能够给你的家庭带来最佳利益,你在这里一定会成功。"然后,他接着说道:"我现在对你的要求是支付500美元押金。"

这名求职者甚至不知道自己为什么就被选中了,但是他口袋里装着几百美元现金,他当即写了一张支票,凑够了500美元押金。林内格拿到现金,说:"我很快就回来。"然后他走出办公室,向打字机销售员支付了欠款。他又回到办公室,立即向这名求职者描绘美好未来,而这名求职者甚至还没有搞清楚刚才发生了什么。半个小时后,这名经纪人走出办公室,准备开始一份新工作的他意识到,他刚才像是被一场龙卷风卷了起来,又被丢在了别的某个地方,披头散发,但是却没有受伤,同时对未来的生活又有了新的憧憬。

经纪人从未离开

即使经历所有这些坎坷,成功经纪人从未离开。这就是瑞麦能够生存和增长的真正原因。林内格时刻将经纪人看作公司的真正客户和合作者。他的公司也是如此,确保经纪人始终都感受到与公司同呼吸共命运,不论瑞麦面临多大的困难。

他们所有人都全身心投入。不论有多少债权人上门催债,也不论他有多么迫切需要卖出房产以保持公司的持续经营,林内格仍然花费大量的时间关注他的经纪人。在一天中的任何休息时间——早中晚三餐和聚餐时间——林内格总是不忘关怀需要他关注的任何人。虽然处在他这样的地位的许多领导人可能不愿表现出自身弱点,但是林内格并不掩饰他自己的问题以及公司濒临破产的境况。然而,他以远见卓识以及对伟大事业的一腔热情来弥补这种开诚布公。林内格告诉他

第5章 沙克尔顿的领导力

们:"这是你们的公司。我不知道如何经营这个烂摊子。看看我们面临的所有困难。你们会怎么做?"他询问员工,他们之前的公司的成功之处有哪些,失败之处有哪些?在理想情况下,他们会如何以不同的方式去做?这并不是作秀或者虚情假意,他是认真的。所有最佳想法都来自优秀而又忠诚的员工。"你会怎样经营这家公司?"林内格意识到自己需要所有员工出谋划策,所以他参加了顾问委员会会议,坚持要求每个办公室的一名代表参加各种会议。如此一来,他可以始终保持与每个群体的联系,了解他们的关注点,将他们的最佳想法形成一个网络。

其中一个想法就是关于经纪人如何获得报酬。老牌顶级房地产公司用经纪人的钱生财,尽可能长时间地控制住经纪人的佣金收入(许多情况下长达1个月),迫使经纪人在不能成单的时候向经理人讨要"垫资"。这对经纪人而言是一种羞辱。"好吧,"林内格说,"公司将在你成单的当天给你支付报酬。"瑞麦创建了一个单独的债权人不能碰的经纪人佣金账户,并且确保经纪人在成单后的几小时内拿到佣金,不论经理人是否在依靠信用卡勉强糊口。经纪人自己赚取了这份收入,他们应该立马拿到这笔钱。当老牌公司的许多经纪人都感到捉襟见肘时,瑞麦的这种姿态意味着经纪人依然获得了不菲的收入,从而使得瑞麦月复一月地继续增长。

林内格专注于满足经纪人的一切绩效和收入提升需求。他渴望经纪人取得成功,因为他知道,这是公司生存的关键。他公开夸奖公司的经纪人。他们是绩效最高的经纪人,精英中的精英,素质最高的人才。实际上,瑞麦正在招聘拥有巨大潜力的普通经纪人,并且将他们培养为一流经纪人。他诱导他们,塑造他们。他毫不吝啬地将窍门、工具和建议给了经纪人。他与经纪人一同打销售电话,现场辅导他们。在瑞麦不断增长的过程中,他通过其他教师和导师传播这种专注的"学习型组织"模式。

林内格对经纪人的关注是瑞麦取得成功的关键。1975年6月,成

人人皆赢:RE/MAX背后的故事和经验

败攸关的时刻出现了。公司面临的财务困境刚开始有所缓解,但是一天晚上,林内格接到了一名分公司经理的来电。他在科罗拉多州有8名这样的分公司经理,他与这些经理的关系并不好。现在,这8名经理都对他有怨言。

在林内格起身前往酒吧之前,他接到了第2个来电。电话的另一端是林内格招聘的第1名经纪人的声音,他用的是公用电话,听起来很慌乱焦急。"戴维,你的经理人正在召集所有经纪人举行一次特殊会议,"她说,"他们想要让瑞麦破产而且另起炉灶。他们说你不可能再挽救这家公司了。我该怎么办?"

"啊,见鬼!"林内格心想,他在意识到事情的严重性那一刻完全泄了气。他甚至不责备这些经理人。他知道,他在刚刚过去的一年困难期里失去了这些经理人的忠心。在巨大压力下,他给这些经理人施压,毫无任何策略或同情心可言,这些经理人已经对他感到厌倦。然而,真正令他沮丧的是,瑞麦已经真正扭转了败局。他向经理人证明,公司已经接近盈亏平衡点,而且在两年内就可以还清债务,因为盖尔制定了谨慎而又可行的战略。他深感羞愧,现在他必须要与其中的一名经理人喝几杯,假装一切正常,尽管其他经理人密谋反对他。

"你继续,"他告诉电话另一头的经纪人,"听听他们要说什么,告诉我事情的进展。谢谢你告诉我。"

他出门赴约了。二人在酒吧喝酒时不断被电话打断。最后,晚上10点,林内格再也按捺不住了。"我来问你个事情,"他说,这是他那天晚上头一次直视着对方的眼睛,"如果保证不会参加那场特殊私下会议,我现在可以回家睡觉了吗,而不是在这里与我不想对饮的某个人喝酒?"

这位分公司经理惊讶地问:"你是什么意思?"

林内格感受到怒火中烧。"我知道会议在哪里举行。我的经纪人有一半都已经给我打电话了。他们肯定会告诉我会议的内容。所以我

第5章 沙克尔顿的领导力

认为我们两个没有必要再演戏了。"

说完他就回家了,准备睡觉。电话铃响了。来电者是他的一名忠实经纪人。所有经纪人都想在第二天一早就与他举行早餐会。他们只想见到林内格一人,不想见到经理人。

林内格没有单独赴约。他叫上了梅恩和费舍尔。他们在门口碰面了。他原本应该只身赴约的。林内格反驳说:"你们好像忘了一点,你们的房地产经纪人执照在我手中,我拥有这家公司,你们没有资格告诉我如何经营这家公司。如果你们想辞职,悉听尊便,但是在你们辞职之前,我是这家公司的老板,我们将与应该到场的每个人正确地举行这次会议。"这是他得知经理人造反以来第一次明确表达了自己的愤怒,房间中可以感受到的奇怪权力格局被林内格的这番话给扳正了。在此感受到脚下根基更加稳固的林内格坐在一张桌子旁,张开双手说:"好吧,现在告诉我你们想要谈些什么。"

经纪人叙述了前一天晚上的会谈经过。分公司经理人告诉他们,瑞麦终于破产,拯救公司的唯一办法就是所有经纪人立即离职,与经理人另起炉灶。这种谈话令他们惊慌失色,久久不能抑制内心的焦虑和不安。他们厌倦了林内格与分公司经理人之间的内讧,也厌倦了负面媒体报道以及破产流言,厌烦了接连不断的危机管理。他们想要彻底解决所有事情。

在他们说完后,林内格抬起一个档案纸箱,将它放在桌子上。"这就是我们的债务,"他说,"所有记录,每一张纸片都在这个箱子里。我们翻阅一下吧,我来告诉你们公司的偿债方案以及如何偿债。"

随着大家开诚布公地讨论公司债务,房间里的氛围开始变化。经纪人可以看到账单和附带的付款计划,以及黄色便签纸上的分项编号。当回答了所有问题后,林内格第一次谈到了对前一天晚上发生的事情的看法。

"我们会成功的,"他说,"经理们两天前就看到了这个东西。这正是让我感到苦恼的原因。他们之所以想要公司破产,是为了拯救你们的工作、另起炉灶并且让你们为他们效力。我不反对他们这样做。我努力将你们从之前的公司挖到瑞麦来,但是我对这些公司没有任何信托责任。他们都是我的竞争者。这些家伙现在想要摧毁我的公司,我是他们的衣食父母。"

这番话并没有合他们所有人的心意。林内格知道,这是一次与他们所有人重新开始的机会,给予每个人去留的自由。"你们自己决定吧,"他对他们说,大家沉默了。"瑞麦会成功。如果你们决定离开,我们结算一下吧,我会把你们的房源给你们。"

经纪人不想这样。林内格足够勇敢地说出了他们最担忧的事情,现在大家的担心似乎没有那么严重了。

"我们不走,"他们中的一个人说道,"我们辛辛苦苦才打拼出这家公司。我们不会退出。"

"好吧,"林内格说,"谢谢你这么说。我们回去工作吧。"

一小时后,8名分公司经理出现在林内格的办公室。他们垂头丧气,羞怯不安。"我们认输了,"其中一人说道,"这是我们的辞职信。"

林内格度过了他人生中最艰难最苦恼的一天。他抬头看着这8名分公司经理,看到了他们的弱点。"听着,"他情绪激动地说:"这并不是谁打败了谁。我不责怪你们的所作所为,我真的不责怪。过去两年里,你们承受的磨难比任何人都要多。我知道我不是世界上最好的老板。但我们今天拯救了公司。没有你们,我无法经营这家公司。现在不是你们退出的时候。好日子还在后头,我们马上就要成功了,现在放弃多丢人呀。"

他们都快哭了。除了大家喝一杯,还能做什么呢?他们打开了一瓶烈酒,开始谈话。有人哭,有人笑。大家掩饰不住内心的感受,愤怒被笑声取代,他们的强烈担忧被抛到了九霄云外。这场造反几乎立即开始走上了正途,这是他们在寻求共同事业过程中经历过的疯狂战斗史中的一个更精彩的插曲。之前也有过斗争。大呼小叫、威胁和愤怒，甚至权力游戏。但是，愤怒之情往往很快就过去了。这事没有最糟，只有更糟，但是纵观始终，这只是企业求生存的必经之路。当他们喝完了酒，拍了拍彼此的背，然后各自散去后，他们再一次团结一心。该回去继续工作和对付竞争者了。他们再一次成为一个团队，决心征服世界。

重新振作

　　丹尼斯·科廷不会知道他走进了什么地方，但是他很快发现并且留了下来。作为购买瑞麦特许经营权的第一人，科廷在1975年10月（也就是分公司经理造反后的6个月）出现了，正好助了瑞麦一臂之力，帮助它度过了下一次大危机。

　　科廷来自堪萨斯城，无意间迈入了房地产行业。大学毕业后，他想要成为一名股票经纪人，但是他加入的公司在1973年经济萧条期似乎难以为继，所以他加入了一家由父子二人开办的小型房地产公司。他那时24岁，渴望成功。他被提升为一家分公司的经理，走上了领导岗位。堪萨斯城的房地产市场竞争激烈。虽然规模小，但是这家公司的抱负可不小，想要成就一番事业。他们努力培训经纪人，但是却发现经纪人在提高了业绩后纷纷跳槽到大公司。

　　科廷和其他合作伙伴开始寻找更好的模式。《堪萨斯城星报》中的一篇文章引起了他们的注意。这篇文章是关于一名房地产经纪人如何采用100%佣金制概念开办了一家名为"房地产100"的公司。文章间接提到丹佛市的瑞麦公司是这个理念的来源地。科廷给林内格打了一个电话，说他和他老板的儿子吉姆·唐纳德森想要与他面对面交流一些想法。林内格不认识他们二人，也不知道他们想要谈什么，但是他同意见一见他们二人。所以，来自堪萨斯城的团队飞往丹佛市。

人人皆赢：RE/MAX 背后的故事和经验

他们渴望见到林内格并且与他交流，但是当林内格迟迟没有在丹佛的万豪酒店现身时，他们感到心灰意冷了。最后，一辆挡风玻璃已经破裂的破车停在了路边，林内格从车里出来，穿着一件短夹克。"不会吧！"科廷心想，"这就是我们浪费飞机票来拜访的那个人吗？"盖尔·梅恩坐在前排，科廷和唐纳德森挤在车后座，不一会儿就来到了瑞麦总部。在短短15分钟车程中，科廷和唐纳德森最初还以为自己犯了个大错，但很快就意识到林内格的远见卓识。他对房地产行业未来发展方向以及瑞麦如何实现目标的洞见令他们感到惊讶。

科廷和唐纳德森想要加入瑞麦，那天晚上，他们就在科廷的酒店客房开始谈判。林内格、梅恩和费舍尔极力讨价还价。他们的入股金额至少必须是25万美元。唐纳德森的父亲通过电话参与了会谈，他希望免费获得堪萨斯城的特许经营权。许多高球都被击落在地，谈判继续。科廷在床上睡着了。当他半夜醒来时，唐纳德森和林内格仍然在谈判。早上，唐纳德森的父亲叫停了谈判。他是一个精明的老牌开发商，他坚决不愿意将公司的名称改为瑞麦。失望之余，科廷和唐纳德森空手而归。

6个月过去了。经济衰退让每个人的生活都举步维艰。不仅瑞麦面临着严峻的形势，整个房地产行业也是如此。然而，凭借义无反顾地重视顶线增长以及分享梦想的激情，瑞麦继续增长。科廷的公司停止支付经纪人佣金。作为膝下有一个孩子的新婚男人，他再次四处寻找更好的选择。瑞麦的愿景始终吸引着他，所以他又给林内格打了一个电话。

"我不知道你是否还记得我，"科廷在电话里说道，"但是我已经从公司离职了。你愿意将瑞麦的特许经营权卖给我吗？"

林内格说："当然愿意。"然后他紧握着电话喊道："嗨，这里的人谁了解特许经营权是什么吗？"

科廷飞到丹佛市。他带上了支票簿。当天中午，他购买了第一个

第 5 章 沙克尔顿的领导力

瑞麦特许经营权。当天下午,他就与林内格以及其他一些新人一道接受了培训。当天晚上,林内格邀请科廷到梅恩的家中共进晚餐。这顿饭很不错。科廷感到宾至如归。但是在他回到酒店之前,林内格将他拉到一旁。

"这是你的支票,"他告诉科廷说。"我不能接受这张支票。"

科廷惊呆了。"你说什么呢?"他问道,心想自己肯定是在某个方面没有达到林内格的要求。

"不,不是你想的那样,"林内格说道,"我今天有个坏消息。债权人都来讨债。他们明天要申请让我们公司破产。这个消息将成为《丹佛商报》的头条。"

科廷不敢相信自己的耳朵。"你打算怎么办?"他问。

林内格耸耸肩。"我已经安排所有员工明天参加销售会议,我打算告诉他们公司要破产了。我会竭尽所能保护他们的佣金所得,但是即使做到这一点也不容易。欢迎你来参加会议。"

煮熟的鸭子眼看着就要飞了,科廷坚持表示他想要参会。林内格告诉他,他会在第二天早上 6 点来接他。

筋疲力尽的林内格心想好戏就要上演了。科廷第二天早上开车带着他前往会场。果不其然,当他们来到将要举行会议的餐厅时,他们看到了《丹佛商报》首页上的头条新闻,"瑞麦"和"破产"两个词在首页上非常扎眼。林内格将一个 25 美分硬币放入报箱,抽出了所有报纸。科廷跟随林内格进入会议室,大约 50 名经纪人很快出现在了会议室。接下来发生的事情,林内格铭记终生。

林内格站在人群前面,告诉他们事情的原委。他的陈辞既愤怒又疯狂——这是他们所有人听过的最奇怪的事情。林内格说,这份报纸想要将我们踢出局。"兄弟们,我们创下了奇迹,"他宣布说,"只是很遗憾,没有成功。"

每个人都惊讶了。尽管已经发生的一切,没有人想到瑞麦会失败。现在,林内格正在告诉他们,瑞麦要破产了。所有的牺牲、风险和殷切的期望都付诸东流了。人们喊叫着提出各种问题,气氛骤然紧张。

格兰特·古德森是一位保险从业人员,也是林内格最早的支持者之一。他西装笔挺,衣冠楚楚,当情绪激动的人们开始大声喊叫时,他站了起来。"我认识林内格已经好几年了,"他说道,经纪人停下来开始倾听。"他是一个好人,"古德森继续说,声音哽咽。"我必须要告诉你们的是,我相信瑞麦。我相信这个理念会成功。我相信林内格和盖尔。我会继续留在公司。"

下一个发言的人身高六英尺半,说话慢吞吞,听起来就好像是美南浸信会的牧师。"你们知道的,我在房地产行业已经干了25年以上,"他说。"我在6家房地产公司工作过。瑞麦是这6家公司中最了不起的一家。每个季度都有重大危机。我还没有参加过一次没有斗争或欢声笑语的销售会议,有时候既有斗争又有欢声笑语。我不知道你们大家是怎么想的,但是我不会离开。我一定要坚持到最后,看看这对于全世界到底会是什么样的结果。"

每个人都笑了,有些人眼中含着热泪。科廷不太相信眼前人们的激动之情。它就像是在老教堂中举行的一次精神复兴大会,或者对重生罪人的一场洗礼。他不由自主地站起身来,向其他人发表讲话,他需要让其他人感受到他难以抑制的情绪。

"伙计们,你们不认识我。我是来自堪萨斯城的丹尼斯·科廷,我刚刚购买了第一个瑞麦特许经营权。昨晚林内格把我的支票还给了我。他告诉我说,他需要这笔钱,因为他们正在追着他要账,因为他与瑞麦有关联。好吧,我不知道你们建造了一家什么样的企业,但是我可以看出来,你们真的是在经营一家了不起的企业。"他将支票又交回给了林内格。"给你。你比我更需要用这笔钱来支付法律费用。我是你的第一个加盟商。"

科廷的一番话似乎让大家激动万分。局内人表明忠诚也就罢了,连一个完全的陌生人也对公司投了信任票,这简直不可思议。几乎与此同时,一股同仇敌忾的正能量在会议室中腾腾升起。"见鬼去吧,"一

第5章 沙克尔顿的领导力

个人大声喊道,"你继续拯救公司,我们继续卖房子。我们不会离开你。我们一起渡过难关。"

看到大家如此团结一心,体会到随之而来的领导责任感,林内格、梅恩和费舍尔离开了会议室,马不停蹄地开始努力拯救瑞麦。这次誓师大会产生的情绪和能量使他们信心倍增,在接下来的48小时里,他们能够以坚定不移的声音说服每一个债权人相信,瑞麦不仅会渡过难关,而且还会繁荣发展。

对于科廷而言,这是他人生中最重要最动情的一天。他感到自己已经在一次打击中完全理解了瑞麦,理解了瑞麦的所有艰难困苦和真情实感;那一周,当他离开丹佛市的时候,他感到自己换了一个人。在那里,他学到了领导力和企业经营之道,以及共同创业的真正内涵,这令他此生难以忘怀。这次会议既是一次治愈过程,又是一次誓师大会。持续3小时的抱怨和问题、回答和证词、承诺和决心。一半以上的经纪人都是女性——这在男性主导的行业中实属非同寻常——她们的到场参与使得男性经纪人更加开放,毫不掩饰地流露出内心的感受。

林内格承认过失败和挫折,他的脆弱性消解了愤怒和伤害。科廷看到了林内格身上的某种特质在1小时内的变化。他从人群前的"王八蛋"变成了"我们的王八蛋"——公司之外的任何人最好不要想把他扳倒。在将支票归还给科廷之前的那个晚上还身陷囹圄的他,现在似乎与科廷所知道的任何伟人一样强大。"我让你们改变了你们的职业生涯,"林内格最后说道,"你们把宝押在我身上,押在这个公司上。你们中的一些人来自顶级公司。我向你们保证,只要你们支持我,我就会支持你们。如果我们互相支持,我们的公司就绝不会消亡。我们一定会成功。"

科廷知道,他目睹了瑞麦可能倒下和死亡的时刻。但是相反,瑞麦不屈不挠,它将实现闻所未闻的伟大事业,在面临压倒性变数时展现出同志情谊。他从中获得的最深刻体会是:百忍成金。

人人皆赢:RE/MAX 背后的故事和经验

老总见老总

1975 年 10 月那天晚上发生的个人转变并不意味着林内格突然失去了他的棱角或者持久战模式。但是，瑞麦的成功根植于那次会议。从那天起，瑞麦似乎更加士气高涨。

精干营销团队上路了，盖尔、费舍尔和杰斯普森在丹佛市坚守阵地。随着时间的流逝，工作和生活之间的界限越来越模糊。他们共同度过了婚姻问题（包括离婚），遇到困难的时候借住在彼此的家中，相互关照，解决棘手的健康或家庭问题。每个晚上，他们都工作到深夜，然后一同饮酒到半夜，第二天一大早又回到工作岗位。他们在工作内外不分彼此，购买了房车和小船，携家带口一同参加家庭旅行。不论事情变得有多糟糕，他们总是想方设法笑着去面对，因此自然而然成了挚友。

科罗拉多州的业务快速增长。1976 年，瑞麦通过科廷在堪萨斯城设立了第一个加盟店。亚伯塔省卡尔加里和华盛顿特许相继开设了办事处。在短短两年里，瑞麦的加盟店增加到了 100 家。1977 年初，瑞麦将美国分为多个地区，出售总特许经营权。每个地区都经历了相同的奋斗过程：联名上书运动、匿名指控以及关于道德沦丧的流言蜚语。近乎贻笑大方的可预测性给了其他区域加盟者坚持到底的勇气和决心。随着瑞麦的增长，它也变得更加成熟。曾经草草写在餐巾纸或黄色便签本上的加盟协议变得更加详尽。每次瑞麦遇到问题，加盟协议就会增加新的合同条款或者修订现有条款。瑞麦就像是疯人院，几乎不受控制，它继续改变公司内部人的生活，与此同时又创造了许许多多的信徒。

其中一名信徒名叫弗兰克·波茨勒，他在 20 岁时从匈牙利移民到加拿大，当时几乎不会说英语，而且口袋里只有 30 美元。他在多伦多

第5章 沙克尔顿的领导力

地区打了5年的零工,直到加入房地产行业。在做了一年销售人员之后,他在1959年获得了房地产经纪人执照,熟悉了房地产行业的方方面面。

1967年,他创立了自己的公司"波茨勒房地产公司",这家公司的员工增长到160人,拥有6家办事处。但是20世纪70年代末,波茨勒开始意识到,不论他做什么,也不论他如何想方设法地生存,他的公司始终都是一家区域性房地产公司。与美国不同,加拿大被全国性大公司主导。他知道自己需要与一个品牌名称联合起来才能够实现增长。

波茨勒手下有一名年轻经理,名叫沃尔特·施耐德。施耐德当时年仅24岁,刚出校门,但是波茨勒已经将他提升为开发经理和培训主管。施耐德颇具经营头脑,而且希望看到房地产行业变得更加成熟;他与波茨勒一同寻找领先产品,希望通过某种途径打破大型跨国公司垄断加拿大房地产市场的局面。

1979年,波茨勒和施耐德驱车从加拿大来到底特律去参加一场房地产研讨会。波茨勒与一位同行共进午餐,这个同行是一位大经纪人,在密歇根地区有1 000多名代理人。波茨勒询问他房地产行业的新气象是什么。他指出,技术正在起到越来越重要的作用;各家房地产经纪公司变得更加成熟;加盟店会变得越来越大,因为籍籍无名的小公司需要一个品牌、更好的培训以及某个组织。这番话令波茨勒幡然醒悟,他继续问道:"你有什么具体的发现?"他的朋友点了点头,说:"丹佛市有一家名叫瑞麦的公司。他们只聘用优秀的人,他们正在攻城略地。"

当时,瑞麦只有几千名员工。波茨勒和施耐德继续参加研讨会,他们都没有再提到这家公司。然后,在驱车5小时返回多伦多的途中,波茨勒再次提到这家公司。"你还记得这家公司的名称吗?"施耐德心里清楚他在说什么。"瑞麦,"施耐德回答说。波茨勒点了点头。"啊哈,原来你也一直在思考这家公司。我们下次再来的时候去探个究竟如何?"

施耐德在一本杂志中发现了有关瑞麦的信息,他给瑞麦写了一封信。地址写错了，信被退了回来。与此同时，他飞往卡尔加里去拜访那里的瑞麦分店。卡尔加里人开设了几家分店，他们都在增长。他们的热情和积极乐观吸引了施耐德和波茨勒，施耐德决定直接联系丹佛市的瑞麦员工，他和波茨勒与他们的顶级销售人员格雷格·吉尔莫一同飞往丹佛市一探究竟。

瑞麦的一切都很了不起，只有一点例外。林内格不知去向。波茨勒和施耐德心想，他们事先已经与林内格约好了。林内格却不这样想。他太忙了，东奔西走的他需要处理太多的事情，不能保证去会见这两个只想了解瑞麦情况的人。波茨勒写了一个便条："我来到丹佛市来拜会你，可谓是老总见老总，你却忙得没有时间见我。"他们不得不悻悻而归。

林内格感到自己怠慢了来访者，但是他同时也感到愤怒。那个便条上的含沙射影令他感到挥之不去。他飞到多伦多，直奔波茨勒房地产公司。波茨勒先生正在开会。林内格被秘书引入了会议室。他看到了房间中的三个人。"哪一位是波茨勒？"他质问道。波茨勒点点头说："我就是。""我是林内格，我从丹佛飞到多伦多来见你，因为我就是那样的老总。现在我这就回去了。"他就像突然闯进会议室那样又头也不回地走出了会议室。

波茨勒和施耐德震惊了。这是怎么回事？他们之前从未遇到过这样的人。会不会是双方有误会？他们跳起身来去追赶林内格，看到林内格正要钻进还没有熄火的车里，他们仔细解释了一番才让每个人都平静下来。最后，林内格同意在多伦多住一晚，讨论波茨勒房地产公司购买瑞麦特许经营权的事宜。

他们来到了希尔顿海港城堡酒店继续他们的谈话。林内格感到，他彻底误解了波茨勒。波茨勒有着欧洲绅士风范，他彬彬有礼、卓尔不群而且年龄更小。他自己的公司难成气候，他需要向瑞麦取经。他无法作出重大承诺。波茨勒和施耐德这两个人太年轻了。他们没有特许经营经验。但是如果说波茨勒一无是处，林内格发现他身上的唯一优点就是坚持不懈。在固执己见方面,林内格终于觅到了知音。波茨勒想要加拿大东部的所有特许经营权,林内格最终妥协,同意收下他们的两万美元支票。

"我们如何卖特许经营权?"波茨勒问道。

林内格需要一支钢笔,但手中又没有。因为酒店正在装修,玻璃桌上还有灰。所以他用手指在桌上画了一个草图,然后将多伦多划分成了几个片区,给他们好好上了关于如何销售特许经营权的第一课。然后林内格匆匆忙忙返回了丹佛。

他在机场给盖尔打了个电话,此时他已是后悔不迭。"我搞砸了,"他说,"我不应该把特许经营权卖给这两个家伙。他们不符合条件。"他说,这是他犯下的最大的一次错误。在一长串大错误中,他的这个说法显然值得担忧。实际上,林内格是大错特错了。在他为瑞麦作出的所有大胆决定中,向波茨勒和施耐德出售特许经营权的决定却恰恰是他作出的最好的决定。事实上,林内格会告诉倾听他肺腑之言的每个人说:"是加拿大救了瑞麦。"

不变初心

与此同时,波茨勒和他的团队开始工作。波茨勒专注于创造自己的瑞麦经营模式,而施耐德开始四处奔走,向区域内的其他人销售特许经营权,这个区域从加拿大中部的安大略省到北大西洋的新英格兰地区。波茨勒对施耐德充满信心。他有着罕见的解决问题的能力,而且有决心、有动力。施耐德感到情况复杂得难以应付,但是他丝毫没有退缩的想法。他当时25岁,平生第一次为了一家"真正的公司"而四处奔走,凭借少得可怜的预算解决了各种问题。他正在成为天才销售员。

然而,万事开头难。安大略省的房地产行业决不允许波茨勒尝试100%佣金制。这种做法在安大略省的房地产体系是非法的,登记官告诉波茨勒拿出一整套方案再来找他。波茨勒虽然愤怒,但是依然彬彬有礼,他告诉登记官,他要去找律师。"如果是非法的,我就不再打扰你。但是如果这种做法只需要稍作变通就能够在安大略省变得合法,我们还会回来。"

他相信自己能够成功。他知道这种做法将改变房地产行业。在经过几番法律协商和谈判后,波茨勒最终获胜了。在最后的妥协中,波茨勒同意为经纪人提供5%的服务费。瑞麦的100%佣金制在加拿大变成了95/5佣金制,关于汇率的笑话暂且抛开不论。

波茨勒在加拿大房地产行业颇有威望,所以他加入瑞麦旗下的举动掀起了轩然大波。竞争对手和同事都百思不得其解,想要知道瑞麦体系究竟有什么不同之处以及它的成功秘诀。人们迫不及待地想要找到一条更好的途径。

20世纪80年代初,房地产行业正在严重萎缩。美国的房地产行业状况更加糟糕,利率达到了18%的历史高点。许多老牌企业开始走下坡路。瑞麦拥有激进的新模式以及抵御经济衰退的潜力,因为它的体系建立在更适合生存的顶级经纪人之上。

施耐德和波茨勒在加入瑞麦的第一年中卖出了30多个特许经营权。起初,他们甚至没有意识到自己取得了多么大的成功。但是,当他们与美国的其他地区加盟者讨论时,他们认识到自己的增长速度打破了纪录。第二年刚过了一半,波茨勒给林内格打了一通电话,将一场新危机告诉了他。他与林内格签署的合同规定,他不能销售超过45个特许经营权。"戴维,我认为我们要卖出60多个特许经营权。"林内格笑了。"忘掉愚蠢的合同吧,继续卖吧。"他对波茨勒和施耐德的信任让他将法律或合同抛在了脑后。这不仅仅是他们的成功。他看到二人的干劲,意识到他一开始对他们二人的判断是完全错误的。他们不仅会成功,而且会打破窠臼。

对于瑞麦的其他人而言,波茨勒的成功仍然低调神秘。加拿大是前哨,是狂野西部的阿帕奇堡垒。没人知道他们。1983年夏,波茨勒

第5章 沙克尔顿的领导力

参加了堪萨斯城的一次会议。一群地区主管围坐在一起,猜测着林内格什么时候破产。波茨勒对这些负面评论感到惊讶。他一直以来被边境以南的权力之争和政治孤立;坦白地说,他一直以来过于忙于发展自己的企业。这些评价激怒了他。当其他所有者询问他的经验时,"我们刚刚加入瑞麦,"他说,"但是事情进展得很顺利。我不想参加这类谈话。如果你们不改变你们的态度,你们都会破产。与其消极评论,为什么不去做点实事?"这是他与他们的最后一次谈话——每个人最终会离开瑞麦;就波茨勒而言,不会那么快。

瑞麦在美国遭受重创。达到历史高点的利率打击了消费者的购房积极性。代理人赚不到佣金,无法向经纪人付费,经纪人无法向地区主管付费,地区主管无法向瑞麦公司付费。如果没有来自加拿大的大笔营收,瑞麦可能已经破产了。即使如此,瑞麦还是勉强为继。

人员流失

到 1983 年初,丹佛的形势变得异常糟糕,以至于培训主管文尼·崔西离开了瑞麦。他告诉林内格,他想要转行。他说不出理由,实际上,崔西认为,瑞麦付不起他的工资了。盖尔和林内格不断给他加薪,不断赞扬他辛勤工作,但是崔西感到没有足够多的事情可做。培训课越来越少。他们之前每隔两周举办一次培训课,公司只有五六名培训师。但是,现在每隔 3 周一次培训课,而且几乎只需要不超过 3 名培训师。如果会计部或销售部的员工生病了,崔西会赶去替班——发邮件、整理材料等等。但是他的工作量超出了他的工资水平,他感到精疲力竭。他告诉林内格,他需要抓住一个新机会继续发展,即使离开公司让他感到很心痛。

与此同时,格兰达和唐·哈森伯格也感到吃紧。他们知道,瑞麦正在发生转机,但是前方的路依然很坎坷。哈森伯格经常出差。生活就像是耍杂技。作为一名高级职员,有几周,他的工资都发不下来。与其他高级职员一样,哈森伯格在全国各地挑选了一些加盟店,他相信,在为精干营销团队跑腿的同时,他可以打理好这些加盟店,但是这种兼职管理根本不可行,因为房地产行业深陷泥潭。格兰达在经营着特效公司的同时,花费大部分时间走访那些入不敷出的瑞麦办事处,同时还要努力管理自己的企业。她相信瑞麦,最重要的是,她相信瑞麦的员工。即使是她的孩子和公公也来帮忙,她也越来越难以继续坚持其他人都在信奉的艰苦朴素、疯玩苦干的工作方式。当出售特效公司的机会来临时,她把握住了。她在瑞麦的营销世界中创建了这家公司并且大获成功,但是放弃它也是一种解脱。

丹佛市的一家瑞麦加盟店店主劝说她加入他的加盟店,她同意了。尽管她在瑞麦工作了很多年,但是她对房地产销售一窍不通,所以她在办公桌上放了一大碗奶糖,任何新同事路过她的办公桌抓一把奶糖的时候,她都会向他或她提出一些问题。身处围墙的另一侧去寻求改变,而且感觉自己像是更大团队中的一个新成员,这对她来说很有趣。但是,她和哈森伯格并没有他们自己想要的那样快乐。哈森伯格感受到差旅生活的艰辛,他越来越厌倦职场生活。他在内心里想要创业。当瑞麦正处于创业的初期时,他感到每天都像打了鸡血,但是现在,瑞麦越来越大了,而且越来越复杂,一切就没有那么激动人心了。1983年秋,哈森伯格夫妇决定是时候开始思考作出重大改变了。

1983年10月,格兰达接到费舍尔的一个电话。他的声音沙哑。她可以感觉到对方说话困难。她感到后背一股凉意。

"发生了可怕的坠机事件,"费舍尔说,"盖尔受伤了。"

"啊,上帝,"她心想。费舍尔接着说出了她最担心的事情。

"格兰达,我们不知道她是否能活下来。"

第5章 沙克尔顿的领导力

从不放弃

没人知道,但是林内格和盖尔就要结婚了。他们的第一次婚姻都在瑞麦的艰苦创业期间散了伙,他们深深地爱上了对方。这将是一场令人意想不到的婚礼,而且是与朋友们的一次快乐聚会,二人向朋友们发出了请柬,邀请他们参加在比利牛斯堡餐厅举行的一场庆祝晚宴,想在晚宴上给所有人一个惊喜。林内格预订了餐厅,做了安排,精心装饰了一番。晚宴将在前往加拿大参加瑞麦大会之后举行。

他们住在安大略省北部的一个名为迪尔赫斯特的度假村。波茨勒邀请林内格和盖尔乘坐水上飞机简单游览了一番,前往他位于旁边一个湖泊的新木屋参观。盖尔之前从未坐过水上飞机,渴望体验一番。林内格不予理会。他想要在那天下午与一些人谈一谈。他在码头上看着飞机起飞。经验丰富的他一眼看出,飞机起飞时很沉重,划过了水面。即使当他回到房间与一些同事喝一杯的时候,他仍然感觉事情不妙。

这只是15英里的航程。飞机安全降落在湖面上。那天下午是阴天,没有理由逗留。他们回到飞机上准备返程。当飞机加速准备起飞时,波茨勒不敢相信他眼前的一切——飞机爬升得不够快。飞行员误判了安全升空所需的距离。安全升空无望。

在飞机撞到树上之前,波茨勒赶忙穿上了救生衣。推进器的声音就像是割草器穿过了树枝一样,粉碎声和旋转声四起。冲击力将他扔向前,然后又突然向后倾斜,飞机翻了过来,然后将他们重重地摔了下去。他昏了过去。当他睁开眼,他以为可能是做了一场噩梦。但是当他想要移动时,他感到臀部和两肋剧痛。

而在度假村的林内格意识到,那么长时间过去了,盖尔他们仍然没有回来。他打电话给当地医院,询问他们是否听到过坠机事故,他担心最坏的事情发生,而且已经知道对方会怎样回答他。是的,对方告诉他,救护车正在赶往事故现场,一些乘客身亡。

湖上的人看到了飞机坠落的过程,赶忙冲过去寻找生还者。飞机的机翼在飞机冲入森林时折断,溢出的燃料散发出呛人的汽油味。飞机实际上切断了一条电线——没有起火已经是奇迹了。机身折成了一半,倒在那里就像是一个沙丁鱼罐头。飞行员身亡。但是他们想方设法将波茨勒和盖尔救了出来。波茨勒伤势挺重,但是并不危急。盖尔看上去糟糕很多。救护车并没有把她送往当地医院,而是飞速送往多伦多市的桑尼布鲁克医院,这家医院专门收治危重伤员。当林内格见到她时,他发现盖尔仍在昏迷。

林内格不愿离开她半步。对于他而言,瑞麦已经停了下来。医生告诉他,盖尔可能再也不会醒来,可能再也不能行走,可能再也不能恢复到以前的样子。但是,林内格不相信他们,甚至不允许在盖尔身边说这样的话。他给盖尔读书读报。他把金毛猎犬带到病房里看她。他给盖尔播放她的激励演讲录像带。他不断跟她说话。他一遍又一遍地告诉她,她会好起来的。"我们会渡过难关的,"他对盖尔说,"你很顽强,你会活下来的。"

林内格看望了波茨勒。尽管惊魂未定,波茨勒心里只想着盖尔的状况。他有保险,他知道林内格需要他能够筹到的所有钱来帮助盖尔渡过鬼门关,更别说帮助盖尔康复了。"这都是你的,"他告诉林内格说,"我不需要钱,我会好起来的,我很快就会站起来走路了。"他的髋骨骨折,肾脏也受了伤,但是与盖尔的状况相比却算不上什么:头部受伤、部分瘫痪、粉碎性骨折。尽管情况那么糟糕,但是林内格没有放弃希望。作为一名陆军老兵,他的态度坚如磐石:他之前从没有丢下过任何人——盖尔会挺过来的。

回到丹佛,其他高级职员知道他们必须保持瑞麦的正常运转。从某种意义上说,他们需要替林内格接管瑞麦,就好像他也是那场坠机事件中的伤者。费舍尔每天给林内格打一通电话。他想要前来探望盖尔。每个人都想。她的病房放满了瑞麦所有员工送来的鲜花。林内格

第5章 沙克尔顿的领导力

告诉费舍尔，不欢迎他来探望。他需要驻守在丹佛。费舍尔不顾他的劝告，毅然决然地前来探望盖尔。"她也是我的朋友。"当他来到病房，他惊呆了。头部受重伤的患者并没有躺在医院的病床上，而是被放在地铺上，就像是儿童戏水池，而且在肿胀最严重的时候允许翻身。站在盖尔面前，他轻声与林内格说着话，而林内格对他不屑一顾。她会挺过来的。她会康复的。只有经历了风雨，你才能看到彩虹。当她伤情稳定后，林内格就会将她送往丹佛的克雷格医院。那里有全国最好的头部创伤科。

盖尔似乎感到了他们在身边。她嘴里非常含糊地说着话，但是却一清二楚。

"嘿，费舍尔，"她说，"我的啤酒在哪里？"

费舍尔和林内格站在她身边，哭了。

盖尔乘专机被送往了丹佛的克雷格医院。漫长的数月康复过程开始时，新的例行程序成形了。医生告诉盖尔，她应该喜欢轮椅上的生活。盖尔一次又一次用尽全身力气告诉他们，他们错了——当她离开医院时，她又能够行走了。

虽然林内格每天都陪伴着她，但是他从来没有将瑞麦放手。实际上，他在多伦多的医院陪伴盖尔时，就与波茨勒谈判将新英格兰地区的特许经营权卖给了他，而且继续关注每一项决策和每一次重要会议。但是他将意志力都用在了帮助盖尔康复上。她需要他。瑞麦需要她。他要看着她渡过难关。其他人每天来看望盖尔。帮助林内格渡过难关对于他们而言也同样重要。看到林内格吃饭，他们就放心了。他们把林内格请去喝酒，想方设法将林内格拉出医院，哪怕只是很短的时间。他们给林内格送来了书籍。费舍尔看到他那么努力地读书，惊叹不已。林内格在接下来的几个月里读完了他手边的每一本商业书籍，从每一本书中都获得了一些批判性的想法或者核心理解。

费舍尔和杰斯普森组成了公司领导二人组，领导公司的日常经营。正式头衔已经不重要了，他们只是做着该做的事情，付出一些必要的努力。从某种角度上说，在这个困难时期保持专注力是比较容易的事情。悲剧和高风险让二人全神贯注———一步一个脚印，不敢有半点松懈。由于经济衰退和居高不下的利率，瑞麦在财务上勉强维持。其他房地产特许经营公司正在快速缩减人员，因为加盟店付不起费用而四处终止特许经营权。但是瑞麦不想这样做，它努力构建网络。它相信员工。只要加盟商保持开放的沟通、告诉高级职员经营计划，哪怕每月支付5美元，他们就会一同渡过难关。对于盖尔遭遇的坠机事故，曾经那些压倒性的难题现在看来似乎不值一提，全都因他们采用全新的视角而改变。那就是一线希望。大家更加坚定地走到了一起，同志情谊越发牢固。

到了3月，盖尔康复了。她离开了医院，拄着拐棍，但是能够独立行走了。这是医生和护士们看到过的最不可思议的康复案例之一。大多数人都只是满足于活着，但是盖尔想要再次投身于瑞麦的事业，林内格不会去阻止她。当年，瑞麦年度大会在佛罗里达州的奥兰多市举行，林内格聘用了一名特殊护士，租了一架专机与盖尔一同前往参会。当她在开幕式那天坐着轮椅来到了会场时，大家看到她的一侧头发被剃掉了，而她依然笑容灿烂，顿时欢呼声和哭泣声响成一片。奇迹并不只是在她身上发生了，所有人都感受到了瑞麦的希望。瑞麦在过去10年里历经风风雨雨，渡过了那么多危急关头，以至于圈外的人怀疑瑞麦是否能够继续生存。此时，在雷鸣般的掌声中，在眼泪中，大家感到，他们为之付出心血的瑞麦最终迎来了希望。他们此时需要的唯一证明就是盖尔在台上向大家展露的笑容。

正面你赢，反面我赢

盖尔和林内格始终都没有到过林内格计划举行惊喜婚礼的比利牛斯堡。相反，1984年，他们在办公室结婚了。还有什么地方比这里更

第 5 章 沙克尔顿的领导力

适合举行他们的婚礼吗？婚礼由史蒂夫·沃雷主持，沃雷是瑞麦的副总裁，恰好也是摩门教主教。他们都开玩笑说，林内格之所以邀请沃雷主持他们的婚礼，是想把上帝留在身边。林内格夫妇在朋友们的见证下说出了誓言，然后每个人都到街对面用餐。他们玩了时下最流行的新电脑游戏"吃豆人"。整个婚礼非常低调，但是却一样美好。这场婚礼的举行本身就具有非同寻常的意义。

林内格变了，大家也都变了。当你在30多岁为公司的事业奋力打拼时，你感到自己刀枪不入。在瑞麦经历的所有磨难之外，盖尔的坠机事故使大家更加成熟，让大家深刻领悟了生与死的意义。他们现在渴望构建一个网络，不仅仅是为了他们自己的利益，而且还为了给世人留下遗产。

但是，这并不意味着他们不喜欢开心快乐。

林内格已经很久都没有享受一段快乐时光了。由于他开始重新投身于公司的事业，他怀念那种快乐的感觉。大家现在都太过严肃了。在与哈森伯格共进午餐时，他抱怨说："我再也没有快乐了，哈森伯格。"接着又说："我们需要一次旅行。你们周末能一块去吗？我们去巴哈马旅游。我想去那里的赌场放松一下。"

哈森伯格心想，周六？今天已经是周四了。但是当他们回到办公室的时候，林内格安排了一架飞机和一些酒店客房。这是他们享受不起的铺张浪费，但是，管它呢——他们需要。他们周末飞往巴哈马，在机舱里享受快乐时光，就像以前那样——两对夫妇，四个朋友。在酒店吃完饭后，他们在赌场小玩了一把。但是哈森伯格和格兰达不像林内格夫妇那样喜欢赌博，他们很早就去睡了。凌晨两点钟左右，哈森伯格突然醒来，听到有人敲门。"哈森伯格，开门，快开门！"是林内格的声音。他想，一定是盖尔出事了。他从床上跳起身，只穿着内衣内裤，赶忙打开了门。林内格穿过门廊跑了进来，穿着五颜六色的百慕大T恤、短裤和凉鞋——满身是汗，眼里放着光，两个拳头攥满了钱。

"我赢了！"他喊叫着，将手中的钱抛向空中。钞票击中了吊扇，散落一地。几千张钞票(实际上近两万美元)落在了地板上、桌子上和床上。仍然盖着被子的格兰达开始抓起钱,将钱塞到被子下。"现在是我的了!"她喊道。林内格跳到了床上,想要把被子扯开。"我来追了!我来追了!"

他们几年来都没有那么开心地笑了。这正是医生的嘱咐。这种欢乐使得他们继续下去成为可能。

在回到丹佛后不久,哈森伯格与林内格谈了话。他和格兰达因为盖尔的坠机事故而推迟了计划,但是既然现在盖尔已经康复,是时候启动他们的计划了。在某种程度上,林内格一定预感到了这一幕。"我要辞职了,戴维,我需要改变。"瑞麦已经足够强大了,它不再像以前那样需要他了。他是一个创业者。他需要做一些让他心潮澎湃的事情。他知道林内格听到这个消息会很难过,但是接下来发生的一幕让他很是感动。林内格并没有试图劝说他放弃计划,或者强迫他留下来。相反,他只是对哈森伯格的计划表达了深深的忧虑。"我还不确定,"哈森伯格回答。"我可能与格兰达一同销售房地产。西德·西弗茨森邀请我到加州去与他合作,我还在考虑其他一些事情。"他耸了耸肩。合作的事情还没谱。心里想着辞职的他难以考虑清楚。现在,林内格不仅放手让哈森伯格思考自己的未来,而且还像任何忠实的朋友那样帮他出谋划策。

"好吧,"林内格说,"我想与你一同谋划一下。现在快4点了。到我家去商量吧。"

他们各自驾车离开了办公室,前往林内格的家。从当天下午4点直到第二天早上4点,他们站在林内格的吧台旁边喝酒边讨论。林内格想要知道哈森伯格的一切想法和感受。"告诉我发生了什么?我们为什么不能改变?我们要怎么做?"

那天晚上的一番交谈让林内格了解到,哈森伯格是真的要离开。"见鬼,"他说,"我想要把你留在公司。你不能只是去卖房子。你拥有所有的知识和经验。我想要你成为这个事业的一分子。我需要你的帮

第 5 章 沙克尔顿的领导力

助。现在错过也太遗憾了,我们刚刚开始真正的腾飞。"

哈森伯格心里没底。可能一刀两断更好些。他洗耳恭听,但是没有看到任何可行的可能性。他需要为自己寻找新东西。

"我明白了,"林内格大喊道,"我会把科罗拉多州的特许经营权卖给你。"

科罗拉多是美国的主要特许经营地区,由林内格自己掌控。这绝对是非常慷慨的表态,但是哈森伯格不能接受。"戴维,我知道你的想法,但是你不能那样做。科罗拉多州的业务太火了,你不能放弃它,我也买不起。"

"胡说八道,"林内格继续说,"一定有我们能够做的事情。7 点钟到办公室来找我。"

7 点钟,哈森伯格有时间驱车 35 英里到城市的另一边、刮胡子、洗个澡、换衣服,然后再返回办公室。林内格已经在那里了。这一次依然像往常一样让哈森伯格感到惊讶。眼前的这个人虎背熊腰——能够喝趴下每个人、破口大骂、不顾一切艰难险阻,仍然早到晚走,就好像是惩罚自己,或者证明自己有多强悍。在那次争论中,哈森伯格输给林内格 1000 次了。

林内格将哈森伯格带到他的规划室。他已经将数据和文件摆放在办公桌上。"好吧,你是对的。我没法将科罗拉多州的特许经营权卖给你。但是,见鬼,我们还有其他一些地区。我们来找一找适合你的吧。"

林内格建议他购买西北地区。瑞麦刚刚在西北地区打开局面:俄勒冈州、华盛顿州、蒙塔纳州和爱达荷州。哈森伯格知道,他在作出后半生不会后悔的决定。"戴维,坦白说,是气候的原因。而且离家那么老远,我不知道我们是否能够做到。"

林内格接着推荐南卡莱罗纳州和北卡莱罗纳州,但是哈森伯格依然不确定。与此同时,他对拥有一个地区的特许经营权的想法感到激动不已,林内格可以看出他已经入迷了。"你就直说了吧,你要怎样做才满意?"林内格说,"告诉我,我们会实现的。"

人人皆赢:RE/MAX 背后的故事和经验

哈森伯格于是离开了,对犯罪率和学校排名等因素做了一些研究,他知道三个孩子在长大后需要为自己的家庭谋求合适的环境。他研究了数字、人口、地理位置以及不同地区的增长预测。当他回到林内格的办公室时,他仍然没有搞清楚该做什么。没有一个方案是真正适合他的。他的最佳打算似乎是到加州北部与西德·西弗茨森合作。西弗茨森甚至说,当他多年以后退休时,哈森伯格可以将他买断。

但是林内格也做了自己的功课。"佛罗里达州如何?"他问道。

佛罗里达州的业务已经失败了六七次了。"我从来都没有想过,"哈森伯格说,"佛罗里达州分成了 4 个地区。"

"我可以将它们合并起来,"林内格回答说。

"我从未想过我们会考虑佛罗里达州。"

"你自己算一算,看看它是什么情况。然后我们再决定是否成交。"林内格反驳说。

哈森伯格离开了。他要好好想一想。他梳理了瑞麦体系,琢磨了最佳方案。迄今为止,加拿大在整个网络中的增长速度是最快的。所以,哈森伯格就给施耐德打了一个电话,与他谈了一番。波茨勒和施耐德刚刚买下了新英格兰地区的特许经营权,正在重演瑞麦的奇迹。施耐德给哈森伯格深入剖析了优劣势。哈森伯格仔细研究一些数字后,他意识到,秘密在于加拿大体系与瑞麦体系之间的差异:100%佣金制对于瑞麦国际而言是成功的,但是明显的问题是盈利性。

对于林内格而言,100%佣金制不仅仅是一个数字,而是一个体现核心原则的符号。人人皆赢理念是瑞麦的核心。这是林内格创办瑞麦公司的初衷,也是他为之奋斗的原因。他是为了经纪人在打拼这个事业。波茨勒的95/5佣金制是因为法律限制而作出的妥协。哈森伯格认为,经纪人从体系中能够获得更大收益,这让林内格动了心。然而,林内格从来都不反对在体系内进行实验。(参见图 5.1)这就是瑞麦的魅力不凡之处。瑞麦是因地制宜的。员工可以集思广益,提出最佳想法并且广泛分享。

第 5 章　沙克尔顿的领导力

最后,林内格妥协了。哈森伯格可以购买佛罗里达州的特许经营权,并且在 95/5 佣金制下经营这个地区。他们握手成交。

"好吧,"林内格说,"甩开膀子大干一场吧。"

还有其他一些危机在考验着瑞麦的耐力——挫折、失败、不正当交易、错误、疾病、难题等等。1988 年,林内格与一名早期地区所有者爆发了冲突,该所有者购买了卡莱罗纳州、马里兰州和弗吉尼亚州的特许经营权。但是,林内格认为,该所有者的推广工作不够卖力,错过了很多机会。林内格说,鼓励过他,也利诱过他,但是他们二人的关系还是破裂了。林内格想要帮助他,但是显然该所有者担心林内格是想让他倒闭,于是起诉了林内格。林内格反诉。包括哈森伯格在内的其他地区所有者从中斡旋,因为起诉会影响整个瑞麦体系的合法性。谈判不断上演,但又毫无进展。最后,林内格提议和解,由地区主管组成的仲裁庭进行仲裁——不请律师、不请顾问,只是朋友之间作出最符合朋友利益的决定。林内格赢得了辩论。

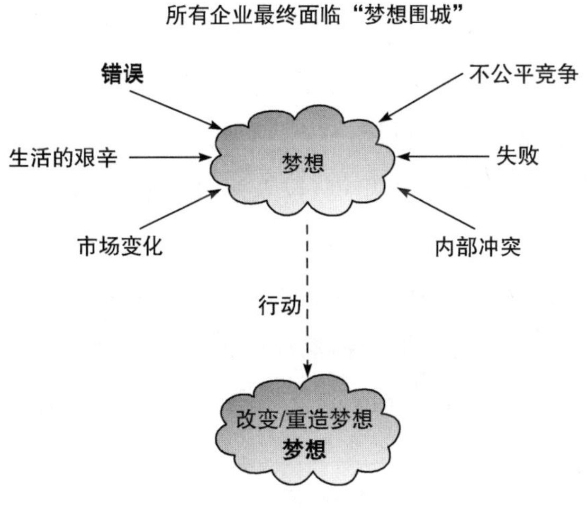

所有企业最终面临"梦想围城"

错误 → 梦想 ← 不公平竞争
生活的艰辛 → 梦想 ← 失败
市场变化 → 梦想 ← 内部冲突
↓ 行动
改变/重造梦想
梦想

图 5.1　不可避免后果理论

然而,谈判继续,直到最终达成交易。正要签协议的时候,林内格说,此人想要一次性解决争议。他向林内格索要 25 万美元现金。这激

人人皆赢:RE/MAX 背后的故事和经验

怒了林内格,他回到了房间,与该地区所有者当面对质。"我的理解是,我们已经达成了交易,对吗?"所有者点了点头。"你认为我应该额外付给你 25 万美元现金吗?"所有者又点了点头。"好吧,"林内格说,"我告诉你吧,我要掷硬币决定。"

林内格没开玩笑。哈森伯格的口袋里有一个大硬币,这是他的姑姑在拉斯维加斯旅游后送给他的。他从 12 岁以来就一直带在身上,以求好运。他拿出了硬币,交给了林内格。林内格将硬币抛向空中,用手接住了硬币,然后握住了硬币。"我们再次确定一下我们的理解,"他说,"如果我赢了,我就不需要给你付钱。如果你赢了,我必须给你付钱。但是我们无论如何都成交了。"该所有者点头称是。"好吧,看看结果吧。"他说。林内格甚至没有看硬币就说道:"每个人都应该有一个好的反面。"他张开了手,果真是反面。该人掌管的区域的新地区所有者会将他们的公司命名为"反面有限公司"。

在佛罗里达州,哈森伯格仍然是瑞麦大家庭的成员,但是他现在与丹佛相距甚远。随着瑞麦国际的腾飞和真正开始增长,他和格兰达从不同的角度分享这种增长,苦心经营壮大他们自己的区域,而且超出了任何人的预期。他们卖掉了所有家当,转战到佛罗里达州,从零开始,在一家电视维修店上方开设了一家小型瑞麦办事处。他们在瑞麦国际工作期间获得的所有经验和知识,以及多年来的摸爬滚打终于有了回报。他们开始建设体系,实现体系的增长。在 20 年里,哈森伯格夫妇开设了 195 家办事处,拥有 5300 多名经纪人,企业市值高达 190 亿美元。他们的成功故事会被加利福尼亚州的西德·西弗茨森和史蒂夫·黑塞尔顿以及北美洲和欧洲的波茨勒与施耐德等其他人追赶上并且超越。

瑞麦实现了惊人的增长,尽管它曾经一度走向消亡。一路上有太多的阻碍、波折和变故,任何人都可以理性地期望这家小公司不会长久,更别说繁荣。但是,瑞麦克服困难,应对战略失误、资源短缺、个人悲剧和绝境时的决心与毅力,给那些开创自己的伟大事业的人上了一堂无比生动的课。根据瑞麦的经验，如果你坚守梦想而且团结一心，最终你会取得胜利。一路上会有你甚至想象不到的艰难险阻。当你面对这些阻碍时，你必须相信梦想，互相支持，不论遇到什么样的困难。如果你放弃了、退缩了或者叛逃了，你就永远不会知道你可能成为什么。只有坚持到底，才能够战胜一切。

战略举措

直面困难，保持专注。

瑞麦在危机期间展现出的稳定性是令人崇敬的。作为一家深陷危机的新兴创业型企业，它能够保持对顶线度量指标和增长的专注。即使林内格深夜在医院守护在盖尔的病床前，他依然收到了顶线度量指标报告，并且与最高管理层的关键成员保持交流。不论有没有这两个联合创始人，梦之队都一步一个脚印地实现了完美的执行。

● 当你的梦想受到威胁时，围绕梦想为你的团队设定一个新目标，让他们重新专注于新目标并且团结一心。坚持不懈地专注于新目标，将会给你的团队带来使命感。

● 以不屈不挠的精神去面对困难、失误、资源缺乏、个人悲剧和绝境。如果坚守梦想而且团结一心，最终你会取得胜利。当你面对这些阻碍时，相信梦想，互相支持，不论遇到什么样的困难。只有坚持到底，才能战胜一切。

● 如果你招募真正相信你的梦想的人，他们会在艰难时期支持和追随你。他们即使在领导人动摇的时候也会相信梦想，而且会帮助领导人坚持下去。

● 不论公司经历什么样的挫折，继续对你的员工付出，他们会留在你身边，支持你，成为保驾护航的人。

● 当你的公司面临困境时，对你的员工坦诚相待。你会赢得他们的信任和忠诚。征求他们的意见和想法——他们可能会提出改善公司经营的良策。

● 关注员工的绩效提升需求。渴望你的员工取得成功,因为公司只有在人人皆赢的情况下才能够成功。

● 依赖与你有同一个梦想的人可帮你渡过危机。他们会在困难时期保持公司的专注点,始终一步一个脚印向前走。(瑞麦即使在坠机事件后依然专注于企业的增长。)

● 如果关键人员对岗位不满意,与他们一同弄清楚问题所在,然后竭尽所能地为他们找到更适合的新岗位。

● 你必须灵活才能够最终取胜,有时你必须要转变目标,以保持对梦想的专注。

经验总结

逆境中毫不动摇地坚守梦想。

老话说得好,"失败乃成功之母——只要你相信"。还有一句名言:"大潮退去才能看到岩石。"(基恩公司创始人约翰·F.基恩之语,该公司是一家坚持从事软件服务行业40载的中型成长型公司。)大潮终会有退去的时候,"霉运"是不可避免的。领导人在低潮时如何面对和克服艰难险阻,决定了企业的生存能力。沙克尔顿的坚忍故事在许多方面可以引起高增长、高影响力公司的共鸣。在瑞麦和我们的其他对标企业,"坚忍"需要生存的勇气才能够成功。一些伟大的成长型公司之所以销声匿迹,是因为他们没能度过艰难险阻期。(参见图5.2)比如,数字设备公司坚持经营某个产品的时间过长,将它与梦想混淆,因此发展速度过慢,最终折戟沉沙。

当瑞麦面临威胁和险阻时,领导人团结一心,深挖潜力。在这一点上,收获的经验包括确保企业能够在困难面前聚焦和重新聚焦目标。图5.3显示了瑞麦及其他高增长、高影响力公司的三种聚焦和再聚焦方法。

第5章 沙克尔顿的领导力

当面临攻击时			
该做什么		不该做什么	
公司	行动	公司	行动
IBM	改变业务线	数字设备公司	否认市场转变的现实
佳能	不断改变产品组合	施乐	等待太久,未能改变结构
麦当劳	以更高营养价值食品应对	安然	利用公司谋取私利
英特尔	再造产品组合两次	美国电话电报公司	被文化束缚
吉列	重造产品	伯利恒	相信绝无错误

图 5.2 改变/再造梦想的行动

聚焦 → 聚集真正的信徒,制订行动计划
再聚焦 → 通过制定临时目标,保护梦想

聚焦 → 强化对核心能力的持续研发
再聚焦 → 创造新产品或服务,树立对未来的信心

聚焦 → 走出去,给每一个员工讲述"梦想"的故事
再聚焦 → 招募充满激情的新员工,他们能够透过威胁看到本质

图 5.3 面临威胁或攻击:聚焦/再聚焦方法

第6章

雄鹰只单飞

第6章 雄鹰只单飞

> 传播人人皆赢文化的原则

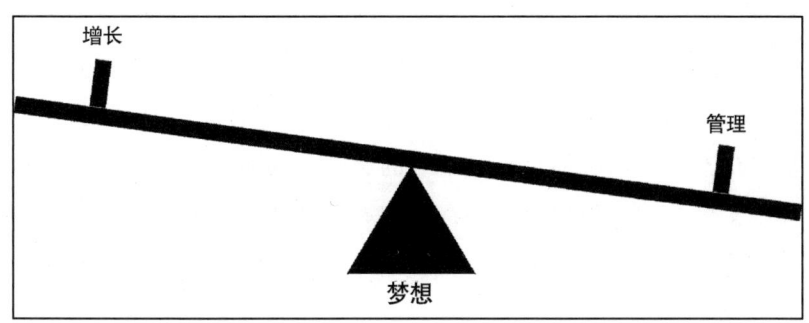

> 领导人就像雄鹰一样——他们只会单飞……你每次只会发现一位领导人。
>
> ——匿名

从1977年起,随着瑞麦的版图扩张,加盟店主纷纷飞到丹佛参加培训。他们来自各个城市和小镇:威斯康星州的密尔沃基、德克萨斯州的科佩尔、密苏里州的杰斐逊城,甚至还有从纽芬兰的哈茨康腾镇远道而来的加盟店主。他们之所以加入了瑞麦,是因为他们意识到房地产行业正在变化,而且瑞麦正在引领潮流。自第一批全国性房地产企业崛起以来,专家就预测,房地产行业会洗牌和整合,直到被两三家主要企业主导,就像是软饮料行业的百事和可口可乐公司一样。可能这一预言会成为现实,但是来到丹佛市的加盟店主看到,房地产行业正在经历一种不同的整合,分成了两种不同的模式。在传统的以经纪人为中心的房地产公司中,代理人是员工,恶性循环主导一切。未来的模式是以代理人为中心,这会带来一套全新的规则和战略。

人人皆赢:RE/MAX 背后的故事和经验

感受到这一新兴模式的暗流涌动后,这些经纪人看到了瑞麦,这是一家似乎真正深谙房地产行业之道的新兴企业。理查德·门登霍尔是一名成功的经纪人,在房地产行业的主流协会中非常活跃。凭借各种行业委员会的优势,门登霍尔看到了瑞麦相对于其他特许经营公司的发展速度,知道瑞麦采取的以代理人为中心的模式是未来趋势。来自纽芬兰哈茨康腾镇的泰德·罗维认为瑞麦的理念完全符合逻辑,而且完全与众不同。他厌倦了与经纪人的旋转门关系——招聘的新人在几个月后又离开——他想要建立一家拥有更加稳固基础的公司。他将瑞麦看作是将专业人士吸引到房地产行业的理想工具,他然后可以培养和再培训这些人。来自安大略省渥太华市的希瑟·斯库斯面临着同样的难题。她看到了小型独立经纪公司面临的不祥之兆。传统的经纪人招聘模式是:"如果你有一张办公桌,别空着。"但是,她知道,鉴于主要品牌的竞争水平,这种经营理念的时代已经过去了。她与合作伙伴一同调查了周围的每一种特许经营模式,差不多想要采用其中的一种方式,但是她又犹豫了。当波茨勒和施耐德团队的一个代表在多伦多市介绍瑞麦模式时,她和合作伙伴面面相觑,意识到:就是它了。

经纪人是因为革命性理念才来到了丹佛,但是他们看到了瑞麦的文化后,成了其坚定不移的信徒。他们对这种文化有了切身体会。他们有什么理由不着迷呢?当见到林内格后,他们意识到,林内格的总经理风范是他们从没想到过的。他非同一般,坚毅而且机敏,但是他又善于洞察别人,能以巨大的冲击力说出简单的真理,而且对自己的目标有一股势不可挡的冲劲。罗维记得他与林内格驾车飞速穿过丹佛市的街道,紧紧抓住林内格的摩托车的扶手以保住自己的小命,而林内格在飞驰中泰然自若地谈论着房地产行业的未来。而盖尔的沉稳与林内格的性格相得益彰。她对前来丹佛市拜访瑞麦公司的每个人都表现出热情和关注,这让来访者感到自己更像是失散多年的老朋友,而不是未来的商业伙伴。杰斯普森精通数理、财务论证和商业策划,他们正需要这些才能来实现系统的运转。费舍尔在真正信徒的眼里闪闪发光,他实事

第6章 雄鹰只单飞

求是的愿景阐述支撑了林内格自己的愿景。哈森伯格的随和风格使得他对瑞麦的疯狂的投入更加令人心悦诚服。林内格组建了一个八仙过海各显神通的团队，这个团队亲如一家人，为瑞麦的稳定奠定了坚实的基础，同时又完全投身于梦想。正是这个组合使得瑞麦的文化瞬间感染了踏入瑞麦大门的每一个人。

文尼·崔西就像是场边队友一样激动，渴望遇见新信徒，他主持了培训。你不再从事房地产业务了，你从事的是房地产代理业务。这意味着要改变经纪人对自身角色以及与代理人的关系的看法——更有选择性、更人性化，而且更关注他们的需求。经纪人必须要追踪最佳代理人，说服他们加入经纪公司，转变他们的岗位和生活。这一切都从招聘开始，一些经纪人不适应招聘工作。在资格要求很严的房地产界，一些人感到招聘者咄咄逼人，既像是劝教，又像是电话销售。

希瑟·斯库斯尤其受到这个难题的困扰。比起招聘工作，她更喜欢做会计核算、交易撮合和战略思考这样的工作。崔西在角色扮演培训课上对她施加了不小的压力，但是希瑟就是对招聘工作不感冒。"希瑟，"崔西问道，"你害怕什么？"她说，她不喜欢与人交谈。崔西点了点头。"我来告诉你一件事情，这会改变你的想法。"他描述了加拿大房地产行业的走势。加拿大有5家主要的房地产公司，这些公司都是依托信托公司或银行，占据了80%的市场份额。甚至比美国更有甚者，加拿大的房地产代理人除了以经纪人为中心的传统经营模式之外别无选择。而瑞麦却将经纪人看作是客户。希瑟是在给经纪人提供一个帮助他们以更好的新方式养家糊口的职业。"你应该习惯劝说经纪人加入瑞麦。你有能力改变人们的生活。"希瑟在瑞麦工作期间往往会想起这番话。

瑞麦故事的一个最大亮点是，加盟店店主能够在本地房地产市场成功地汲取和传播瑞麦理念。瑞麦文化和愿景所依据的原则让亚当·斯密和艾伦·格林斯潘这样的资本主义思想家都引以为傲——开明自利论。满足了人们的需求，你就会获得你想要的回报。寻找专注于客户服务的经纪人,为他们提供取得成功的必要条件,你就会获得回报。经纪人掌握了培训课上学到的基本知识,并且在本地环境中加以检验,然后分享成功经验。他们的做法和结果都惊人的一致,这表明了文化的力量超越了地理和人格,同时又忠实于核心信仰体系。即使来到丹佛的经纪人并没有完全预见到他们以后将要面临的所有挑战,他们离开时也深受鼓舞,想要冲出去改变世界。来自密尔沃基的杰夫·本森回忆说:"我们当时感觉好像不坐飞机也可以飞回来。"

个人成功的基础

多年来,成功的做法得以传承,失败的做法被抛在脑后。毫无疑问,瑞麦的新特许经营模式的基础是经纪人。瑞麦体系的成功关键是改变经纪人对行业性质的看法。希瑟每年1月1日早上醒来就面临着一个问题。在接下来的12个月里,她需要赚到10万美元才能够支撑她的家庭、生活方式和兴趣。生于忧患,死于安乐,希瑟豁出去了。到了6月,当她回顾自己的业绩时,她已经赚了7万美元。现在,是时候喘口气了。不知何故,又一年过去了,她又做到了,或者确信自己能够做到,而且不需要担忧生计问题。希瑟已经连续几周都没有看到家人了,也没有享有一次假期,连购买新车的打算也推迟了。现在,希瑟能够选择在周末休息,不必带客户看房。希瑟的销售速度在经济萧条时期也放慢了。秋天,她又开始担忧或忧虑了,恐慌模式再次开启。年末,希瑟可能会稍稍超出或者低于10万美元的销售目标,但是有一件事是确定的:下一年的1月1日,仓鼠转轮会再次开始转动起来。

大多数经纪人发现自己深陷这个循环中。他们拥有出色的销售技能,但是却不一定具备经营能力,不能够通过个人的努力实现更持久、更加实质性的成功。即使是对于最佳经纪人,虽然他们能够赚取超出预期的佣金,但是依然受到他们为自己设定的销售目标的限制。一些

第6章 雄鹰只单飞

人希望获得高得多的收入,其他一些人希望加入销售精英俱乐部,但是他们年复一年的总体进步是有限的。经纪人每年都回到了原点,不知道在新的一年中如何实现目标。

为了创造人人皆赢的文化,瑞麦经纪人首先改变了代理人的工作环境。佣金结构是最明显也最大胆的尝试——100%佣金制灌输的思想与传统的五五分成佣金制截然不同。另外一个巨大差异是个人推广。瑞麦经纪人将自己的名字放在"房屋出售"标志牌上的显著位置,大多数经纪人有机会拥有自己的私人办公室和秘书。这些是当时的其他房地产公司不会为经纪人提供的排场,而这些排场帮助瑞麦创造了更加专业的氛围。

办公空间就是一个标志性差异。当希瑟回到渥太华开办自己的瑞麦加盟店时,她与许多瑞麦经纪人一样,因为她抓住机会开设了全新的办公空间。在招聘新代理人时,这种办公空间有助于强调她的公司所采用的不同模式。她可以向前来应聘的代理人展示新办公空间的布局、色彩搭配以及每个代理人的未来办公室的位置。虽然墙壁还有待设计,地板也堆满了建筑垃圾,但是她依然能够向代理人描绘蓝图。

另外一项重要创新就是办公室的运行方式。大多数传统办公室都依赖秘书、行政管理人员或代理经理人来开展日常运营。但是这种方式给人们灌输了"以我为先"的态度。秘书、行政管理人员并不总是能够理解企业的细微差异,而代理经理人自然而然有偏袒之心,只在乎如何让自己走上门的最佳推荐人满意而归。通过聘用职业行政管理人员或经理人来负责经营办公室、招聘新代理人和改善总体绩效水平,瑞麦经纪人给业务经营注入了公平性和团队精神。办事处因此更加团结一心,以经纪人自己特有的积极态度寻求个人和团队目标。

对于体系的专业化而言,向固定成本的转变是瑞麦作出的另外一个关键飞跃。在最初的几年里,经纪人以开放的方式监测费用,并且与代理人共同分担费用。但是分项费用的处理使得代理人质疑每一项费用,而且也占用了经纪人的大量时间。来自加州的经纪人店主盖里·托

人人皆赢:RE/MAX 背后的故事和经验

马斯不能忍受将宝贵的精力放在细枝末节上,因为他知道,每个人在主动追求增长的时候会富裕起来。在加入瑞麦之前,托马斯是一名企业经理人,他每年都会将一分一厘的开销加总起来,以确定每个代理人发生的平均成本。这个平均成本就成为代理人在下一年的固定成本。从培养商业心态的角度而言,代理人有必要搞清楚来年的固定成本支出,而且从他们的工资中直接承担这笔开销,而不是在每个月末支付账单。突然之间,他们就有了起跑线,开始以商人的心态思考增长。

像托马斯这样的经纪人也有助于扩大这些商业代理人的收入来源,增加托管服务、产权公司服务、抵押服务和其他服务。这都归结于从代理人的角度来思考客户:代理人在潜在客户的眼里如何能够改善形象?哪些服务和能力可以让代理人更加轻松地开展业务,而且赚取更多收入?如何让客户更愿意与他或她的代理人合作,而不去选择与其他主要品牌的代理人合作?

这种总体专业化——固定成本、最大佣金分成结构、个人推广、办公室的组织和管理方式以及各种服务——都导致了一种不同的环境,顶级代理人在这种环境中能够成长和成功。大多数代理人在最大佣金分成体系中不会成功。对于经纪人而言,为顶级代理人提供空间并且提升总体绩效水平,这就意味着优胜劣汰。这种模式完全可以比作以守为攻。奠定了基础之后,经纪人店主就可以寻求自己的真正目标——鼓励顶级代理人离开当前的公司,加入瑞麦。

他们对这些顶级代理人的理解是其他公司所不具备的。这种理解的实质都浓缩在崔西经常引用的一句名言:雄鹰只单飞。

像雄鹰一样,顶级人才不随大流。换句话说,你一次只能看到一个顶级人才。他们比同辈飞得更高。他们不胆小,而且更令人生畏。他们的能力与众不同。他们需要鼓励和诱导,而不是告诉他们该怎么做。他们需要弄明白为什么加入一家公司比加入另一家公司更有利。就他们而言,所有这些公司都大同小异,除非事实证明不是如此。

瑞麦经纪人不仅仅招聘顶级代理人,他们还积极物色顶级代理人。

第6章 雄鹰只单飞

设想如今的一家公司——任何行业中的任何公司——通过以下步骤招聘员工：识别其他公司中具备合适的能力和行为特征的人、从远处观察他们的表现、亲自认识他们、发现他们的个人需求和愿望、等待合适的时机鼓励他们跳槽。这并不是瑞麦经纪人的一项次要工作，也不是他们偶尔为之的兼职工作。瑞麦经纪人将这项招聘工作看作是他们最重要的职责。他们花费大部分时间打电话、保存谈话记录，再打电话，与求职者面谈、鼓励、引诱，弄清楚每个人的真正需求，然后再打电话。这样一来，他们就给瑞麦招募到了一流人才。

瑞麦经纪人知道如何造就成功的瑞麦代理人。数字并不是唯一考虑因素，文化契合度也很关键。招聘的代理人如果不契合瑞麦的价值观，即使这个代理人是明星代理人，也会给其他代理人的士气造成不利影响，而且其影响程度不亚于招聘了一个跟不上节奏的代理人。并不是每一次选择都是成功的。正如盖里·托马斯所说："不匹配的人立马就会成为竞争对手。"但是，经纪人之间似乎存在着一套独立制定的标准。企业看重的是有创业精神但又不傲慢的人。经纪人寻找的是积极向上、胸怀大志但是又受到独立激励的人。公司的持续创新、创业热情和市场份额等方面的声誉并不吸引那些期望另起炉灶的人，也不吸引那些只是希望在蓝筹股品牌的旗帜下获得归属感的人。

经纪人也希望招聘到的员工具有平衡性，换句话说，既有事业心又兼顾个人生活。这种平衡性的重要性可能与成功代理人的其他素质有关。顶级代理人往往是学习者，因为他们对职业充满好奇心，这使得他们更有可能把握住能够保持他们知识优势的培训和发展机会。他们还往往对家庭、社区和娱乐活动很感兴趣，这使得他们更加理解购房者的需求。顶级代理人不仅仅是销售利器，他们还认识到更重要的是为合适的销售创造条件。客户往往会对他们最昂贵最重要的房产投资作出不理性的决策，顶级代理人可以帮助客户理性地平衡他们的观点、经验和判断。如果客户在购房之后的数月或数年里始终感到满意，他或她就更有可能向亲朋好友或同事推荐这名经纪人。优质服务的真正价值是长期的——对于经纪人和公司而言都是如此。

为了发现这些雄鹰,瑞麦经纪人密切跟踪代理人的绩效,他们会分析本地多重房源共享系统(MLS)上的统计数据,确定每个代理人正在办理的交易数量。绩效稳定的代理人不愿意轻易跳槽。绩效加速或减速的代理人是潜在招聘对象。有前途的代理人可能显著提高销售业绩,但是这样的代理人是比较脆弱的,因为他或她可能没有从以经纪人为中心的经纪公司获得应有的褒奖。瑞麦经纪人的一次来电可能成为这个经纪人获得的第一次褒奖。而业绩下滑的代理人也同样脆弱,因为公司可能没有密切关注他或她的需求或者帮助纠正问题。对于业绩上升的代理人,瑞麦经纪人会说:"你就是明星。我们可以帮助提升你的业务。"对于处于低迷期的代理人,瑞麦经纪人会说:"我们可以看出问题所在,帮助你扭转颓势,辅导你如何管理时间和精力以获得更好的回报,从而帮助你提高业绩。"与关心代理人业绩的人面对面讨论,听取他们的业绩提升建议,这对代理人而言是很有吸引力的。

在这种人际关系以及瑞麦的辅导方式之外,一家公司相对于另一家公司的优势就难以令人信服地阐述。数字在那摆着。经纪人可以说明瑞麦代理人在收入上如何超过市场中的其他代理人。但是大多数销售精英认为,他们对自身业务的推动承担全部责任,而不对公司承担全部责任。实际上,随着佣金战略的趋同,收入论越来越难以站住脚。品牌、推介和培训的威力在被代理人体验到之前也难以传达给代理人。

这在市场繁荣期间更是困难。所有房地产公司在经济繁荣期都有不错的业绩。当经济不太紧张而且消费者愿意买房的时候,任何代理人和任何公司都容易轻松成单。但是,瑞麦是一家在经济低迷时期兴盛的企业。在低迷的房产市场和经济衰退背景下,普通的公司往往难以为继,甚至会破产。看到不祥预兆的普通代理人会寻求其他职业机会,优秀代理人会跳槽到更强大、更稳定的公司。为此,瑞麦在困难时期更能够吸引代理人,而且在30多年的经营历史中从未发生过一个月的负增长。(参见图6.1)

第6章 雄鹰只单飞

优秀代理人的招聘往往归结于了解这个人的具体需求和愿望。是什么使得代理人热衷于自己的工作呢?他们在生活之外想要什么呢?对于他们而言,与家人享受更多的时光是否重要呢?代理人可能需要的是能够帮助他们提高工作效率的体系。他们是否看重为子女留下更多的存款呢?他们是否希望成为社区的领导者呢?他们可能需要扬名立万。在许多人都嘲笑或者只从财务的角度来看待房地产行业的时代,瑞麦经纪人能够让他们的员工过上更好的生活。

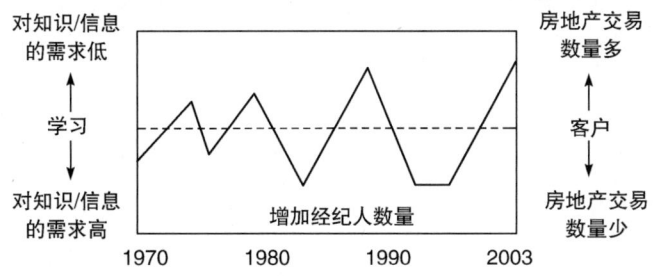

> 瑞麦通过持续的学习投资在经济繁荣和衰退期内都取得了成功。它继续提升学习(信息和培训)能力,从而导致代理人源源不断地加入瑞麦。在经济繁荣时期,利用房源;在经济低迷时期,利用客户开发。

图 6.1 负相关关系——经济与经纪人

希瑟·斯库斯,这个一开始讨厌招聘工作的经纪人,就是一个典型的例子。在丹佛接受了培训之后,她在渥太华的业务不断增长,直到她成为渥太华地区的头号经纪人。瑞麦的声誉和她的公司的声誉都是一流的。在她努力招聘代理人的同时,代理人也源源不断涌入她的公司。她趁机作出了一项只能用棋友的象棋术语才能够描述的战略决策。

希瑟的老对手是一家名为"皇家乐佩吉"的全国性房地产公司。乐佩吉的头号销售人员比尔·雷纳德在她的市场中与她竞争。斯库斯用了两年半的时间把他纳入旗下。雷纳德是每年实现数百万美元销售额的顶级代理人。他在皇家乐佩吉公司是明星人物,对自己的现状非常满意。要想把他招聘到瑞麦公司并非易事,但是希瑟心想:"不入虎穴,焉得虎子。"他们见了几次面，彼此有了了解。雷纳德的言谈举止给希瑟留下了深刻印象，希瑟认为雷纳德在专业方面与她不相上下。她意识到，金钱上的利诱对他不起作用。她知道，雷纳德能够赚到的钱比他认为在瑞麦能够赚到的更多，但是这不是关键。雷纳德不再唯利是图。他在公司中还担任教师、专家和成功榜样。他经常在乐佩吉公司的大会上发言，而且非常享受听众对他的反馈。当希瑟思考雷纳德的生活目标时，她最终认识到雷纳德的软肋。"比尔，我可以给你提供皇家乐佩吉公司不能提供的利益。"她说。雷纳德等待着，不以为然，直到希瑟说道："我可以让你走向世界。"

乐佩吉公司是加拿大的第二大房地产公司，但是没有走向全球。瑞麦是世界第一大房地产公司，在49个国家开展经营。"你拥有的知识是阿姆斯特丹、以色列和南非的人想要获得的知识。我们可以把你引荐给这些人。"希瑟说。雷纳德当时并没有决定加入希瑟的公司，而是私底下做了一番调查。但他最终同意加入瑞麦时，所有谈判和安排都是秘密进行的。那是那一年的年末。他们等待着，直到皇家乐佩吉公司再次宣布雷纳德被评为加拿大的头号销售人员，然后，他们在第2天发布了自己的新闻：雷纳德离开皇家乐佩吉，加入瑞麦。

加拿大房地产行业震惊了。当地媒体大肆渲染。这个新闻对于乐佩吉公司无异于一个重磅炸弹，而对于瑞麦而言可谓是振奋人心的好消息。雷纳德最终在瑞麦赚得更多钱，希瑟最终获得了更大市场份额。但是，对于希瑟而言更重要的是，她在自己的团队中拥有了该地区公认的顶级销售员。而对于雷纳德，他现在吸引了全世界的目光。

友好竞争的价值

以经纪人为中心的模式很难理解为遴选和招聘顶级代理人而付出的精力。通过一次招聘一个顶级代理人来提升市场份额，这并不是实

第6章 雄鹰只单飞

现快速增长的途径。以收购为重点的公司在短期内可以更加快速地增长，依赖任何代理人独当一面的公司也是如此。只有逐一仔细招聘代理人的做法才能够实现可持续的内生性增长，这种增长从长期而言会成为爆炸式增长。正如来自得克萨斯州科佩尔市的马克·沃夫所说的，"我们通过缓慢的起步创造了瑞麦文化。我们从第一天起就通过强大的代理人创造了足够大的市场份额，而且继续增长，保持了这种协同作用、热情和使命感。我们从来没有脱离这种方式。"

契合企业文化的顶级领导人（不论是销售、行政或管理领域的领导人）的招募具有累积效应，强化了团队的力量和完整性。对于希望不惜一切代价仔细遴选各级人才的任何公司而言，这都是宝贵的经验教训。从创业的角度长远思考，有助于领导人发现合适的人才、以适当的方式培养人才，而且竭尽全力确保他们始终不想离开。

不难想象，顶级人才难以管理。他们独立、聪明、极其自信而且非常成功；他们可能比经纪人更了解房地产行业。多伦多北部地区的瑞麦经纪人理查德·皮拉斯基承认，他从5名优秀代理人那里赚到的钱比从1名超级代理人那里赚到的更多，而且更加容易赚到，所以何苦呢？关键在于超级代理人带来的卓越文化。任何运动员都有这样的体会：参赛者的表现在整个比赛的水平得到提高的时候也得到了提升。

雄鹰在被其他雄鹰包围的时候会更努力。为什么呢？首先，绩效最高的人希望做得更好。他或她很可能是原来公司的头号销售人员。在加入瑞麦之后，这个代理人只能排名第二。皮拉斯基一次又一次地看到，新代理人因此更加努力工作，远远超出了以前的业绩，而原因仅仅是新的竞争环境。即使不看重排名的代理人也紧盯着排名和销售额数据，在友好竞争的氛围中不断突破自我。

其次，办公室里的其他同事往往会这样想："如果他们可以做到，我为什么不行？"瑞麦经纪人鼓励他们的代理人思考这个问题。颁奖典礼是他们鼓励代理人的一条重要途径。希瑟作出的一个更简单但是更有威力的创新就是为本地团队举办年度颁奖典礼。她费了不少口舌劝说

人人皆赢:RE/MAX 背后的故事和经验

经理人举行渥太华地区的颁奖典礼;大多数人认为,顶级代理人更愿意前往多伦多市参加"大型颁奖典礼"。但是,希瑟专注于创造对于她的代理人更有意义而且更接地气的颁奖典礼。令其他人意想不到的是,颁奖典礼大获成功,她的团队借助颁奖典礼庆祝成功,并且褒奖了在本地取得不俗成绩的人。这种活动激励许多普通代理人在下一年努力达到精英的水平。(参见图 6.2)

在多伦多颁奖典礼上,皮拉斯基每一次都会将他的团队召集在舞台上,拿起麦克风,向观众讲述他的团队。台上的所有人都是每年收入 25 万美元到 50 万美元的精英代理人铂金俱乐部的成员。"看看这个团队,"皮拉斯基以苦涩的幽默语调说道,"有年老的,有年轻的,有高的,有矮的,有胖的,有瘦的,有西装笔挺的,有穿着随意的,有说英语的,有根本不会说英语的。你们知道他们有什么共同点吗?去年,他们平均收入 36.6 万美元。"颁奖典礼过后,一群人不出所料地围着他询问如何变得更加成功。

"这就是我的快乐之源,"皮拉斯基说,"这是一种情感回报。当我看到我们的团队收入 50 万美元以上,我心里想,10 年前,这些代理人根本不赚钱。我不想说这是因为我的原因,因为我对生活艰难的房地产代理人付出的心血,与我对每年收入上百万美元的代理人付出的心血一样多。但是,看到大家成长了,我很满足。瑞麦体系创造了一种环境,在这种环境中,你不再为生计而工作,你开始为了卓越而工作。我认为这是关键,因为当你为了生计而忙碌时,其实没有价值。你所做的事情无非就是下一年继续生存下去。对于加入瑞麦的其他人,这是一个非常重要的视角。他们会想:'等一下,这些铂金俱乐部家伙实现了不可能实现的收入,我也可能做到。'"

第6章 雄鹰只单飞

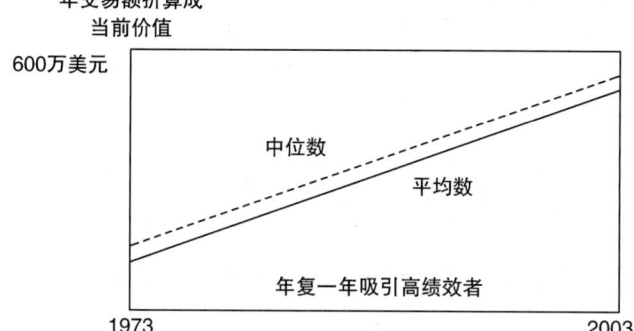

图 6.2　取得成就的动力

来自密尔沃基的经纪人兼所有者杰夫·本森也有同感。"我真的关注我们的代理人在未来 5 年、10 年或 15 年会是什么样子。当我把他们招聘到公司时，我让他们知道，我想要在他们退休的时候积累下一大笔财富，因为大多数代理人不得不一直辛苦工作到退休。"你如何提高平均销售价格？你如何培养你的品牌并且获得更多的推荐客户？你如何理财才能够不再依靠佣金收入？你如何创造持久的业务，从而不在每年的 1 月 1 日从零开始？你如何用更少的时间赚钱？这些都是公司致力于为代理人提供的支持和辅导的一部分。"每次我招聘一个代理人，我仍然获得了持续的高业绩，"本森说，"因为这意味着这个人已经意识到，他或她能够改变自己的生活。我并不将瑞麦看作是一家房地产公司——我将它看作是终生成功的公司。"

新员工的"提速换挡"需要辅导、培训、发展和更好的资源。是什么让代理人有动力实现这种提速换挡？在房地产行业，与其他销售业务一样，个人感知对结果有巨大影响。许多代理人虽然聪明伶俐、勤奋而且有激情，但是却发现自己被卡在某个绩效水平上，往往还没有意识到。当竞争者遇到更强的对手时，他们对可能性的认知改变了，于是开始了消除限制性信念的过程。突然之间，似乎能够超越之前的绩效水平。

以代理人为中心的文化传播，在本地和全球范围内都给瑞麦带来了收益。瑞麦的气球标识出现在了世界各地的广告牌、公交车站、广播和电视广告、宣传册、邮寄广告以及房前的"房屋出售"标牌上。本地的品牌认知强度创造了一个有趣的现象：瑞麦经常接到房源电话，而客户却错误地认为房源就是瑞麦旗下的房源。成熟市场中的瑞麦代理人显然从这种品牌认知中获益，在新地区相对30年前的先驱者占据了优势。在意大利、博茨瓦纳或葡萄牙开设新加盟店时，经纪人发现，瑞麦气球已经让当地产生了深刻印象。马克·沃夫讲述了他的一次经历：他曾在得克萨斯州对着100名一年级学生解释自己作为兼职市长的身份。孩子们自然而然地问他在闲暇时间做什么，他于是就提到了瑞麦。突然之间，孩子们都高声喊道："气球！气球！"

市场渗透和市场规模也为代理人创造了巨大的客户推介势头。与其他行业领导者不同，瑞麦国际并不从分配给代理人网络的大量推荐客户那里获得一杯羹。考虑到推荐客户带来的潜在收益，这似乎恰恰证明了瑞麦在践行人人皆赢原则。公司运用互联网和卫星电视技术为员工提供培训的做法也遵循了同样的思路。瑞麦是第一个（而且如今依然是唯一一个）拥有内部卫星传输能力和节目的全球房地产网络商。企业为什么会通过提供高水平服务将自己的资本利用到这种程度呢？我们认为，技术优势是巨大的，但是这只是原因之一。主要原因是林内格一开始就重视持续提高和完善代理人素质。满足员工的需求，你就会得到你想要的。

第6章 雄鹰只单飞

继续兜售

公司领导层对增长的不懈追求,以及瑞麦遍布全球的数千家分店的创业热情,是令人敬畏的两个利器。"从不满足现状"的态度使得每个人都努力寻求突破。虽然瑞麦已经取得了巨大的成功,但是经纪人认为,瑞麦不是一艘大船或喷气式飞机,而是一辆自行车,如果要始终保持领先,它就永远不能停下来。他们似乎清醒地认识到这样一个事实:在推出自己的加盟店之后的30年,他们不再追赶竞争者,而是让竞争者追赶,这种情况给公司带来了不同的危险。当他们很想花费精力去了解竞争对手的状况时,他们并没有这样做,而是讨论如何克服困难,继续专注于增长和创新。这是一种非常不同的挑战。

对全球市场份额的追求并没有减弱本地的努力强度。许多公司似乎在寻求全球扩张的时候失去了竞争活力。但是,房地产行业和瑞麦的结构似乎使得这个体系天生就没有这种倾向。如果所有政治最终都是本地政治,那么房地产行业更是如此。本地市场的每日状况是唯一的关键因素。对于希望保持和增长市场份额的经纪人,每一次获胜都涉及个人代理人的成功。任何行业内的公司都很少像瑞麦那样认同这种循序渐进的增长模式。瑞麦的员工都意识到,尽管瑞麦取得了成功和发展势头,但是这家公司在实现梦想之前仍然有很长的一段路要走。实际上,这些精明理性而且成熟的商人认为,梦想似乎只有在他们真正坚信梦想的重要性的时候才会不断增长。

房地产行业继续变化。在北美,不论商业周期如何,销售率仍然异常强劲。一些人谈到房产市场泡沫以及高利率的可能性,但是很少有人认为,房地产行业将重蹈20世纪70年代末和80年代初的覆辙。私下里,他们不认为行业洗牌就一定是坏事;瑞麦本地办事处的优势在困难时期得到了强化,吸引了来自即将破产的公司的顶级代理人。即使在困难时期，瑞麦依然继续磨砺自己的适应能力，就像它在创立初期那样。许多经纪人或所有者都认识到了行业变化，他们更加专注于吸引新一辈代理人。30年前，半退休专业人员将房地产经纪人职业看作是最终的职业转变。如今，行业利润如此丰厚，以至于房地产行业往往是大学生和商学院毕业生的择业首选，而且是非常成功的专业人员的职业生涯中期转型首选。许多瑞麦经纪人现在为这些人提供特殊培训、辅导和团队支持计划。招贤纳士的模式没有变，仍然是实现目的的手段。经纪人继续为了态度而招聘人才，为了结果而培训员工。

这些经纪人或所有者在30年里走过了一段漫长的路。他们在拥抱林内格的梦想时承担了巨大的个人风险，许多人想知道，随着新一代经纪人的加入，事情会发展到什么地步。波茨勒的女儿帕米拉·亚历山大就是新一辈经纪人的典型代表。她的父亲是全世界特许经营公司历史上最成功的地区加盟店主之一。亚历山大在1979年加入她父亲的公司，担任行政管理人员，现在负责整个北美业务，手下有近1.4万名代理人。她的目标是成为房地产行业的国际公认专家，为瑞麦品牌的知名度增光添彩。

亚历山大意识到，房地产行业正处于又一次转型之中。如果以经纪人为中心的模式是20世纪70年代和80年代的标准，以代理人为中心的模式在20世纪90年代成为主力，那么以客户为中心的模式就是未来的发展趋势。客户比以前拥有了更多的信息和选择。他们想要在购房中实现无缝交易，拥有一站式购物的能力。因此，瑞麦的服务也与时俱进，将抵押、托管、产权和搬家服务也纳入进来。但是这只是新一波创新浪潮的开始。

战略举措

打造学习机器，创造"终生成功的公司"。

第6章 雄鹰只单飞

从一开始,瑞麦就认识到培训和经营业绩之间的关系。瑞麦认为,在服务行业,如果不能将知识资本创造成可复制的模式,就无法利用经营模式去实现梦想。下面总结的关键战略举措基于3条基本原则:

1. 每个人都有责任学习——为了自己,也为了与其他人分享知识;
2. 应该对培训、培训材料及课程设计进行投资;
3. 培训是节约时间的工具,而且必须开始阶段花费必要的时间来让培训充分地适合公司的文化。

瑞麦人的另外一个最重要的信念是,让最高级别的最好的人才来负责进行培训、监督、指导以及日常支持。

● 你不可能将人们带入一种新文化然后指望他们自己去学习和适应。为了让他们取得成功,你需要提供培训。

● 如果你正在经营一家伟大的公司,招聘工作就像与其他人分享公司的成功,并且邀请他们与你一同创造美好的生活那么简单。

● 满足员工的需求,你就会获得你想要的回报。寻找专注于客户服务的员工,为他们提供取得成功所需的必要条件,结果就是回报。

● 愿意创造可以为整个团队营造更强大的团队精神的职位。

● 通过投入时间和资金来提升员工的专业性以及在客户眼中的形象,这样每个人都是赢家。

● 不断为公司寻找一流人才。

● 确保你招聘的员工契合公司的价值观。一个不认同公司价值观的人,会给其他员工的士气带来负面影响。

● 学会如何招聘,并且让员工参与到招聘过程中。了解每一个精英的需求和愿望。

● 认真的一对一的员工指导是公司快速增长的秘诀,这种增长在长期而言会成为爆炸式的增长。

● 让你的精英与其他公司的精英竞争,后者能够通过健康的竞争环境来激发他们的斗志。

● "瑞麦体系创造了一种环境,在这种环境中,你不再为了生计而工作,而是开始为了卓越而工作。"当你招聘员工时,你是在帮助他们改变生活。经营一家终生成功的公司。

●始终专注于增长和创新,即使是在你特别想去关注竞争对手与你的差距时。

●当公司真正专注于梦想时,梦想就会继续增长,甚至在你即将实现梦想的时候。

> **经验总结**
>
> 将学习与战略、员工和创新连接起来,创造一个"循环"。
>
> 人人皆赢文化是一个"循环"——各方面相互联系,其中一个对另一个有支持作用。当一个方面出了问题,整个事物就会分崩离析。大梦想(瑞麦是中心点)每年都源源不断地从战略(总体方向)、新员工(更多的梦想分享者)和持续学习(一流技能培养)组成的循环中获得支持。这个循环创造了持续的力量,支持了企业各个层面上的创新。
>
> 瑞麦实现持续增长的一个原因是,它拥有第一个环状的文化。正是这种"循环"创造了生生不息的力量,从而促进了进一步增长。这样一个环状的体系使每一个人都能够在企业中感受得到。当形成一个循环之后,决策和学习的速度都会明显提升。这样的循环体系使得企业保持平衡,支持创新,而不是阻碍创新——因此可以产生新想法来完善梦想。通过环状体系,梦想每天都在发生。"协调统一"尽管是一个不容易理解的词语,但却是可以在这样的体系中观察到的结果。培训是形成循环的基础。在如今的世界中,形成这样的循环是决策、员工招聘以及新想法培育中的关键驱动力。我们研究的所有高增长、高影响力公司都具有这样的"循环"体系。(参见图6.3)

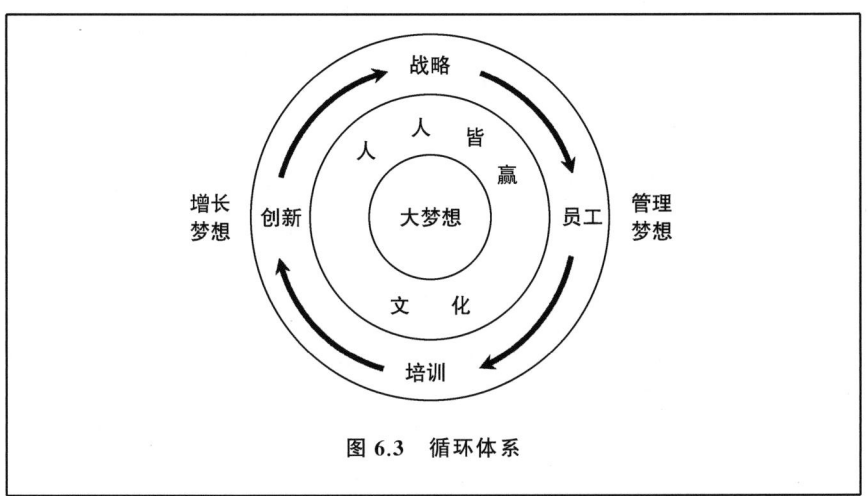

图 6.3 循环体系

第 7 章

创造队列骑行项目文化

第7章 创造队列骑行项目文化

将创意转变为业绩增长

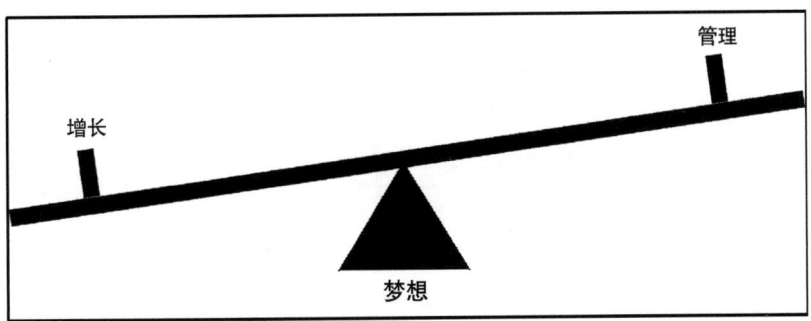

> 创新是增长的动力。当一家公司没有了创新,它就没有了增长。
>
> ——盖里·哈默尔和盖里·盖茨

2004年夏,兰斯·阿姆斯特朗成为有史以来第一位连续6次赢得环法自行车赛的自行车手。大多数人都知道他的传奇经历——一位抗癌斗士,不仅打败了要命的病魔,而且还成为有史以来最伟大的运动员之一。阿姆斯特朗的粉丝知道,在21天的时间里完成3390千米的环法自行车赛的赛程需要付出多么大的艰辛和努力,忽冷忽热的山路、日晒雨淋,而获胜者与对手只有几分钟乃至几秒钟的差距。许多人认为,环法自行车赛是人类历史上最考验运动员的赛事之一。但是,这种对个体挑战的强调却只是一叶障目,不见泰山,赢得环法自行车赛的过程才更值得大书特书。阿姆斯特朗第一个承认:环法自行车赛本质上是一场不折不扣的团队赛事。

人人皆赢:RE/MAX 背后的故事和经验

队列骑行

有朝一日,会有人撰写一本关于完成(更遑论赢得)环法自行车赛所需的战略、团队合作和团队联合的领导力书籍。对于我们而言,我们将运用其中的一个战略,也就是自行车队生动表现出来的简单领导力概念:队列骑行的重要性。

如果你观看过环法自行车赛,哪怕只看过几分钟,你就会注意到每个自行车队的队员在骑行时彼此有多么靠近。尽管比赛过程中的速度惊人,而且距离那么远,同一个团队的自行车手距离彼此的后轮只有几英尺的距离,一辆车接着一辆车,这就是所谓的队列骑行。他们之所以这样做是因为空气动力学原理。领头的自行车手要付出近乎队友两倍的力气来开道。这种努力创造了一股气流,这股气流几乎拖着其他队友前进。它就像是领头的大雁飞在一群迁徙的大雁的顶部。当领头自行车手最终用尽了全力后,他就退居到队伍的后头以恢复体力,被队伍中的其他人取代,这个人继续竭尽全力推动其他人前进。自行车队成员共同创造并且保持了个人自行车手难以想象的速度。实际上,在比赛中即使领先10多分钟的领头骑手也会被采用队列骑行法的强队轻易超越。

阿姆斯特朗是我们这个时代的最伟大运动员之一,但是这并不能说明他是如何赢得了史无前例的6次环法自行车赛冠军。阿姆斯特朗的成功秘诀是他能够形成和领导最佳团队,而且被这个最佳团队支持。作为一个群体,阿姆斯特朗领导的美国邮政局团队以其他队伍所没有的纪律性坚持遵循队列骑行,让所有试图跟上他们的速度的自行车手精疲力竭,追赶并且超越了任何胆敢发起挑战的对手。当自行车队伍最终骑到巴黎的时候,阿姆斯特朗在队友的包围下穿过了终点线,在为期3周的赛程中击败了所有挑战者。

第 7 章　创造队列骑行项目文化

像瑞麦这样的增长导向型企业的真正特点之一在于，它能够比对手更快速实现从想法到项目实施的转变。许多人都写到过创新在实现增长中的重要性，但是从未谈到过企业面临的问题是缺乏创意。人类具有极高的创造性，企业是有用的甚至能够转变思考模式的优秀创意的诞生地。但是很少有企业能够像瑞麦那样及时抓住想法，将其转变为项目，组建有效团队，推动想法并且以及时而且相对有利的方式实施想法。

在解释从想法转变为实施这一过程的困难之处时，专家运用了诸如制度阻力、官僚僵化以及不能抓住机遇等等术语。但是不论你使用什么样的术语，根本原因都是领导人的失败。太多领导人都不能一马当先地将想法转变为项目实施。他们任由领导的想法停留在较低的层次，推诿这种责任，或者交给委员会或团队，而委员会或团队又没有人负责实践想法。其原因在各个组织和领导人之间各不相同。一些领导人只是不热衷于新想法，每天忙于其他组织事务。一些人不喜欢亲力亲为，不愿脚踏实地地干脏活累活。一些人似乎担心如果他们过于关注某个项目，就会遏制或损害普通员工的创造力。但是，在如今的伟大增长型公司中，最高领导人会身先士卒，推动团队的其他成员前进。比如，迈克尔·戴尔、比尔·盖茨、查尔斯·施瓦布和杰克·韦尔奇都是知道如何运用权力、资源和声望来推动公司以惊人的速度沿着新的方向前进的领导人。

同样，戴维·林内格也勇于在他的网络中的关键新项目上身先士卒。实际上，他最享受的就是这个角色。当一个对公司有用的想法进入他的视野后，他会快速认识到它的重要性，并且抓住机会，就像是自行车手看到了路前方的一个空缺，或者注意到对手的弱点一样。他并不将这种领导力委托给其他人，或者提交给委员会审批。相反，他会寻找充满激情的支持者——与他一样相信想法但是更具有技术执行能力的人——并且与他们组成团队，以惊人的速度推动想法的实施。有了林内格的领导，团队会竭尽全力从创意阶段进入到项目实施阶段，再将

想法转变为现实。一旦想法的实施进展顺利,林内格就退居二线,让这些坚定的支持者取而代之。(参见图7.1和7.2)

"你要做什么?"

麦克·雷恩就是这样的一个坚定支持者。麦克来自一个世代在肯塔基州北部工作生活的家庭。如果你告诉他有朝一日他会搬到科罗拉多州丹佛市,他会以为你在开玩笑。于是,他与林内格进行了一次会谈。

雷恩是MAC Productions公司的主管。多年来,他领导了一些大客户(福特、通用电气、美国运通、安海斯—布希)的媒体制作大项目。他甚至与瑞麦合作过,帮助瑞麦举办国际会议。他知道,瑞麦的企业文化与其他大企业非常不同。雷恩遇到的瑞麦人不是西装革履的职场人士,而是敢于冒险的人,他们似乎始终保持良好心态,不论他们的行进速度有多快。雷恩在周五拜访了瑞麦在丹佛的总部,他对瑞麦的印象更上一层楼。

当然,瑞恩知道瑞麦"狂野西部"的名声在外,但是这太荒谬了。瑞麦的每个人,上到高级经理下到接待人员,都穿得像牛仔一样——大盖帽、珍珠纽扣衬衫、蓝色牛仔裤和靴子。瑞恩当时还不知道,但是他偶然发现了瑞麦的传统。每个周五,你都需要放松一下。周五,他们经常会在停车场举办大型烧烤宴会,或者举办时装秀。如果来了兴致,他们还会打扮成牛仔的样子。

图7.1　标准项目管理流程

第 7 章 创造队列骑行项目文化

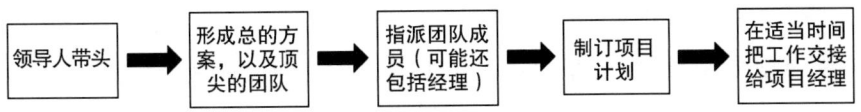

图 7.2 队列骑行项目管理流程

美丽的山川、西部牛仔的服饰以及潜在项目的规模……瑞恩诚惶诚恐地会见瑞麦主席。他走进角落的办公室,与林内格握了握手,坐在两个空皮椅中的一个上,面前是很大很干净的办公桌。"林内格先生,"他鼓足勇气说道,"我知道你正在考虑开办一个私人电视网络。"

林内格犹豫了片刻,然后雷恩意识到林内格在想什么。"首先,叫我戴维,"林内格说,"其次,我们不是在考虑——我们马上就要做。这是一个很好的想法,我百分之百赞成。我们要每天 4 小时、每周 5 天播放我们的节目。"如果雷恩一时半会还不敢相信自己的耳朵,那么林内格接下来的一番话就让他彻底相信了。"而且,"林内格继续说,就好像他经过深思熟虑一样,"我们的首次广播将在 11 月份。"

当时是 1992 年 5 月。林内格想要在短短 6 个月内将全新卫星电视网络的想法变成现实,而且每天播放 4 小时的节目。还没有购买一台摄像机,还没有确定一名工作人员。这简直是雷恩听过的最疯狂的计划。但是他喜欢。牛仔帽、西部牛仔、坐在桌子对面让他直呼其名的董事会主席。肯定要有了不起的事情发生,雷恩想要加入其中。

"我加入。"雷恩说。

林内格对他笑了笑。

这个想法本身已经酝酿了一段时间了。林内格多年来一直都不赞成这个想法。

瑞麦一直以来都因为它的培训而饱受诟病。其他公司认为,因为瑞麦只招聘有经验的代理人,它没有必要为员工提供任何培训。这种说法是无稽之谈,但是却也让瑞麦人尤其是林内格烦恼不已。虽然瑞麦当时不提供入门级培训,但是因为瑞麦没有入门级代理人。相反,瑞麦提供与顶级代理人的需求相匹配的更高级别的培训。实际上，它不像许多公司那样，随意举办一些培训来装装门面，它是一条道走到黑的。林内格认为，领先的持续学习是瑞麦取得成功的关键，他像传教士一样亲自倡导这个理念，使之成为公司的核心能力。自从瑞麦创建以来，林内格就参加了他可以获得的任何房地产培训课程，凭借他对房地产行业的独到见解梳理了培训信息，并且一有机会就给整个北美地区的瑞麦代理人和经纪人讲授要点。他赞成持续培训，鼓励代理人和经纪人寻求培训，给他们提供统计数据和研究比较结果，以说明培训给他们带来的好处，安排无数次培训课程和认证考试，这一切都是为了确保瑞麦获得业内一流的代理人。可以理解的是，当外人用"缺乏培训"的论点来试图劝说人们放弃瑞麦品牌的时候，这会使他惶恐不安。然而，虽然有关瑞麦的无稽之谈从来都没有促使他动用公司的资源去迎接新的挑战，但是有一件事确确实实促使他这样做了——来自一线员工的一个令人叹服的想法。

林内格和瑞麦的其他领导人仔细倾听着一线员工的想法。这是领导层的一个关键特点。林内格非常了解房地产行业，但是他仍然虚心学习，他就像一个志愿者一样经营着瑞麦，而不像独裁者。在瑞麦创建初期，当他和加盟店经理以及代理人努力守护他的梦想时，林内格反反复复对他们说了同一件事：你会怎么做？你认为事情应该是什么样？你认为那些想法有用？这并不是作秀，而是他本身就有好奇心，愿意接受新的想法和更好的方法，而且热衷于采纳和实现好想法。多年来，证明有效这种方式一次又一次启发着他。最好的想法并不来自最高层。最好的想法来自一线。

这并不是说他采纳、相信或者甚至是同意来自一线的所有想法。很多时候，他认为某个想法是错的、大错特错的、不值得、不可行，或者甚至会损害瑞麦品牌。有时候，他自己在否决某个想法时，他也会大错特错，就像是对待比尔·艾克尔斯和瑞麦热气球那样。但是，在这些紧要关头，他并不顽固；人们知道，如果他们坚信某个想法，他不会去阻止

第 7 章 创造队列骑行项目文化

他们。林内格鼓励瑞麦人集思广益,群策群力,大胆尝试想法。公司到处都在尝试各种想法——瑞麦认为这是一件好事。经纪人和代理人具有极强的创业精神,将巨大的精力和热情投入到他们认为正确的事情中。为什么要遏制这种创造性和专注性?经纪人和代理人知晓本地情况。是他们与竞争者展开竞争。在人人皆赢理念中,人们需要在明确的原则下为了自己的最大利益自由发挥。这并不意味着林内格不得不赞成每个想法。他对整个体系负有太大的责任,不能够没有原则。实际上,瑞麦是一个非常活跃的创意市场,只要林内格看好某个想法,就必然会导致天平失衡,使得其他经纪人和代理人纷纷效仿——其后果不亚于艾伦·格林斯潘要推荐某只股票。换句话说,林内格必须要谨慎管理这个激情四射的创业团队。

为了小心谨慎,林内格学会了一种人们称之为"教皇"的风范。林内格对许多实地实验视若不见,他没有必要给予支持,但也不想遏制。只有在他认为某件事情损害了网络的价值观和品牌的时候,他才会介入,运用他的惊人说服能力来避免犯错。他坚定地捍卫品牌,与想要践踏瑞麦品牌的任何人势不两立。但是,除非触犯到底线,否则林内格不会插手,因为他想要鼓励员工以创造性的方式积极寻求成功。只要他看到对企业有价值的、需要大家认可的事情,他就会给予支持,就像是教皇那样。这个时候,想法就会通过瑞麦的各种传播渠道(会议、公约、录音带、视频和演讲等等)快速传播。

有时候,想法非常重要,值得而且需要林内格投入全部精力。卫星电视网络的想法就是其一。在雷恩造访丹佛之前的几个月,几个关键经纪人和代理人来到了林内格的家。他们正在林内格的家中商量着各种关键事宜,此时,瑞麦的卡莱罗纳州地区所有者鲍勃·麦克沃特斯提到了电话会议的问题。"你知道的,"麦克沃特斯说,"电话会议非常流行。沃尔玛和通用汽车这样的大公司都在采用电话会议的方式在国内举行一流培训活动。房地产行业过于复杂,我们需要始终学习。但是也难以通过出差的方式去学习,毕竟费用昂贵,而且也花费时间,我们

人人皆赢:RE/MAX背后的故事和经验

现在都有家有室了。瑞麦可能应该建立一个卫星电视网络或者有线电视频道。"

林内格一开始并不喜欢这个想法,但是他同意研究一番。他担心,投资建设瑞麦的有线或卫星电视频道会耗费大量资金和精力。这对于瑞麦网络有意义吗?当时,他们已经形成了足够大的规模,能够整合一些真正重要的资源,但是这样做是最大限度利用所有这些力量吗?尽管他怀疑这个想法的可行性和价值,但是林内格兑现了承诺。他随后要求信息技术主管布鲁斯·本哈姆去研究这个想法的可行性。

本哈姆最近才加入瑞麦公司,担任信息技术主管。在职务上,这对于他来说是降了一级,但是他之所以接受了这个岗位是因为他相信瑞麦的未来。他曾担任过一家全国性特许经营组织的副总裁,而且即将胜任高级总裁,此时,他的一个高尔夫球友(恰好也是一个猎头顾问)给他打了一个电话,告诉了他一个新机会。他会考虑新职位吗?不会,但是如果他有了更多的了解,他可能会考虑。令他感到惊讶的是,他的朋友不愿多说,而且甚至不能告诉他这家公司的名字。只知道这是一家总部在丹佛市的特许经营公司,正在招聘信息技术主管。没有名字或背景可供考虑,本哈姆也就没有放在心上。但是几周后,他的这个朋友再次给他打电话:"来吧,布鲁斯,"她说,"相信我,这家公司在未来10到15年里会疯狂发展,你是他们能够找到的最佳人选。我想你应该了解一下。"然而,本哈姆仍然没有动心,直到这个无名公司的名字最终被本哈姆知道。当他得知是瑞麦时,他顿时来了兴趣。

何乐而不为呢?他的妻子就是瑞麦代理人。她一直担任范·沙克公司的代理人,直到范·沙克公司的最后一批超级代理人决定跳槽到瑞麦,开办自己的加盟店。戴博拉·本哈姆与他们一同加入了瑞麦,她喜欢瑞麦的理念。当他得知这家公司就是瑞麦时,他接受了他的猎头朋友的鼓励,同意参加几轮面试。

尽管瑞麦把他看作是潜在候选人,但是本哈姆发现,瑞麦并不是那种为了把你引进门而疯狂吹嘘自己的公司。相反,瑞麦更希望评估本

第 7 章 创造队列骑行项目文化

哈姆有多么契合公司的文化，以及他有多想要加入公司。瑞麦的招聘模式仍然没变，就像林内格当年面试盖尔·梅恩、费舍尔、杰斯普森和崔西那样——瑞麦寻找的是认同梦想的人。在本哈姆的第一轮面试中，他遭遇了瑞麦的"集体面试"，面试官包括杰斯普森、费舍尔和崔西以及一名刚上任的高级职员玛格丽特·凯丽。尽管对方人多势众，但是本哈姆仍然觉得这次面试非常愉快。面试官们提出了很好的问题，大多数问题是关于他对各种事情的看法。当本哈姆面试完毕后，他对瑞麦的印象更深了。他心想："这些人都是好人。这家公司是一家好公司。"

但是他并没有准备好跳槽。从最终的细节上说，瑞麦并没有给他提供他想要的。瑞麦保持了一贯的保守作风——本哈姆会发现，瑞麦一开始只是给人们打开一个门缝，让他们认识到压力以及自身能力，然后再以毫无保留的信任、友谊和责任为他们敞开大门，而这种信任、友谊和责任是最高领导层快速决策的媒介。为了树立自己对瑞麦目标的信任感，本哈姆仍然需要按照自己的条件与瑞麦进行一次有效对话。他要求私下与杰斯普森和费舍尔谈一谈，以触及事情的核心。

"这对于我来说确实是一个重大决定，"他告诉面试官，然后开始谈到自己的所有顾虑。正是杰斯普森和费舍尔消除这些顾虑的方式让他最终动心了。他们迫切需要他的加入，但是他们不能违背本哈姆的意愿。他们也不想"劝说"本哈姆跳槽。相反，他们在讨论中非常真诚，有理有据。他们谈到了他将面临的挑战。IT员工都是新人，需要培养。资源并不是自由流动的。本哈姆需要一定的时间才能够树立威信，完成他想要做的每一件事。他将负责瑞麦的IT部门，而且在很大程度上能够独立塑造还没有成形的企业文化，但是他不会获得全权委托，仍然需要向某个人汇报工作。本哈姆非常熟悉公司政治，知道这种中肯的岗位评估是一次令人耳目一新的变革。他感到自己正在了解整个瑞麦——这本身就是信任的表现——他非常敬重这一点。此外，他感到自己会与这个群体打成一片。他与之前的公司保持着牢固有效的关系，不论从尊重到友谊都是如此，但是瑞麦的企业文化不同。他不得不承认,加入瑞麦有点像回家一样。

当本哈姆走进瑞麦的第一天,他就充分意识到等待他的工作有多么重大。从技术上说,瑞麦在信息技术时代算是落伍了。此外,瑞麦在飞速增长,迫切需要飞跃到全新的数据管理和通信技术水平。这是本哈姆面临的挑战的激动人心之处。瑞麦当时拥有大约3万名代理人,而且预计会在5年内达到7万多人。个人而言,本哈姆认为这一展望有点疯狂,但是似乎又是一个有价值的目标,这自然给了他创造重大变革的战斗口号。(他并不知道,瑞麦将完全实现这个目标。)

与面试时给出的保守承诺相比,他获得的信任和自由度超出了自己的预期。他没有开放的支票簿,他的工作方法需要有条不紊,循序渐进,避免造成太多的冲击波。但是在他上任后的6个月结束时,他对瑞麦的客观感受是,他选择加入瑞麦是正确的,未来发展潜力巨大。然后,他有了一次目睹瑞麦遭受攻击的机会,意识到瑞麦有多么地与众不同。

1993年,瑞麦在拉斯维加斯举行年度第一次大会。高级管理层的每个成员都在场。本哈姆目睹了企业文化的极其简单但又意义深远的时刻。需要发放到每个参会人员的文件袋中的会议资料出了问题。五千多个文件袋都装错了会议资料。不能以这种状态将文件袋发放给与会人员,必须要采取措施。深夜举行了讨论该问题的会议,参加会议的有林内格夫妇和所有高级职员。费舍尔说:"伙计们,我们必须现场解决问题。这个问题必须彻底解决。"于是,每一名高级职员(包括林内格夫妇)都投入到了工作中。他们赶在5000名瑞麦经纪人和代理人第二天早上出席会议之前,连夜更换了文件袋中的会议资料。如果本哈姆需要一个例子来证明瑞麦的"撸起袖子实干"文化,这就是再恰当不过的例子了。这是他永生难忘的一次经历。

但是,当他在瑞麦获得晋升后,本哈姆最终理解了瑞麦成功的原因。在瑞麦经纪人和代理人提出有线或卫星电视频道的想法后,林内格安排本哈姆研究这个想法的可行性。这并不是完全放手让本哈姆去决定——林内格仔细选择了他的开路先锋,知道获得准确的地形勘察

第 7 章 创造队列骑行项目文化

报告有多么关键。实际上,虽然本哈姆不知道这一点,但是林内格一直在密切关注他。他让关键管理人员了解本哈姆的方式方法、风格和品格。林内格可能还没有与本哈姆密切合作过,但是他掌握着有关本哈姆的大量信息,而且准备与他并肩战斗。

在接下来的 9 个月里,本哈姆和林内格会深入了解对方。他们在短短几个月里完成了尽职调查,知道卫星频道将是一个极好的举措。他们能够看到其中的战略价值,几乎不计代价。如果正确实施,卫星网络会成为公司的学习、培训和通信枢纽,将全球品牌凝聚在一起,这是其他媒介或技术方法所无法实现的。

这里面涉及巨大的风险、大量投资以及巨大的使命感。此外,林内格想要赶在 11 月举行的国家房地产经纪人协会(NAR)年会之前完成这个项目。这比任何其他公司考虑的工期都要提前两到五年。为什么这么着急?林内格了解到,国家房地产经纪人协会正在研究建立自己的卫星网络的可行性,他想要抢先一步。他还想通过展示瑞麦对培训问题的重视程度,让那些质疑瑞麦的人知道,瑞麦为代理人提供培训。像环法自行车赛的冠军车手一样,他想要在艰难的爬坡阶段达到令人敬畏的爆发速度,将竞争对手远远抛在后面,从心理上打败对方。他拥有竞技运动员对何时发力取胜的内在感知。

他也相信瑞麦会成功。作为一家拥有强大领导团队的私企,瑞麦会峰回路转,随时发出猛烈的攻击,作出闪电般的决策,取得高质量的结果。瑞麦不需要组建学习委员会或者制定涉及所有员工的长期计划,就可以大步向前进。它通过关键领导人的通力合作、审时度势、适当发力,向每个人晓以利害,为关键项目获得了支持。在这一方面,林内格自己就是公司的秘密武器,瑞麦可以在任何必要的时候亮出这个秘密武器。

本哈姆目睹了这一点。只要他收集到关键信息,林内格就想立即拿到手、梳理细节、真正理解重点。他从不会说:"这件事办了,事成之后告诉我结果。"相反,他会撸起袖子,亲自参与。他们在接下来的几个

人人皆赢:RE/MAX 背后的故事和经验

月里在全国各地到处出差,作为一个团队参加重要会议、分享想法、评估面临的挑战、设定关键目标,把事情做成。林内格虽然敢闯敢干,但是却不会盛气凌人。他们都是具有创造力的合作者,为了共同的事业而奋斗,对未来都怀有同样的激情,而且合作很愉快。

在林内格决定实施这个项目后,雷恩加入了这个团队,他也见证了同样的事情。本哈姆推荐了他。林内格分析并且接受了他的建议,欣然同意让雷恩加入这个项目。作为一个外部承包商,雷恩满怀敬畏之情。公司总部忙得热火朝天。团队合作、韧劲和专注都是他此前从未见到过的,雷恩被瑞麦的魔力深深吸引了。每个部门都吹响了战斗的号角:瑞麦将在房地产行业推出第一个私人商业电视网络。林内格夫妇在瑞麦规划中心举行了会议。这个规划中心位于公司总部之外,在这里,想法和战略讨论都是最高机密。在这个房间里谈到的任何事情只有在时机适当的时候才会对外公布。当团队提出想法时,林内格会填写彩色索引卡,将索引卡钉在墙上。很快,他们就形成了看起来像是彩色壁纸的总体时间表——绿色、黄色、蓝色和红色点缀着整个墙面。大家开始和时间赛跑。

在作出实施项目的决定后,林内格在接下来的 3 个月里放下了手头的一切工作。林内格、雷恩和瑞麦团队乘坐飞机飞往正在使用卫星电视的各个工厂和公司。他们协商了卫星运行时间,更加完整地形成了自己的内容创意。在等待飞机或会议的每一刻,他们都在讨论,不断揣摩各种创意。他们正在对标行业的最佳实践,沉浸在这种纪律严明的队列骑行中真是一件令人非常愉快的事情。而且兴奋之情也会传染。在整个瑞麦体系,经纪人和员工敞开心扉,分享自己的想法、需求和经验。这样一来,项目成为他们的共同目标的化身——他们都想看到项目取得成功。

内容创意来得又快又猛烈。他们不想谈论廉价制作标准。没有人想要看到瑞麦的电视节目沦为低档的社区电视节目。如果瑞麦卫星网络(RSN)要取得成功,就必须是高档产品,包含高水平内容,邀请伟大

第7章 创造队列骑行项目文化

演说家。他们将内容分为各个领域。他们想要讲授技术，因为他们甚至在互联网诞生之前就知道，计算机终有一天会是代理人取得成功的一个工具。他们想要培训助理和秘书学会使用文字处理和电子表格软件。他们想要讲授销售和激励。他们想要教导经纪人如何经营他们的业务，告诉代理人如何做广告和培养人脉关系。所有这些内容在以后的多年里都可以在大会上使用。这是一次向全世界传播瑞麦学习文化的机会。

1994年11月，在加州阿纳海姆举行的全国房地产经纪人协会年会上，瑞麦卫星网络进行了首播。房地产行业的人从来没有见过这样的事情。瑞麦没有采用通常的展台形式，而是搭建了一个配备有摄像师、化妆师和导演的电视演播室。林内格主动邀请全国房地产经纪人协会年会上的最佳讲师现身瑞麦卫星网络并且签名。"我们不会给你支付出场费，但是如果你在瑞麦卫星网络中出现，我们会帮助你销售你的著作并且传播你的理念，这是一笔双赢交易。"大多数其他房地产网络都不愿让行业领袖在他们的经纪人面前获得过大的可信度和曝光度，他们担心魔笛效应。林内格则恰恰相反。他告诉这些专家："你们拥有打开我的成功大门的钥匙，我能帮你做点什么？"他愿意参加这些专家的演讲活动，免费为他们演讲，以换取他们对瑞麦卫星网络的支持。

瑞麦对培训的重视给此次年会的两万名参与者留下了深刻印象，竞争对手震惊了。在此次年会的第二天，一些竞争对手的展台前摆出了手写标语，声称他们将在下一年的年会之前推出自己的卫星电视。（但是他们都没有成功。）

瑞麦卫星网络在全国房地产经纪人协会年会上的此次上线直播带来了巨大的回报，而且彰显了速度在如今竞争激烈的商界中起到的作用。瑞麦通过一个举措就在房地产经纪人心目中留下了不可逾越的印象：瑞麦在培训和辅导方面是房地产行业的王者。一年前，很少有人这样推崇瑞麦，尽管瑞麦使出了浑身解数。由于认识到其中的好处和必然趋势,全国房地产经纪人协会很快就采用了瑞麦的新型远程学习工具,将其作为传播自己内容的手段。到了2004年,瑞麦在北美地区的6万多名员工在家中和办公室中就能够获得专有职称、持续教育计划以及黄金时间现场辅导。如果这是一场征服外太空的竞赛,瑞麦毫无疑问赢得了这场竞赛——他们创造了房地产行业历史上最先进的培训体系,运用队列骑行管理模式在创纪录的短时间内取得了成功。

此外,卫星网络的设计和建造都彰显了瑞麦的员工和精神,进一步提升了文化凝聚感,而这种文化凝聚感在突飞猛进的企业中很容易就会逐渐减弱。瑞麦卫星网络不是象牙塔讲坛,也不是摩天大楼;它是对整个企业的致敬,这个企业包含数万名瑞麦商人,他们公开分享商业秘密,同时亲自推广自己,使每一个人受益。尽管拥有新技术能力,瑞麦依然认识到,它从事的不是房地产电视行业,而是房地产经纪人行业。

队列骑行中的换位

瑞麦卫星网络项目成功启动后,林内格不再需要走在瑞麦队伍的最前端。麦克·雷恩在3个多月以来,每天12小时与林内格并肩奋战。他与林内格一同出差,住在林内格的家中,享用林内格美味的烧烤,与林内格打高尔夫,而且完全了解林内格对瑞麦成员需要的培训、教育和沟通服务的洞见。然后,林内格离开了,但是是在迈出了最后一步才离开的。

在为瑞麦卫星网络取得成功而欢呼时,雷恩感到身心俱疲。他和瑞麦并肩作战,现在他感到是时候离开了。但是,林内格还为他制订了其他计划。他目睹了雷恩的点点滴滴,知道他是什么样的经理人,会成为什么样的领导人。他想要雷恩搬到丹佛,加入瑞麦团队,担任瑞麦卫星网络负责人。

这对于雷恩而言已经不再是什么艰难的决定。没错,雷恩及其家

第7章 创造队列骑行项目文化

人世代生活在肯塔基州北部,但是瑞麦大家庭欢迎他们的加入。由于他女儿正在上高中,搬家并非易事,所以林内格为雷恩提供了一套公寓,让他的过渡更容易些,这样他就能够继续往返公司上班,直到生活安定下来。雷恩同意了。当把雷恩招募到旗下之后,林内格认为可以将项目托付给他,让他取代自己的领头羊位置。

这使得林内格能够投身于下一个创造性项目。投身于必要项目让林内格始终都焕发出活力和激情,同时也满足了他的技术好奇心。实际上,我们怀疑,像优秀经理人那样密切监督瑞麦的日常运营,一定会让林内格抓狂。林内格深知这一点,而且始终都在寻求平衡自己对不断发展梦想的专注,为此,他四处寻找比他更具有管理技能的千里马。在他的项目中,林内格一边努力组建合适的团队,一边努力确保任何其他成功要素。如果他一开始没有建立起理想的领导团队,他会一路上填缺补漏,不断调整领导团队。当项目完成时,他形成了卓越的核心领导团队,这些领导人现在有能力独当一面。林内格意识到自己在队列骑行中的主要作用,尽早身先士卒,以确保项目形成足够的发展动能,而且项目团队能够以瑞麦的标志性质量来执行项目。

在项目获得足够的前进动能后,他将项目放手交给其他人,给予他们资源和权限来不断完善项目。任何领导人都没有无限的时间,尤其是在发展速度与瑞麦一样的组织中。林内格想要做大事,让每个人都彻底认识目标和财务参数,然后将模式交给能够进一步领导和完善项目的人。

布鲁斯·本哈姆几年后从另一个角度看到了这一点,当时瑞麦正在飞速迈入互联网时代。他在瑞麦的工作极具挑战性,同时也充满了乐趣。在一个为期多年的项目中,他将瑞麦数据库迁移到一个新网络,创造了跟踪企业经营模式的方方面面的关键系统。当他看到林内格对这个项目的关注程度时,他再一次惊呆了。对于每个人都称之为点子王的人而言,林内格对事态的把脉程度超过了人们的想象——这表明了他认为信息技术对于瑞麦网络的未来成功是多么的重要。从瑞麦的

人人皆赢:RE/MAX 背后的故事和经验

外联网"普罗大众"的开发一开始,林内格就重新回到了领头羊的位置,其他每个部门中的每个人都准备好迎接另一次飞速发展。

自 1992 年以来,随着电子公告牌系统的出现,瑞麦看到了计算机通信的价值,经纪人可以运用计算机通信来共享信息、彼此提问题以及保存好的想法。当互联网首次出现时,瑞麦已经非常熟悉电子邮件和网站的工作原理。林内格和其他瑞麦领导人抵住了诱惑,并没有过度依赖互联网这种媒体的不切实际的前景,而是清醒地认识到,互联网的真正价值是更加实用。在经过深入评估、仔细思考和集思广益后,瑞麦决定按照瑞麦卫星网络的模式,利用互联网的优势——开发一个为瑞麦员工服务的信息、培训和资源平台。

克里斯蒂·格莱宁是布鲁斯·本哈姆团队的成员,而且成为瑞麦外联网"普罗大众"开发项目中的林内格合作者。她 18 岁高中毕业后就加入了瑞麦,在 IT 用户支持团队中担任行政助理。她一路平步青云,直至升任 IT 部门联合经理。与雷恩和本哈姆开发瑞麦卫星网络一样,格莱宁有幸担任了林内格队伍中的关键人物。林内格精兵简政,简化各个部门,带来了支票簿,努力鞭策团队前进。格莱宁知道,她不需要获得本哈姆的许可就可以全身心投入到一项新事业中,她还知道,本哈姆有切身经历,认识到她的项目任务完成后,她就会回到正常工作岗位中去。最后,"普罗大众"成为瑞麦技术能力的又一次标志性飞跃,为瑞麦经纪人群体提供了巨大的支持。2004 年末,瑞麦网络的大多数经纪人都采用了这个外联网,形成了房地产行业独一无二的虚拟社区。

多年来,瑞麦还实施了许多其他举措,但是队列骑行项目文化的模式没有改变。这是瑞麦加速增长和甩开竞争对手的不二法宝。虽然林内格喜欢确定性,而且坚持己见,但是他也不害怕复杂性、模糊性和变革。他在自己的领导团队中寻求这些类型的人。这是一种让人勇于接受新想法的心态——而认识到倾听客户心声的重要性的瑞麦就恰恰信奉这种态度。让这种心态发挥作用的关键前提是信任。林内格在高级管理团队中创造了一种充满信任的环境。团队中的人将彼此看作是家

第7章 创造队列骑行项目文化

人。对岗位内外的重要事情进行深入有效的讨论，这在瑞麦的高级管理团队中已然成为常态。正是这种内在的信任使得团队得以完美而且高效率合作。

实际上，林内格能够从瑞麦的日常事务中抽身并且将精力投入到关键项目中，这本身就是一种信任。他创造的领导团队能够在他离开时也依然有效经营整个网络，而且决心和激情不亚于林内格。他在关键项目上投入的时间同时也是团队成员在各自岗位上开花结果的时间，只是没有了林内格的监督。每个人都认识到，林内格是工作狂人，需要新挑战来激励自己。如果没有这种激励，我们怀疑他会像十几岁的男孩那样无事可做。作为领导人，林内格知道，他的分内之事不是告诉人们如何做好自己的工作，除非他们需要林内格的帮助来取得成功。每个人都有自己的工作方式和方法，而且都需要成长的空间。当林内格深入参与某个项目时，他的领导团队最开心，因为他们知道自己有机会以自己的适当方式做好自己的工作。相反，当林内格去度假时，他们最焦虑，这并不是因为他们想念林内格，而是因为他们担心当林内格有机会做梦的时候，他会提出什么样的新想法和新项目。

玩笑归玩笑，我们并不是暗示林内格在投身于项目时就对瑞麦的日常运营不管不问。但是与大多数伟大的多面手一样，他能够通过关键团队成员的反馈、每周阅读的30多份报告以及每天收到的四五百封电子邮件，感受到企业的脉搏，这些信息足以让他了解什么地点和什么时候需要自己密切关注企业的动向。尽管他在领导团队中培养了各方面的能力，但是瑞麦网络中的任何人都没有像他那样见微知著，也没有认识到他所注意到的所有关系和事件的细微差别和历史脉络。这种知识让他能够快速洞察到问题的端倪。

林内格对项目的痴迷可能可以通过另一个细微差别来详尽解读。在林内格看来，生命的特殊之处在于找到你为之痴迷的某个事物。除了他的财富和成就之外，发现新兴趣的能力更让林内格感受到自己像是世界上最幸运的人。生命的意义不仅仅在于积累权力和财富。最享受生活的人是那些因为强烈的好奇心而对周围世界形成迷恋的人。他们投身于新事业的原因是,新事业扩大了他们的想象空间。

林内格认为,当你有了远大梦想,创造性激情就会点燃你的内心。它会给你热情和希望,看到单调乏味的日常生活之外的前景。当林内格参与新项目时——不论是启动卫星电视台、开发野生动植物博物馆,或是打造美国赛车协会的赛车队伍——他都是最富激情的。创意、机器和各式各样的人组成的万花筒让他对事物的运行原理、完善方式以及个中乐趣感到更加好奇。

那么,林内格自然而然无法拒绝将热气球放飞外太空的机会。

关键所在

将气球放飞全世界的想法并不是什么新想法。实际上,这是许多探险家在过去两个世纪以来一直寻求的梦想。20世纪90年代,第一个乘坐热气球成功环绕地球的竞赛升温,维珍集团总裁理查德·布兰森等多位知名参与者的人格魅力更是给这场竞赛加油助力。拉里·纽曼领导的地球风希尔顿团队从1992年开始到1994年期间尝试乘坐热气球环绕地球,但是最终失败了。理查德·布兰森的维珍挑战者号多次尝试从摩洛哥升空,但是却没能飞跃阿尔及利亚。拜特兰德·皮卡德执飞的勃莱特灵卫星号从瑞士出发,保持了创纪录的10天飞行,直到中国拒绝允许其飞过领空。美国人史蒂夫·福塞特只身一人乘坐单飞挑战者号从南达科他州出发,但是三天后因为技术问题不得不在加拿大东部降落。福塞特后来乘坐单飞精神号从圣路易斯飞到了印度,打破了飞行距离和时间记录,但是依然没有能够环绕地球。

所有这些尝试都采用了经典的罗奇尔气球的科学改造型号,这是一种大多数人在想象气球飞行时都会想到的气球——充满氦气的气球下吊着一个篮子(或者太空舱)。这种系统的技术难度非常大,但是迄

第7章 创造队列骑行项目文化

今为止最大的挑战在于全球天气系统。当然,气球本身没有动力,需要随风飞行。巨大的罗奇尔气球需要强劲的风力才能够环绕地球飞行。它们的起飞点必须经过精心挑选,这样才能够给气球团队最好的升空机会,而且要上升到足够的高度才能够利用环绕地球的快速气流。然而,问题是,这个高度的天气系统瞬息万变,有可能会将气球扯成碎片。当史蒂夫·福塞特乘坐单飞精神号再次尝试时就发生了这种惨剧,当时他正从阿根廷起航。他创造了新的世界纪录,但是被海洋中心的可怕风暴迫降,在澳大利亚沿海利用救生筏获救。

热气球环绕地球的想法激起了林内格前所未有的想象。当然,气球环绕地球的景象基本上等同于瑞麦的品牌;但是,除此之外,林内格还有着沙克尔顿一般的冒险情怀。沙克尔顿的南极探险是人类历史上最后一批伟大探险之一。实际上,林内格甚至在沙克尔顿的南极探险之前的20多年就想过这样的挑战。

20世纪70年代末,热气球行业的一个朋友相信它会成功,想要赞助一次热气球环绕地球的尝试,但是各种因素导致这个计划推迟。目睹了20世纪90年代的许多次尝试,林内格忍不住思考如何建造一个更好的热气球。罗奇尔式热气球将氦气和热气相结合,它的命运由天气决定。如果发生雷电,它不能升到高空中避开雷电,当然也不能再进一步降低,除非放弃尝试。林内格从来都不从常规的角度来思考挑战,他的直觉告诉他,必须要通过将热气球飞入到同温层中才能够完全避免天气系统带来的反复无常问题。林内格以他特有的方式开始进行研究,然后与高级职员进行了会谈。他提出了自己的设想,认为它一定会成功。危险是实实在在的。子空间高度是危险丛生的气候。涉及快速解压的任何技术问题都意味着一命归西。但是尽管担心林内格的安全,领导团队知道,林内格是一名经验丰富的飞行员、高空跳伞员、深海潜水员和赛车手,以安全为先,而且坚持在项目的每个阶段的规划中遵循科学原理。最后,每个人都表示赞成。毕竟,瑞麦始终都以"出类拔萃"为公司口号。有了大家的一致赞成,林内格开始项目开发。

人人皆赢:RE/MAX背后的故事和经验

经过一年的尽职调查,瑞麦团队认为,同温层气球飞行是可行的,他们制订了可行的计划。此时,新墨西哥州阿尔伯克基的另一个团队找到了他们,向他们提出了一模一样的设想,但是没有资金。林内格此时犯下了一个错误:他在队列骑行项目文化中的通常做法是派遣一名可靠的骨干雇员去开展进一步调查,但是他却派遣了一名级别较低的人。得到的消息是惊人的,这个人的建议是与他们合作。林内格然后又犯了第2个重大错误:他没有亲自深入调查研究,而是采信了这个建议,通过电话与阿尔伯克基的这个团队达成了协议。当他亲自到他们的实验室一探究竟时,他才发现,瑞麦团队的新合作伙伴在科学知识方面远远落后于瑞麦。然而,既然作出了承诺,林内格就不能反悔。相反,他接管了项目,将新团队纳入他的旗下。

除了挫折外,瑞麦对项目投入了财务和管理资源,深耕细作。科学发展超出了任何人的想象。来自全国的1600位科学家自愿提供专业技能,帮助林内格成功完成项目。航天公司马丁·玛丽埃塔、科罗拉多大学、美国宇航局和美国武器司令部都贡献了力量,帮助建造能够达到14000到18000英尺机舱高度的太空舱。这是这些群体开展自己的科学实验并且提升高空研究知识的机会。

在处于那个高度的太空舱中度过必要的时间,无异于攀登珠穆朗玛峰。林内格需要严格训练。他有一位来自科罗拉多州春泉市的奥林匹克自行车队的私人教练。但是这仍然涉及太空旅行的事情。普通民众可以使用的最佳训练设施是位于俄罗斯的宇航员训练中心。设计林内格的太空服的人正是为参与首个载人航天飞行的尤里·加加林制作太空服的人。林内格在俄罗斯接受了艰苦而又危险的训练。太空服上的一个裂口或者太空舱密封装置的一处破裂都会让人立即丧命。

然而,这个项目完全吸引了林内格,飞行任务似乎每过一天都达到了更高的强度水平。瑞麦大使在环球飞行中对途经的18个国家分别作了外交访问。瑞麦为幼儿园到12年级的学生创作了教育课程表,涵盖地质学、地理学、天气、气球和飞机等领域,而且都采用了4种不同语

第7章 创造队列骑行项目文化

言。1999年,林内格向3万多名小学生作了演讲。研究所对高空大气实验机会激动不已,因为这个高度对于大多数载人飞行器而言过高,但对于宇宙飞船而言太低。从这个高度,林内格和瑞麦团队的其他成员能够看到地球的曲线以及深邃的外太空。

随着时间的流逝,林内格与他有生以来遇到的最伟大的领导人成了朋友。创造了最高气球跳伞世界纪录的越战飞行员乔伊·基辛格上校给林内格打来电话,想要劝说他放弃这次危险的尝试。"你会丧命的,"他说,"哪怕是最微小的差错都会让你一命呜呼。"林内格与他谈论了危险,基辛格意识到他已经做了准备。基辛格被说服了,他作为一名志愿者加入了林内格的团队。前海军飞行官丹·皮德森(壮志凌云学院创始人)同意担任起飞指挥官。曾在越战期间担任战斗机飞行员的俄罗斯航空计划负责人成了林内格的酒友。林内格和他不敢相信,40年后,两位宿敌能够坐在一起,喝着伏特加,像朋友一样谈论整个世界。总而言之,这个项目聚集了一群激情四射而且好奇心十足的探险家、领导人和科学家,它深深地影响了林内格。它是一次无可比拟的领导经历。

在发射倒计时之前,林内格给了他的瑞麦高级管理层和董事会成员最后一次阻止他的机会。一台重6000磅的太空舱,一个1000英尺高、4000万立方英尺的美国宇航局式氦气球,难以置信的危险。房间里的人拒绝不记名投票,而是站立起来鼓掌。来自瑞麦内部和外部的林内格的200多位朋友和支持者飞到位于澳大利亚爱丽丝泉的发射现场为他们送行。在这里,他们可以利用一年当中四周吹过赤道的同温层大风,从12月的最后一周开始起飞。

作为瑞麦卫星网络负责人的麦克·雷恩指示拍摄组现场直播整个活动。他的团队在世界各地没日没夜地广播各种采访实况。林内格在每次传输期间都与他们在一起,即使在他们等到凌晨两三点与美国有线电视新闻网或美国主要电视网安排访谈时也是如此。安排发射日期的两周时间因为天气和大气条件的原因而延长到5周半。每一天每一

人人皆赢：RE/MAX 背后的故事和经验

夜，瑞麦团队都在与美国宇航局气球工作组倒数发射次序，却又不得不推迟。对于雷恩而言，就好像他们正在翻拍比尔·莫里执导的《偷天情缘》一样——每天早上，他们醒来时都会发现，一切都没有变化！然而，每一个人都没有失去信心，也没有失去斗志，尽管面临着澳大利内陆高达 100 华氏度的高温。瑞麦的另外一名高层领导——麦克·里根组织了一场板球锦标赛。杰斯普森夫妇在早餐和午餐时间送来了食物。高级职员甚至还打扫了圆拱屋的地板。

林内格他们做了最后一次发射尝试。气球工作组接受了采访，坐下来拍摄了集体照，然后发射指挥官护送着每个人离开房间，将剩下的时间只留给了他们的家人。林内格坐在盖尔和他的儿子旁边，对即将面临的险境不敢有丝毫怠慢，但是他信心十足而且非常乐观，对能够走到这个地步感到非常幸运。最后，是时候做最后的准备了。在发射之前，整个队伍需要呼吸纯氧至少 8 小时。在他们的太空服下，他们穿着丝质内衣，因为棉花或尼龙产生的任何静电火花都会将他们炸飞。太空舱门关闭并且锁住。然后太空舱被一台起重机升高到长链的末端。林内格满怀信心，尽管到目前为止遇到了那么多的问题。"我准备好了，"他说，"我能够让这个大鸟飞起来。"他闭着眼睛都知道每个控制面板的位置。他能够穿着臃肿的太空服移动，不论是在地面上还是在太空中。他正处于人生中的巅峰时刻。

刚一破晓，太空舱就点火发射了。大家注意到了技术问题。天气仍然不配合。经过 3 年的科研工作、9 个月的精心规划以及 5 周的发射等待期之后，瑞麦环球气球航天任务组命中注定仍然原地不动。从太空舱窗户望去，林内格可以看到飞机场周围的整个区域，近两万人聚集在一起，从半夜开始等待，点着篝火，挥动着澳大利亚国旗和美国国旗。场面尤其壮观，在整个情感过山车时期，林内格第一次感到很受伤。当他走出太空舱，面对着朋友和团队，他难以抑制自己悲伤的眼泪。

一周后，林内格最终决定取消这次探险。雷恩也感到心碎，但是他伤心的原因与林内格不同。那天晚上,他与林内格沿着土路绕着整个设施走了一圈,他们讨论了如何应对第2天的新闻发布会。雷恩的制作团队不得不放弃与家人一同度过圣诞节、在沙漠中苦干几周的时间而且浪费了过去3个月的生命,林内格为此表示抱歉。错过了与家人团聚的圣诞节固然让每个人的家人都感到难过,但是过去9个月绝对不是浪费了每个人的生命。瑞麦团队的头号使命一直都是确保气球飞行队不会丧命。第二大任务是参与造福全世界的科学探险。第三大任务是按照瑞麦快速扩大的全球市场份额来宣传瑞麦品牌。无论如何,这个项目都取得了成功。团队安然无恙,全世界的年轻人都通过这次不可多得的学习机会实践了他们所接受的教育,雷恩知道,宣传效应是难以置信的。实际上,后来进行的媒体研究表明,品牌营销成果打破了纪录。

但是,雷恩认为,比所有这些更重要的是团队意识。雷恩对有幸参与这样一个团队感到前所未有的自豪和骄傲。公司的高级职员亲自来送饭,总裁打扫地板,首席执行官一天早上亲自将雷恩的脏衣服拿去洗衣房。雷恩在瑞麦经过了"狂野西部"拓荒时期之后很久才加入瑞麦。他对瑞麦的传奇经历早有耳闻,但是瑞麦近些年来变得非常成功和成熟,早已今非昔比。但是现在,他感到自己就像是经历了瑞麦早期的生死关头。这就是气球项目对他的意义——他和瑞麦下一代领导层的其他成员有机会实现梦想。瑞麦就像是一荣俱荣、一损俱损的大家庭。输赢并不重要,短期而言除外,真正重要的是"患难与共"。

战略举措

项目领导不同于项目管理。

重要项目上的生产力取决于快速启动。这是众所周知的项目管理原则。在瑞麦,为重大项目获得支持完全取决于高级领导层的参与。林内格创造的、瑞麦其他领导人遵循的模式是"一同打高尔夫球"模式。

人人皆赢:RE/MAX背后的故事和经验

林内格并不是去告诉人们应该如何启动项目,而是身先士卒,指明方向,成为"队列骑行"领导者。为了实现这一点,他将办公桌上的其他物品清除掉了,邀请合适的人加入项目,制定颇具挑战性的时间表,然后在适当的时间,当项目有了主心骨,他就会退居二线,成为团队的啦啦队领导人以及项目经理的支持者。他的方式表明了项目领导与项目管理之间的差异。我们认为这是领导人启动重大项目的重要途径。

● 领导人身先士卒,在项目实施方面推动团队的其他人前进。

● 伟大的增长型公司领导人对其他人的想法持开放态度,认可有帮助的想法,抓住机会推动完成首个项目里程碑。

● "队列骑行"领导人要识别富有激情的支持者(对想法同样深信不疑,但是拥有更强的技术执行能力的人)并且与他们合作,推动想法前进。

● 一旦决定领导一个项目,一定要从一开始就100%地支持和投入。

● 强调和寻求员工的发展。将员工发展作为企业的重点,招聘最有资格和最训练有素的员工。运用项目队列骑行来检验和培养其他人的领导力。

● 像志愿者组织一样经营你的公司,而不是独裁统治。仔细倾听一线员工的所思所想。

● 最佳想法并不来源于顶层,而是来源于最接近客户的人。

● 在人人皆赢文化中,人们需要在明确原则下为了自己的最佳利益自由行动。鼓励人们在寻求成功的过程中具有创造性和积极性。在一个高度信任的创业环境中,这只会让你的组织受益。

● 在研究新想法时,谨慎选择你的开路先锋。在组建项目团队之前,关键是准确掌握前方的地形。

● 围绕项目创造一个激动人心的环境。让人们愿意去分享他们的想法、需求和经验,畅所欲言。项目将成为每个人都想获得的成功的化身。

第7章 创造队列骑行项目文化

- 最终产品应该体现公司的人和精神,从而强化企业文化。
- 林内格是一个项目导向型领导人。他对新项目充满激情和好奇心,这进而激励了周围的每个人。
- 林内格的重点始终都是增长梦想。然而,他通过任用比他更善于管理梦想的人来加以平衡。
- 当领导一个项目时,组建合适的团队。如果一开始没有一个合适的团队,不断调整这个团队,直到它成为最佳团队,然后再将项目交给新领导人。
- 领导人在队列骑行中的主要职责是及早参与,全面了解问题、为项目创造发展动能、确保项目具有公司的标杆质量。一旦项目获得了所需的动能,就让团队接手。然后,领导人的作用是为团队提供资源和权限,接手他们创造的模式,并且每天不断完善。
- 通过队列骑行项目文化,瑞麦能够实现加速增长,甩开竞争对手。
- 创造信任文化。在充满信任的环境中,高级职员能够在领导人投身于项目期间在自己的岗位上开花结果。
- 高增长性、高影响力领导人对世界充满好奇心和痴迷感。伟大的梦想给这样的领导人带来了希望和激情。
- 大规模项目最大的收获是组织中产生的团队合作意识以及团队自豪感。

经验总结

成为队列骑行领导人。

队列骑行领导力用于描述领导人如何能够最有效地将时间用在项目上。所有领导人都面临着相同的困境:究竟应该在多大程度上参与项目。瑞麦弄清楚了如何利用林内格在项目中投入的时间。他在公司的重大项目上起到了队列骑行领导人的作用。他及早参与高影响力、高回报项目,这些项目直接影响梦想的增长或管理。然后,他投入到项目中,将高达90%的时间用在了项目领导上。这样一来,他就在整个网络中运用了瑞麦资源的全部力量。他明确定义了验收标准,在适当的时间让合适的人参与进来(伟大项目管理原则)。当项目实现了里程碑式节点,必须作为项目而运行时,他任命在项目上与他紧密合作过的人来负责项目,完全放手,在一旁为他加油鼓劲。

这对于高级领导人而言非常重要。项目管理方面的书籍有数千本之多,但是没有一本项目管理书籍提到过项目领导。最高领导人的参与起到了主心骨的作用,同时不会干扰项目,从而使得项目能够快速启动(比如,资源倾斜、优先地位和焦点作用)。项目领导的另一个重要时刻是在适当的时候"放手",将项目交给合适的人,同时提供适当的资源。

最后一个经验是要选择合适的项目。这种项目应该是最需要关注的领域,并且其对梦想的增长或管理的影响是能够清楚衡量的,还应该具有统一人心的作用——增强自豪感和强化定位。图7.3以瑞麦案例说明了如何为领导人挑选适当的项目。

	企业增长	企业管理
高影响力项目80%	• 地理扩张 • 新产品或新服务 • 合作伙伴	• 关键人辅导 • 供应 • 招聘
低影响力项目20%	• 产品强化	• 研发

图7.3 队列骑行项目领导人指导时间图

第8章

一飞冲天

第8章 一飞冲天

跨越国界及时代,始终忠实于梦想

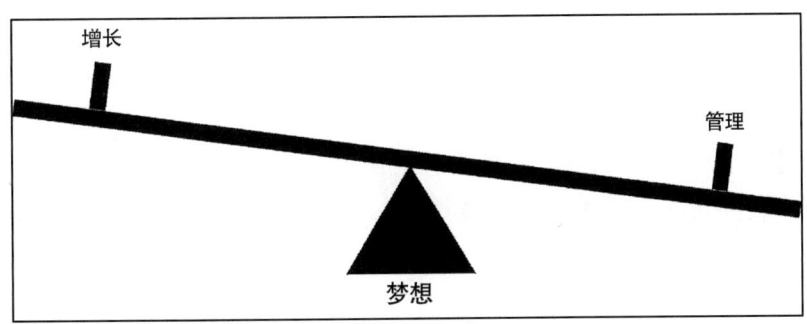

> 我们的许多梦想一开始看起来完全不可能实现,之后是不太确定能够实现,再然后,当我们下定决心,梦想很快就成了必然。
>
> ——克里斯托弗·里夫

文尼·崔西回来了。1982年春,他因为没有新加盟店主需要培训而离开了瑞麦。这是他人生中作出的最艰难的决策之一,但是他最大限度地利用了这一决策。他找到了一家牢固的好公司——医疗技术领域的头号公司——而且将他的丰富技能带到了岗位上,担任顶级销售人员。与多年来离开瑞麦的其他人一样,崔西忍不住将一切事物与他的瑞麦经历比较。与许多人一样,他之所以又回到了瑞麦公司是因为,没有哪一家公司能够让他感到像真正回家一样。

1982年秋,电话铃响了。是林内格打来的电话。"文尼,我们又开始销售特许经营权。"他说,"伙计,我需要你的帮助。"崔西加入新公司才几个月的时间,而且已经升职,即将接管一个顶级区域。他不能就这样跳槽,不是吗?"戴维,我明天给你回电话。"崔西说。他和他的妻子米歇尔(在瑞麦任职期间曾担任林内格的助理)需要时间来考虑一番。他们彻夜难眠,喝光了一瓶红酒,谈论着未来以及现在的希望和需求。天亮时,他们作出了决定。此时此刻离开新家和文尼的新工作确实不合适。

林内格依然以他典型的方式对待这个消息。他诅咒崔西,告诉他永远也不想见到他,然后问他是否会回家过圣诞节。崔西笑了,说他和妻子米歇尔会去丹佛探望父母。"好,"林内格说,"一定要来我这里一趟。"然后,他又诅咒了崔西几次,挂掉了电话。

下一年,当崔西听到盖尔·林内格飞机失事后——事发后的两小时左右——他给林内格打了个电话,告诉他想要探望盖尔。林内格说还不是时候。

三年多过去了。崔西在新公司取得了优异的业绩,但是工作变了。正当崔西春风得意的时候,他明显意识到了差异。公司总裁来探望崔西,了解他的工作状况。与任何优秀销售人员一样,崔西罗列了一大批很容易搞定的优质客户。他决定冒险一试。"先生,如果你需要,我可以给你做一次正式展示,"他说,"或者我们也可以撸起袖子一起干,你可以帮助我向三个潜在医生客户推销。我们需要穿上白大褂,与他们一同进入手术室,但是我认为这是值得的。"公司总裁完全赞成——他多年来从没有进过手术室。他们二人通力合作,将三名医生中的两人转变成了新客户。

这次成功打开了双方之间的隔阂。这家公司很少有员工能够与高级管理层进行任何友好接触。崔西心想,他可能最终打破了僵局。在午餐庆功会上,崔西向总裁提出了有关医疗科技行业和公司未来发展的各种问题:未来趋势是什么?新产品将为人们带来什么好处?你认为重大变革会在哪里发生?这种谈话是他在瑞麦工作时乐于与林内格和高级管理层进行的。但是,这位总裁却不以为意然。"现在,我考虑的不是大图景。我再过三年就要退休了。"他说,"然后我希望在某个地

第8章 一飞冲天

方开一家书店。"

这次谈话让崔西泄了气,他感到茫然若失。他忍不住想象着林内格会怎样回答这些问题。瑞麦员工的精力是那么旺盛,对未来是那么的专注。在瑞麦的每一天,他上班的头一件事就是思考如何能够更上一层楼:我们如何能够再招聘一名经纪人?我们如何能够再卖出一个特许经营权?在与竞争对手的角逐中,什么因素将真正起到决定性作用?正是在这个时候,崔西认识到自己不适合为这样一家公司打工,因为这家公司并没有每一天不断磨砺自我,追求公司的愿景。

他怀念瑞麦大家庭,他怀念瑞麦的文化。他给林内格打了一个电话,询问他是否欢迎他回到瑞麦。林内格告诉他等到圣诞节的时候再打电话给他——他需要一些时间来确定崔西是否合适。圣诞节来了,崔西再次致电林内格。林内格邀请他到家中做客,见一见杰斯普森和盖尔,令崔西感到惊讶的是,他们在家中对崔西进行了面试。教训是明摆着的。文化契合度是瑞麦最重要的标准。不论你是谁,也不论每个人感觉与你多么亲近。林内格、杰斯普森和盖尔需要知道崔西在目前这家公司的经历会对瑞麦的未来发展起到什么样的作用。更重要的是,他们需要弄清楚,崔西是否已经不再是以前的崔西。

当面试结束时,他们握了崔西的手,给了他一个拥抱,欢迎他回家。崔西又回到了瑞麦——而且正是赶在帮助瑞麦更上一层楼的时候。

十年磨一剑,一朝见锋芒!

瑞麦正在发生惊人的变化。经过 10 年稳步快速增长,瑞麦开始展示出强劲的发展势头。增长速度依然不减,但是现在,数字开始真正壮大起来。1983 年,也就是盖尔·林内格飞机失事当年,瑞麦网络只有不到 5000 名经纪人。10 年后,1993 年末,瑞麦的经纪人人数增长了 6 倍,达到了 35000 名,这使得瑞麦成为世界最大房地产网络之一。到了 1998 年,瑞麦拥有 5 万多名经纪人,开始在一些海外国家开设办事处。在接下来的 5 年期间,瑞麦的经纪人总数接近 9 万名,在 45 个国家设有办事处。到了 2004 年末,增长到了 52 个国家 10 万名经纪人。

人人皆赢:RE/MAX 背后的故事和经验

林内格的同温层气球可能没有实现环绕地球的目标,但是瑞麦气球却做到了。仿佛在一夜之间,瑞麦成为全世界最成功的加盟连锁店之一。当然,人们必然会问:"这20年的飞速增长期是真的吗?这家公司最终腾飞的起点难道不是我们开始了解瑞麦的不同经营方式的时刻吗?"概括而言,这正是我们的问题。因为当我们分析瑞麦在飞速增长的20年(与瑞麦难以为继的前10年相比)期间是如何独树一帜时,我们发现自己也无法解释个中原因。你可以看出来,瑞麦也没有什么不同寻常之处。

是的,瑞麦成为一家更加复杂的企业。它拥有一流的技术、一流的培训、一流的品牌和一流的经纪人。但是这些都不是革命性的,他们只是寻常路上的自然而然的结果。实际上,瑞麦的增长故事在于它没有走弯路。

●瑞麦没有改变它的核心领导团队。虽然新领导人加入了瑞麦,但是他们是逐渐有组织地加入,逐渐成为原始大家庭的一部分,像家庭成员一样走到了今天的领导岗位。有多少公司在30年的时间里还保留着核心领导层?据我们所知,为数很少。

●瑞麦没有改变它的核心战略。核心战略根据形势的变化而演变,但是以地区经纪人所有者为推动力的逐一代理人增长模式的基础基本上没有变化。

●瑞麦没有改变它的梦想。瑞麦的梦想始终都是通过为代理人提供最大化的佣金而成为全世界最大的房地产网络。我们认为,从100%佣金制转变为95%佣金归房地产代理人、5%佣金归经纪人或所有者的模式,与这个梦想完全一致。1973年,当瑞麦刚刚诞生时,房地产办公室的开设成本不超过1万美元。随着行业的变化以及成本的增长,100%佣金制模式不再起作用,因为经纪人或所有者不再能够提供让代理人更加成功的服务。支付给经纪人的5%的费用在让经纪人能够盈利的同时,仍然为代理人提供了必要服务。此外,以持续学习、人

第8章 一飞冲天

的发展和终身成功为重点(这对于代理人而言是那么关键)一直都是瑞麦经营理念的一部分,但是用于实现这些目标的技术得以改进,虽然其成本也变得更高。

● 瑞麦没有改变它的品牌。瑞麦的名称、红白蓝三色、瑞麦气球以及"出类拔萃"的公司口号感觉不太像是革命性理念,而更像是瑞麦特质的自然体现。品牌从未改变。尽管在全国和国际上的地位日益提高,瑞麦从来都没有放弃基本的品牌认知度提升战略——在本地条件下通过逐一招募代理人来提升品牌知名度。代理人和经纪人依赖个人推广和个性化营销战略,在全世界增长自己的业务。

● 瑞麦没有改变它的增长模式。以跷跷板般的方式管理和增长梦想始终没变。林内格积极寻找两类千里马:增长引擎和伟大经理人。他深知动态平衡的必要性。这些增长引擎和伟大经理人全身心投入到公司的事业中,竭尽全力推动这个跷跷板。

● 瑞麦没有改变它的核心原则。激进的利益共享理念成为人人皆赢原则,这个原则是瑞麦梦想的核心。林内格认识到,瑞麦只有让员工成功才能够取得成功。瑞麦的真正客户是房地产经纪人。如果瑞麦每天努力满足客户的需求,帮助客户取得成功,那么购房者也会被满足。

那么,这就是公司成为伟大企业的原因吗?通过三十年如一日地追求同一个梦想?通过在漫长的多年奋斗中坚守自己的一切信念,不论在任何情况下?通过保持同样的领导理念,不论遇到了什么挫折和挑战?我们认为是这样。实际上,瑞麦在 10 年稳步增长后表现出的突然爆炸式增长正好契合了吉姆·柯林斯在他的名为《从优秀到卓越:为什么一些企业实现了飞跃,而其他企业却没有》的书中阐述的模式。在这本书中,柯林斯剖析了许多知名企业,这些企业在最初的几年里没有表现出非凡的前景,然后却实现了强劲的持续爆炸式增长,他将这种转变描述为"真正的革命性飞跃成果,但是并不是通过革命性的过程"。虽然我们对瑞麦如何管理这个"真正的革命性飞跃成果"得出了一些不同的结论,但是我们发现,柯林斯的案例研究和瑞麦之间在增长模式方面存在着惊人的相似之处。

实际上,瑞麦坚持核心原则和增长战略的这一事实,在瑞麦网络全球扩张时得到了鲜明的彰显。

跨越国境

1989年,彼得·吉尔莫想要将瑞麦引入他的祖国——南非,但是林内格认为,处于种族隔离下的南非还不适合瑞麦。那么,吉尔莫是怎么做的呢?他尽可能了解瑞麦的一切,等待他的国家改变。然后,他再次尝试。

吉尔莫来自南非美丽的首都开普敦。他有会计背景,曾在国际会计事务所德勤工作过。1974年,他的父亲让他加入了他自己的本地房地产公司,担任了几个月记账员,直到公司找到全职会计人员。这几个月最终变成了几十年,直到他父亲去世前的3个月。

他们运用传统的50%佣金制模式将公司经营得有声有色。20世纪90年代初期,吉尔莫与妻子维尔合作加入公司后,这家公司的经纪人增长到了100人,在大开普敦地区开设了7家办事处。尽管取得了这一成功,但吉尔莫知道,他还可以更进一步。他的公司长期以来经历了典型的恶性循环。公司招聘了优秀员工并且将他们培训成为顶级销售人员,最后却看着他们另起炉灶。作为房地产行业的学生,吉尔莫深入思考了这个问题,也思考了企业如何通过专注于顶级代理人服务来创造更加可持续的市场优势。

这个时候,房地产行业的知名演讲人汤姆·杜雷来到南非宣传买方经纪人运动。吉尔莫仔细倾听了杜雷讲述他在大型特许经营公司的经历。吉尔莫的最初模式没有让他快速取得成功,所以他将目光转向

第8章 一飞冲天

了瑞麦,向杰斯普森和费舍尔寄出了私信。吉尔莫告诉他们,他将在那年末前往美国,希望与他们中的一个人当面讨论将瑞麦引入南非的可能性。

当时是1989年,如果说吉尔莫之前对这个可能性感到非常兴奋,那么当他有机会亲自见到费舍尔和杰斯普森时,他的心里简直乐开了花。他们二人激情四射,坚信瑞麦的梦想。这是一个吉尔莫想要加入其中的梦想,瑞麦人是吉尔莫想要合作的那种人。费舍尔和杰斯普森也有同感。他们邀请吉尔莫和他的商业伙伴再次来到美国详谈。

1991年,在拉斯维加斯举行的瑞麦大会上,吉尔莫和他的合作伙伴又来到了美国,亲自获得了完整的瑞麦体验。他们看到了几千名代理人和经纪人的激情以及梦想的成功。他们想要当场加入瑞麦。唯一的阻碍是林内格。不惜一切代价保护瑞麦品牌的林内格,担心在政治动荡的南非设立瑞麦办事处所带来的不利影响,因为南非的大多数民众甚至还没有机会参与社会。这不是瑞麦的宗旨。最后,吉尔莫空手而归,但是依然满怀希望。

三年后,就在种族隔离废除后不久,维尔和彼得·吉尔莫来到美国,参加了另一场瑞麦大会。此时,林内格当场拍板。他怎么能拒绝一个那么迫切想要加入瑞麦的群体呢?交易达成了,那年末,南非加入了西班牙的行列,成为北美以外两个拥有瑞麦加盟店的国家之一。

接下来的几年里,还会有许多国家加入这个行列。

1995年1月,正当南非的复兴开始时,吉尔莫和他的两个合作伙伴开始了瑞麦业务。这是南非历史上少有的创业时期。南非黑人有生以来第一次能够拥有住房并且参与地上经济。南非遭受的国际制裁被取消,整个世界为孤立的南非人敞开了怀抱。南非人最终可以更加自由地出国旅游,投资资本也可以不受阻碍地进入南非。国际品牌涌入南非,包括瑞麦红白蓝气球。那个时代,国际化本身就是品牌的优势,是变革、进步和自由的象征。

人人皆赢:RE/MAX背后的故事和经验

而且,吉尔莫和他的合作伙伴非常适合开展瑞麦业务。他们四个都是经验丰富的房地产人,在行业内颇有威望。房地产界此前从未听说过这种激进的利益共享理念。吉尔莫成为"传教士",向愿意倾听的任何人宣传瑞麦理念,每天工作18个小时,不遗余力地宣传瑞麦品牌。他们竭尽全力吸引人们关注瑞麦。他们举行公开演讲,直接与经纪人对话,他们抓住一切机会,运用瑞麦气球来提高品牌知名度。那个时期,广告法律非常严格,但是没有人想过在气球上做广告。瑞麦气球出现在开普敦的各个角落。在一次全国电视直播的板球比赛上,瑞麦气球飘扬在体育场上,被无数人拍照,而瑞麦人则在气球下开烧烤会。交通直升机只要发现瑞麦气球飘浮在城市上空,就会习惯性地指出这个气球。瑞麦气球起到了巨大的宣传作用。

南非的瑞麦先驱并没有简单复制瑞麦在美国取得的成功做法。虽然人人皆赢原则依然没变,但是经营方案的许多方面都需要因地制宜。瑞麦所到之处也一直是这样做的,因为瑞麦深知,房地产行业是一个本地色彩非常浓郁的行业。(参见图8.1)

但是瑞麦在南非所做的变通以及品牌所代表的变革类型,被文化差异和历史时期放大了。比如,南非的传统房地产公司对他们的经纪人有很大的控制权,但是瑞麦强调个人推广、自力更生和创业激情。对于南非的房地产经纪人而言,瑞麦的宗旨是:心有多大,舞台就有多大。在多年的公司和政府限制之后,这种自由度是不可想象的。多年来,南非的房地产行业不对大多数非白人开放。对于大多数传统公司而言,这一现实没有一夜之间改变。但是,瑞麦从事的是招聘和培训顶级经纪人的业务,不论性别、种族或信仰体系。在几十年的种族隔离压迫结束后,吉尔莫和瑞麦(南非)公司对任何认同瑞麦梦想的人敞开了大门。

第 8 章 一飞冲天

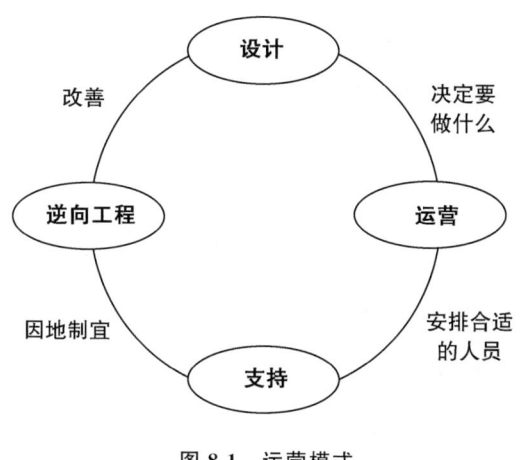

图 8.1 运营模式

在最初的几年里,瑞麦(南非)公司经历了瑞麦在美国相同的增长模式。第一年和第二年中的强劲发展势头在接下来的几年里因为极高的抵押率而完全被抑制。但是,突破随之而来:林内格签下南非后的 8 年里,瑞麦成为南非的头号房地产网络;吉尔莫的公司被瑞麦国际命名为瑞麦年度地区公司。

南非是整个非洲南部地区的增长引擎,在吉尔莫的领导下,瑞麦很快扩展到纳米比亚、赞比亚、博茨瓦纳和毛里求斯。几年后,吉尔莫夫妇收到了林内格的邀请,这是他们无法拒绝的邀请。"来丹佛市,向全世界介绍你们的成功经验。前往欧洲、澳大利亚、南美和亚洲,与他们合作,将瑞麦的成功向全世界复制。"瑞麦提议回购吉尔莫所在地区的特许经营权,这个地区也是全世界最成功的瑞麦特许经营地区之一。没有签合同,甚至都没有进行协议谈判,吉尔莫毫不犹豫地飞往美国,加入了瑞麦国际的团队。对于在封闭的国家中长大的吉尔莫夫妇而言,有机会游历全世界并且分享瑞麦经验,这本身就是梦想成真。

弗兰克·波茨勒回到奥地利

弗兰克·波茨勒年轻时离开了奥地利，口袋里只有35美元。他与沃尔特·施耐德一同回到了奥地利，将瑞麦带到了他土生土长的欧洲。

波茨勒和施耐德在加拿大为瑞麦开辟了道路。他们在20世纪80年代初期的经济低谷期间挽救了瑞麦。当他们在1980年开设瑞麦加盟店时，所有加拿大银行都有房地产业务部门，而且占据了60％的市场份额。在7年内，瑞麦就成了加拿大的头号房地产公司，大银行和信托公司退出了房地产，无力与瑞麦竞争。

波茨勒与盖尔·林内格共同经历了1983年的那场飞机失事，但是即使在住院时，他仍然在谋划增长机会，从加拿大东部的根据地向外拓展。美国的一些区域所有者在经济衰退期失败了，波茨勒和施耐德急于取得进展，因为经济终于开始复苏了。第5章中谈到，他们请求获得新英格兰地区的特许经营权，瑞麦国际签约出售了该地区的特许经营权。之后不久，威斯康星州举步维艰，波茨勒和施耐德于是也将这个州收入囊中。当明尼苏达州和印第安纳州的条件成熟后，他们也将这两个地区拿下。他们的时机无可挑剔。美国经济开始复苏。波茨勒和施耐德专注于需要完成的目标，营销特许经营权，招募关键团队成员，开始招聘代理人。他们制定了具体目标，目标成为必须达到的里程碑。但是，总体目标始终都没变——增长、增长、增长。

1992年，波茨勒和施耐德受邀在奥地利维也纳介绍房地产行业和瑞麦的成功故事。波茨勒无法拒绝这次回家的机会。台下有700名听众，大多数都是头发花白的老年绅士，他们似乎在大吃了一顿午餐之后昏昏欲睡。瑞麦的演示报告也丝毫没有引起听众的兴趣。晚餐是在维也纳的一处华丽宫殿进行的。波茨勒和施耐德参加了这次晚宴，更多的是冲着氛围和体验去的，而不是冲着任何商机。令他们感到惊讶的

第8章 一飞冲天

是,他们的餐桌被一小群年轻房地产人围了起来,这些年轻人听了他们的演讲。与老年人不同,这些年轻人渴望深入了解瑞麦,迫切想要瑞麦来到欧洲。波茨勒和施耐德面面相觑。这正是他们一直等待的情景。"好吧,"波茨勒镇静地说,"我想我们在欧洲有事情做了。"

波茨勒渴望迎接挑战。与林内格一样,他是一个建设者,不是行政管理者。作为领导人,他喜欢披荆斩棘,开疆辟土,让其他人跟在他后面清除障碍,开辟道路。他将欧洲人对瑞麦的兴趣告诉了林内格。"你们还等待什么?"林内格直截了当地说。此时,林内格知道这两个人的能耐。

虽然在经济实力上与北美不相上下,但是欧洲是一个非常不同的市场。47个国家,上千个部落。瑞麦的典型加盟规则在欧洲的环境中根本不起作用。第二年,波茨勒和施耐德试图与瑞麦国际签署复杂的合同,但是却毫无进展。1993年秋,他们在瑞麦的一次活动中遇到了林内格,将他拉到了一边。"瑞麦的加盟规则不起作用。"波茨勒向他倾诉。"我们需要更大的灵活性,你们的人不愿意给予的灵活性。瑞麦国际的人对欧洲的理解比不上我们。让他们让路吧,让我们达成交易。"林内格理解了。一周内,他与二人达成了覆盖广袤区域的协议,这个区域从冰岛延伸到波兰和乌克兰边界,包括土耳其和以色列。这些区域内有5亿多消费者。每个人都需要住房,波茨勒认为瑞麦肯定会成为消费者首选的房地产经纪公司。这就好像是瑞麦在一个全新的世界中重新开始一样。

面对这个全新世界的机会给他们带来了熟悉的感受,就好像瑞麦创建初期时面临的机会一样。现在我们怎么做?波茨勒和施耐德记得林内格在希尔顿海港城堡酒店的一张落满灰尘的桌子上画了一个网格,于是他们也将欧洲分为多个地区。他们计划将这些区域推销给区域特许经营商,让熟悉本地房地产市场的人在各自的国家经营加盟店。瑞麦国际此时已经从区域销售转变为单个特许经营权的销售。但是林内格理解他们的推理,同意了他们的战略。

人人皆赢:RE/MAX 背后的故事和经验

尽管波茨勒和施耐德说的是德语,但是他们卖出的第一个特许经营区域不是在德国、奥地利或瑞士,而是在西班牙。因此,1994年,瑞麦国际真正实现了国际化,同时在西班牙和南非开设了加盟店。德国紧随其后,接着是以色列和意大利。在最初的5年里,生活极其艰难。波茨勒的妻子因为癌症去世,他因此暂时退出了领导岗位,施耐德接手他的工作,但是很快他又投身其中,试图开发一个人口数量是北美两倍的地区。

1999年,瑞麦建议他们放弃。瑞麦不会在欧洲腾飞。商业和购房文化存在太多的差异,瑞麦的模式无法在欧洲取得成功。但是波茨勒就像是看见了骨头的狗一样,他们逐渐稳步地扭转局势。他们从林内格那里学到了很多领导力知识。成功之路不在于顶层的指挥,而在于找到合适的人并且为他们提供机会。领导人需要以经验和专有知识坐镇指挥,但是他的工作是传授这种知识,帮助个人成长,然后退居二线。不成功,则成仁。亡羊补牢,为时未晚。车到山前必有路。只要不损害品牌,怎么做都可以。

波茨勒乐于帮助那些不契合梦想的人离开瑞麦。你需要认识到人人皆赢体系中的弱点,然后立马补救。但是这是梦想管理过程中的一个活跃部分,是不可预测的,也无法未雨绸缪。尽管他们花费多年的时间来招募和培训经纪人,但是波茨勒和施耐德都不能从一开始就准确识别契合瑞麦梦想的人。一些一流的房地产经纪人没能成功,而勉强达标的其他人却作出了优异的成绩。波茨勒本人就是一个鲜明的例子。林内格从来都没有想到,他会在北美乃至全世界领导瑞麦。波茨勒看到许多人在瑞麦体系中失败了,但是他始终认为,并不是瑞麦体系失败了,而是人失败了。他们以错误的理由加入了瑞麦。他们认为瑞麦就是印钞机。他们没有意识到必须每天辛勤工作,作出艰苦卓绝的努力,而且还要有不达目的誓不罢休的决心。波茨勒知道,人生不如意十之八九,你需要寻找并着眼于积极的事情。激励和决心来自顶层,在底层被放大。

第 8 章 一飞冲天

在欧洲工作10年后,波茨勒和施耐德看到自己的努力最终有了回报。包括北美的700个办事处,他们在全球开设了1600家办事处,而瑞麦办事处的总数是5000家。欧洲的增长机会基本上没有被开发。梦想才刚刚开始。欧洲的成功秘诀不在于瑞麦体系,而在于它的原则。

2004年,波茨勒有机会带着林内格和玛格丽特·凯丽来到他的出生地维也纳,向他的经纪人所有者和代理人做演讲,并且目睹欧洲市场的经营状况。波茨勒就像是那里的国王,一个征战沙场的英雄,林内格欣喜地看到,这个一开始口袋里只有35美元的面包师受到了国人的敬仰。波茨勒想要让林内格意识到欧洲市场的潜力有多大。他不需要多说什么,林内格一眼就看得出来。欧洲经济的活力是显而易见的。欧盟的新规则允许年轻一代的欧洲人四处寻找良机、安家立业、另谋高就。"我可以感受到,"林内格说,"这是瑞麦的下一个飞速增长区域。"他笑着补充说:"直到我搞定中国市场。"

波茨勒情绪很激动,骄傲地向林内格谈到自己的梦想。"戴维,"他说,"你知道本地人为什么抱怨有那么多钱都进了瑞麦国际的腰包吗?我从来都没有这样抱怨——而且也不会这样抱怨。你给我和沃尔特的机会是我们永生难以报答的。"他指的是改变命运的机会,包括他们自己的命运,还有看到人们改善家庭生活的机会。他还指的是改变行业的机会,让这个行业比他们看到的更好。

戴维怔住了,不仅仅是因为波茨勒的一番倾诉,而且还因为二人为了瑞麦奔波的距离。不仅波茨勒和施耐德拯救了瑞麦,而且波茨勒也是那场飞机失事的受害者,他将他的2万美元保险赔偿金交给林内格,帮助盖尔康复。在飞机失事的每一个周年纪念日上,盖尔都会给波茨勒打电话,祝愿他生日快乐——毕竟,这是他们死里逃生的纪念日。林内格也对波茨勒为他作出的牺牲感激不尽。"波茨勒,我在这件事情上始终都尊敬你。但是你从来没有注意到吗?你总是说起我为你做的事情,而你却从来没有谈到你为我做过的事情。你们俩拯救了瑞麦,你们培育了北美市场,你们创造了欧洲市场。你们每年为瑞麦带来了数千万美元的收入,而你们从来都不抱怨。"

"我期待有朝一日我给你写一张1亿美元的支票,"波茨勒说,"然后,我才知道我确实做了一件特殊的事情。"

林内格知道这是真的。金钱从来都不是目标,目标始终都是增长并且成为第一。

新一代领导人

林内格看到了玛格丽特·凯丽身上的某种成熟的管理和领导能力,而这种能力是盖尔·林内格在瑞麦创建初期带给瑞麦的。在瑞麦总裁接替中,盖尔·林内格在飞机失事后将总裁位置让给了费舍尔。然后,在费舍尔退休后,他的老室友杰斯普森接任总裁。当杰斯普森成为首席执行官而且玛格丽特·凯丽被任命为总裁后,每个人都可以看出,凯丽的才能和工作方式正好适合瑞麦。她是瑞麦的首位人道主义总裁。

这并不意味着凯丽轻而易举地升任总裁。瑞麦最高领导层中的每个人几乎都卖过苦力,凯丽也不例外。她在底特律长大,在她父亲的机械修理店工作过。凯丽的工作是制造螺母和螺栓。这对于一个十几岁的女孩来说确实是苦差事,但是它让凯丽懂得了职业道德——辛勤工作、端正态度、不惜一切将工作完成。实际上,正是这种职业道德让她在瑞麦树立了威信。

她以不祥的方式加入瑞麦。凯丽已婚,住在丹佛市,曾在丹佛市一家医院的财务分析部门担任经理。1987年,在凯丽和她丈夫迎来了第一个孩子的同时,凯丽的工作转移到了得克萨斯州。她并没有从命,而是决定辞职照顾她的儿子。她享受这种生活变化。当重返职场的时间到来时,她决定放弃压力巨大的管理岗位,寻求更简单的工作。她在报纸上看到了一家名为瑞麦的小公司正在招聘财务分析师。

第8章 一飞冲天

瑞麦聘请了她，将她安排在会计部门。她的态度和辛勤工作引起了瑞麦高层的注意。一天，她的上司伊莱恩·麦凯恩把她叫到了林内格的办公室。她之前从来没有与林内格谈过话，突然之间，林内格给她提供了一个新岗位——成员服务代表。"我对你早有耳闻，"林内格说，"我知道你是工作狂。你想要这个职位吗？"

"我喜欢这个职位……"凯丽说，话音未落，林内格紧接着说："太好了，恭喜你。伊莱恩，我们去吃午饭。我们需要谈一谈。"林内格和伊莱恩大步走出了办公室，凯丽呆呆地站在那里，一时间摸不着头脑。

凯丽又怀孕了，很快就要休产假。她才发现，现在她意外地成为首席执行官的领导。当伊莱恩和林内格吃完午饭回到办公室时，凯丽走到伊莱恩跟前，脸色惨白，解释了她心烦意乱的原因。"这一切来得太快了，"她说，"我想要告诉他，但是还没等我张开口，他就这么决定了。我不会接受这个工作。"瑞麦是一家年轻公司。之前从未有人遭遇过凯丽这样的处境。伊莱恩说："不要担心，会没事的。"她走向林内格向他解释。凯丽忧虑了一周，后来在周五烧烤会上遇见了林内格。"嗨，"他说，"想来一杯啤酒吗？"然后看了凯丽一眼。"哦，等一下。我猜你不能喝酒。"他开玩笑说。然后他与凯丽击掌表示祝贺。

在瑞麦工作期间怀孕显然不是问题。但是，凯丽发誓不让她的有孕之身过度影响她的工作。她直到分娩前一天仍坚守工作岗位，分娩后的五周半就返回到了工作岗位。

她接手了新岗位，获得了升迁，成为副总裁，然后领导科罗拉多地区，之后成为区域主管，可谓平步青云。她从未主动要求升职，甚至没有想到自己会升职。实际上，她不知道自己的绩效受到了多么密切的关注，也不知道高级管理层多么谨慎地给她安排颇具挑战性的新岗位。当她因为自己没有准备好而拒绝一个岗位时，林内格走到她跟前对她说："你不明白吗？如果我认为你没有这个能力，我是不会给你提供这个岗位的。"凯丽惊讶了。"我们都相信你有这个能力，"林内格继续说，"我们会支持你，但是你也必须相信你自己。"这是她想要听到的鼓励。

她知道林内格慧眼识真金。"如果我能够买卖千里马,我就是富人了。"林内格曾说过。他对凯丽的信任让凯丽非常振奋。她想要通过更加辛苦的工作来回报林内格的信任,即使她担心自己走得太远,失去了与家庭的平衡。她当时是外部运营高级副总裁,负责瑞麦国际外部发生的一切事情。这个工作极具挑战性。

1990年,她被诊断患有乳腺癌,她这时候才真正意识到瑞麦对她有多么支持和多么特殊。癌症是可怕的,而且改变人的命运。诊断后的三周,医院安排给她做乳房切除手术。林内格走到她跟前,告诉她放下工作。"不要担心,你想休息多久就多久。"

一些人认为她会在手术后退出,但是她从心里相信,如果她退出,癌症就打败了她。她在四周后又回到了瑞麦。令她惊讶的是,当她返回工作岗位时,她的岗位职责增加了。她感到紧张,但是这意味着他们仍然信任她。

一年后,瑞麦与两家大型区域经纪公司在俄亥俄州对簿公堂。这是林内格一生中的斗争之一,他没有退缩。凯丽被安排出庭作证,此时,她接到一个电话,得知她父亲刚刚去世。她给法庭发出了说明函,解释了事情的原委。林内格在庭审期间离开了法庭,把她送上了私人飞机,直接飞到底特律的家中。与瑞麦的传统一样,高层领导人都参加了凯丽父亲的葬礼。在林内格的要求下,没有人在医院独自度过一个晚上,或者独自参加家人葬礼。瑞麦与你风雨同舟,患难与共。

俗话说,福无双至,祸不单行。那年秋天,凯丽得知自己又患上了癌症,需要再次做手术。两次癌症诊断,父亲去世。一年之中发生了太多的事情。凯丽请求休假6个月。

"我会承担你的职责,"林内格说,"你的人将直接向我报告工作。你休息吧,不要担心。"

在手术期间,凯丽的背不知何故受伤了;8周后,她需要再做一次手术,这一次是椎间盘突出修补手术。瑞麦团队知道该怎样做。他们给她带来了午餐,陪伴在她身边。凯丽的丈夫晚上守在她的病床前,但

第8章 一飞冲天

是到了早上,他需要回家照顾孩子。瑞麦的某个人在白天始终陪伴着她。

她用了9个月的时间康复。大家都认为她不该返回到工作岗位。但是,她心里知道,她在瑞麦能够获得其他地方无法找到的机会。返回工作岗位后的6个月,凯丽升任瑞麦国际的总裁。

每个总裁都在适当的时间为瑞麦作出了贡献。盖尔·林内格创建了瑞麦的智囊和品牌形象,即使在她创造瑞麦大家庭的氛围并且将债权人抵挡在门外的时候也是如此。费舍尔以他的创业动力增长了梦想。杰斯普森在瑞麦准备走向全球并且成为世界级企业的时候让瑞麦变得成熟。

与盖尔·林内格一样,凯丽让瑞麦人更加意识到如何与瑞麦的梦想同呼吸共命运。时代在变化。瑞麦的上一代人信奉的那种辛苦工作、纵情玩乐的工作方式已经过时了。瑞麦网络是全球网络,瑞麦人也多元化了。快乐和竞争仍然是文化的核心,但是辛苦工作、纵情玩乐的定义已经变了。

过去,林内格、费舍尔和杰斯普森认识瑞麦的每一个人。现如今,这已经不再可能了,因为瑞麦拥有近10万名员工,瑞麦网络覆盖52个国家。然而,凯丽善于创造一种让大家融入文化的环境。作为总裁,她负责带领企业成为行业领导者,但是凯丽也看到了自己职位的人性化层面。她必须尽可能接触瑞麦大家庭中的每一个成员。她知道,一次褒奖或分享会持续很长时间,并且强化瑞麦的经营理念。这也是林内格信奉的理念,而且林内格也以自己独特的方式践行这个理念。

女性始终都处于瑞麦成功故事的最前沿。在女性难以与男性同工同酬的世界,房地产行业却是女性往往比男性收入高的行业。盖尔·林内格在瑞麦的最初几年里形成了"女士日"的传统,以褒奖女性在管理岗位上作出的特殊贡献。凯丽继承了"女士日"传统,提出了对于女性的生活具有关键意义的主题,比如安全、健康和自我保护。在凯丽成为总裁后不久,一名员工被强奸,另有两名员工被配偶殴打。凯丽在林内格的支持下,帮助这些女性走出困境,走进医院和庇护所,为她们争取到了限制令、心理咨询和关爱。又有一次,一名代理人的客户在空置的房屋中被强奸。这是每一个房地产代理人的噩梦——走进一间空房子后却发现身处险境。在林内格认识的一名执法人员的帮助下,凯丽制定了一项安全培训计划。该计划在整个瑞麦网络中传播开来,代理人和经纪人的反馈非常积极。他们知道,这个计划与房地产无关,但是与真正重要的事情休戚相关。

  按照同样的思路,瑞麦参与创建了多家慈善机构、基金会和庇护所,其中一些引起了广泛关注,其他则是默默无闻。回馈社会始终都是瑞麦网络以社会为重点的经营理念的一部分。瑞麦一直以来都是儿童奇迹网络的贡献者,这个网络是收治患病儿童的医院组成的联盟,继沃尔玛之后,瑞麦成为这个网络的第二大公司捐款人。2011年,凯丽领导瑞麦成为萨珊·G.科曼乳腺癌基金会的主要支持者。对于凯丽而言,这是她在患病后回到瑞麦的原因。这是一家规模不会大到无法关爱的组织。她知道自己可以在瑞麦内外继续这种个人努力,这让她想要成为更好的领导者。

  瑞麦网络的新一代领导人都像凯丽那样经过了洗礼。戴安·梅茨为丹佛市的一家竞争者工作,这家竞争者痴迷于通过对标瑞麦来度量自己的市场业绩。她认为,这家公司缺乏经营模式及梦想,而且与瑞麦的不断比较只会强化它的弱点。在一次特别令人沮丧的会议中,她对自己发誓要给林内格打个电话,寻求一份工作。她的母亲一直都是一名瑞麦代理人,戴安在各种房地产聚会上见过林内格,对他有足够的了解,可以一试。虽然她期望收到林内格的语音邮件,但是林内格以他通常的方式接听了电话:"嗨,我是戴维。"惊讶的戴安说道:"戴维,我叫戴安·梅茨。我从大都会经纪公司离职了。你不认识我,但是……"林内格打断了她的话:"我当然知道你。"这又让戴安感到惊讶。"好吧,我在这里感到很失望,我忍不住将瑞麦看作是我的下一个雇主。我刚刚了解了瑞麦卫星网络的全部情况以及你正在做的所有事情,我想要为你

第8章 一飞冲天

工作。"林内格告诉她,他会安排她会见两名副总裁——凯丽和杰克·克莱德。

在许多层面上,这是一次成功的面试。戴安9年后会取代凯丽成为外部运营副总裁,她最后会嫁给克莱德。但是她用了4个月的时间劝说林内格、凯丽和克莱德,最后才得以加入瑞麦。她密切关注媒体对瑞麦的报道,给媒体发送瑞麦的成就简报,评价瑞麦与竞争对手相比有多么先进,并且"对他们穷追不舍,直到他们乖乖就范"。这就是瑞麦的经营理念:寻找与你一样迫切渴望梦想的人,招聘拥有合适态度的人才,即使没有岗位或职位等待着他们。不要总是告诉他们你心里想什么。实际上,因为没有头衔,也没有工作岗位,戴安在加入瑞麦后的第一周感到非常迷茫,以至于她将自己锁在卫生间里哭泣,怀疑自己是否作出了一生中最大的错误决定。她没有意识到,林内格胸怀蓝图,她现在是这个蓝图的一部分。她很快看到这个蓝图变成了行动,于是勇敢地迎接每一个挑战。

尼克·比利也对瑞麦穷追不舍。如果说有任何人感受到了房地产行业的召唤,这个人就是比利。他在怀俄明州北部长大,在7岁的时候就有了自己的房源簿,甚至将自己的照片粘贴到一个矩形纸片上,制成了自己的名片。在科罗拉多州生活了一段时间后,他回到了怀俄明州,作为多家房地产公司的代理人投身于房地产行业。他开始思考是什么真正成就了伟大企业。当他意识到瑞麦就是他想要加入的特许经营企业时,他给瑞麦人力资源部打了一个电话。对方告诉他目前不招人。他还是将简历发送了过去,两周后接到了一个电话,询问他是否有时间面试。经过面试,8天后,他获得了一份工作。克莱德和戴安在招聘期间问他,招聘广告的哪个方面吸引了他。比利迷惑了。"我从来没有看到过任何广告,"他说,"我选中了你,你没有选中我。"克莱德和戴安明白了,瑞麦就像是一块磁铁。

入职后,比利体验到了同样的高强度工作节奏。他不知道自己被多么密切地监视。在出差时,与其他有潜力的年轻领导人(比如亚当·

康托斯和科荣·斯托克斯)一样,公司往往有意将比利与高层领导人结成对子——无论是乘坐出租车、打高尔夫球还是进晚餐——而他却浑然不知。所有这些安排都落在了纸面上,经过精心设计和安排,为的是将学习体验最大化。这些高层领导人——杰斯普森、凯丽和林内格——评估他们的观察结果、讨论新信息、探查弱点、制订发展计划。一些计划需要给比利安排新任务、提供辅导,甚至是正式的辅导计划。他们始终在推动年轻领导人进步,密切关注他们,即使瑞麦的管理或监督风格是完全放手。这种培养模式可以被描述为"高期望式领导"。他们推动你超越自我,做得更好。

与此同时,瑞麦领导团队(从林内格开始)从来不担心拉伸自我。林内格似乎完全相信这样的格言——"疑人勿用,用人勿疑"。他想要获得最有才能的一流人才——只要他们有正确的态度、激情并敢于尝试。

局外人可能会担心,以强大的创始人为中心的企业会在创始人最终离开舞台后很快垮掉。我们寻找了这样的裂痕,但是却没有发现任何迹象。实际上,林内格和他的高级团队积极寻找接班人的严肃态度让我们感到惊讶。林内格夫妇和杰斯普森组成的最初团队仍然拥有终极权威,但是他们已经将权力过渡给了下一代领导人,首先从文尼·崔西、玛格丽特·凯丽、布鲁斯·本哈姆、乔伊·雷纳德、戴安·梅茨和杰克·克莱德开始。

实际上,我们在瑞麦内外采访过的人都对这种领导团队的深度作出了评价。这个深度的来源是瑞麦的企业文化。从盖尔·林内格经历的飞机失事开始,戴维·林内格意识到,当他退出日常运营,其他人会接替他。当林内格抓住了一个项目,同样的事情也会发生。林内格的态度是,任何职位中的二把手都应该完全能够很快接替一把手的岗位。由于高级团队的家庭式氛围中培养的信任水平以及亲密的人际关系,这种互联互通性似乎与它的长期存活能力相一致。瑞麦领导人在谈话中很少使用"我"这个字眼,似乎自然而然地会使用"我们"这个词。他

第8章 一飞冲天

们以"我们"能够取得的成就为荣。他们脚踏实地，没有架子，鄙视公司政治和装样子。在瑞麦，几乎不可能找到组织结构图。这仍然是一个相信岗位描述不会终止于"以及其他"，而是实际上从这里开始的团队。

比尔·索特洛夫就是地区新领导人的典范。1994 年之前，他为一家成熟的大公司工作。他并不认同这家公司以盈利能力为中心的理念，但是他享受西装革履的着装和高效率的差旅。当沃尔特·施耐德邀请他在新英格兰地区开设瑞麦加盟店时，索特洛夫意识到这些着装其实是金手铐。瑞麦对索特洛夫的吸引力在于创业精神和机会。在一家因地制宜的企业中，没有单一的成功战略。他喜欢来自全球各地的商业领导人组成的团队所体现出来的同志情谊，这些商业领导人以各自区域的增长为重点，公开分享成败得失。创意和成功文化与他在更加传统的等级制公司中的经历相比更加令他愉悦。

这并不意味着瑞麦的企业环境容忍中庸之道。沃尔特·施耐德对于新英格兰地区的经营执行着严格的纪律，并抓重点。在麻省的福克斯波罗体育馆举行的一次会议上，新英格兰爱国者队的新任四分卫德鲁·布莱德索正在参加他的处女赛，施耐德给索特洛夫和地区经纪人所有者上了他们终生难忘的一课。为企业增长喊出的战斗口号归结为"招聘、保留、进攻、收款、赢得市场份额"。如果每个团队做到了这几点，它就会产生以增长为导向的工作环境。执行并不是一个人或一位总裁的责任，体系内的每个人都应该作出贡献。这些努力不需要完美，但是努力本身很关键。如果每个级别上的每个人都响应这个战斗口号，那么增长就是必然的结果。

施耐德之所以聘用了索特洛夫，是因为他认为索特洛夫能够领导这场增长战役。与此同时，施耐德推动索特洛夫超越他心中的极限。施耐德向来都不是满足于过去成就的人，他始终都准备迎接下一个严峻挑战。就好像他相信，花一点时间思考你所达到的水平，可以给其他人超越你的机会。当索特洛夫在新英格兰地区首次起步时，这个地区一年卖出了六七个特许经营权。这是令索特洛夫感到骄傲和自豪的业

人人皆赢：RE/MAX 背后的故事和经验

绩。他租用的一辆切诺基吉普车的行驶里程比租赁协议允许的里程超出了5万英里。但是施耐德说："不要就此止步，你需要找到不同的组织方式，这样你才能够获得更高的业绩。如果下一年要卖出24个特许经营权，你会怎么做？"

这就是施耐德，始终推动人们更上一层楼。72小时后，施耐德给索特洛夫打了一个跟进电话。"那么，你的计划是什么呢？"索特洛夫知道，施耐德完全赞成聘用合适的员工，购买合适的技术以取得成功。"我知道我不能事事亲力亲为。"索特洛夫说，"所以，我要招聘两名特许经营权销售人员、一名服务人员和一名更优秀的行政管理人员。"施耐德并没有满意。"还不够，这些并不能让你实现你的计划，你需要再招聘四五名特许经营权销售人员，你需要立即招聘这些人，而不是6个月以后。"

两年后，索特洛夫所在的新英格兰地区开始了每年销售不低于24个特许经营权的8年销售战。新英格兰的瑞麦从60家办事处增长到了250家办事处，代理人超过2500名，从而成为该地区的第二大房地产公司。该地区最老牌的房地产公司老总退休时，给索特洛夫打了一个电话，承认自己被打败了。"你把我打败了，"塔霍说，"我以为我是这里的最佳企业经理人，但是我竞争不过一群管理和拥有自己企业的人。"索特洛夫知道他实际上败给了人人皆赢理念。

施耐德一路上步步推动索特洛夫前进。施耐德给他的任务不仅仅是数字，还要突破预想的极限。作为一个地区，新英格兰只有700万人口，但是它的代理人增长速度仅次于加利福尼亚州。这个地区也具有多样的本地条件，索特洛夫想方设法将这些条件统一起来。施耐德认为他已经准备好了；他推动索特洛夫进驻欧洲并且撼动欧洲市场，就如同他在新英格兰那样。

施耐德和波茨勒选择了欧洲的本地经理人，这些人熟悉本地文化和状况。索特洛夫在他们身上没有看到他在新英格兰看到的那种动力、激情以及对品牌的专注。当他会见地区经理人时，这些人彬彬有

第8章 一飞冲天

礼,但是爱理不理——就好像他们期望索特洛夫很快就会打道回府一样。索特洛夫站在这群人面前,像施耐德鼓舞他那样鼓舞他们。"你们做得不是非常好,"他说,"如果这是一家传统企业,我们要寻找的是新经理人。我们需要做得更好。但是如果我们想要有所改变,我们就必须要以非常不同的方式思考。请用接下来的5分钟思考你是否真的想要留在这里,你是否想要与我合作,你是否想要以后日夜辛劳,发展壮大这个企业。如果你想要离开,悉听尊便。我在这里准备了一些相互豁免协议,大家不要勉强。你们今天就可以回家。"于是他坐了下来。

20位欧洲经理人睁大了眼睛。他们仔细打量着他,没有人离开。其中一位经理人后来告诉索特洛夫,他都不敢呼吸。漫长的5分钟后,索特洛夫又说话了。"好吧,如果这是我们的起点,那么我们将从这个起点共同向前进。我们要努力工作,你们会取得成功。"

索特洛夫的5分钟凝视成为欧洲市场的转折点。增长变成了战斗口号。每次成功都赢得了索特洛夫的握手祝贺,紧接着是索特洛夫式的问题。"好,你打算如何更上一层楼?你有什么计划?"鞭策和辛劳换来了增长,也带来了自豪感。从冰岛到土耳其,经纪人和所有者开始骄傲地将瑞麦胸针别在了胸前。在欧洲,拥有和经营一家有着国际背景的房地产企业是一个新颖而又创新的想法。在他们的社区和城市里,这些瑞麦领导人被看作是了不起的商人。葡萄牙的一名经理在18个月里招聘了900名代理人,获得了葡萄牙政府颁发的增长速度最快企业经理人大奖。

林内格在丹佛市密切跟踪每个地区的增长状况,而且也看到了全局。他对瑞麦的预测很大胆——2004年增长到10万名经纪人,2005年增长到11.5万名经纪人;1994年两个国家,2004年52个国家。我们丝毫没有看到林内格的团队安于现状的迹象。实际上,我们看到了令人信服的证据,瑞麦着力于下一波增长。许多地区所有者都快实现目标了。一些人培养的子女或领导人已经准备好接过他们手中的火炬。其他人则在寻求退出战略。踏实苦干是现如今的法则。经纪人和所有者正在与其他经纪人和所有者合作扩大他们的企业规模,提升运营的系统性,为买断做准备。瑞麦国际准备将更多的企业纳入旗下,就好像弹簧那样盘成卷状,准备释放。

真正意义所在

林内格在过去的几年里成熟了,但是他从未熄灭心中的火焰,也没有丢掉对增长的不懈追求。他以非常舒适的方式取得了成功,就像成功是自然而然的一样;但是他没有表现出优越感。他始终都是一个非常有爱心的人,给人一种铁汉柔情的感觉。他似乎毫不虚伪地接受领导责任,就好像他对自己给人们生活产生的巨大影响始终怀着谦逊的态度。如果说他的世界因为他奔走的距离而变得广大无边,那么他的好奇心和使命感似乎也相应地增强了。

他和盖尔不断寻求更多的途径来回报社会。作为拥有巨大物质财富的人,他们不想被物质需求所吞没。你能住多少栋房子?你能开多少辆汽车?你能吃多少次牛排?他们想要将回报与他们和瑞麦人在乎的理念结合在一起——建造一座世界一流的高尔夫球场来举办慈善锦标赛;建造一座野生动植物博物馆来保护大自然和教育儿童;帮助医院、避难所和治疗中心——因为他和盖尔知道需要关怀意味着什么。

林内格从来都没有失去他的羞涩感,但是他的舞台气场似乎增强了。他已经习惯于人们向他寻求远见卓识。未来的 10 年会是什么样子?我们应该关注什么?我们如何才能够到达那里?他有未来意识,对未来始终都抱有希望,而且能够清楚地认识到现状和未来之间的差距——这是一种与沙克尔顿非常相似的忧患意识。

我们问他,他认为瑞麦的整个历程究竟意义何在。他说,多年来,他坚信他知道这个问题的答案,然而,有一天,他意识到自己大错特错了。他给我们详细讲述了自己的领悟。

第8章 一飞冲天

当盖尔·林内格在那场飞机失事灾难中受伤后,林内格给她买了一个玻璃容器。这个玻璃容器里有小植物和苔藓。在接下来的3年里,盖尔住院期间,林内格照顾她的玻璃容器,给它浇水。他没有园艺技能。根部开始被藻类覆盖,泥土看上去也不健康。他告诉盖尔,他想把它扔掉。"我已经把这个东西毁了,"他说,"我给你买个新的。"盖尔不同意。"不要扔掉,那是我的盆栽植物,"她说,"从我受伤之后就属于我了。"林内格费力劝说她,但是没有用。最后,他说:"好吧,至少让我重新栽一遍。"

他将从来没有离开过这个玻璃容器的植物取出来,重新栽植。离开了玻璃容器的植物开始生长。如今,这些植物长到了10英尺高,碰到了他们家的天花板。

思考着这种显著的变化,林内格幡然醒悟。这就是瑞麦的重要意义。他曾认为瑞麦的全部意义就是招聘顶级生产者并且赢得市场份额,但是实际上比这一点更简单、更深奥。瑞麦的真正意义是给人们成长的空间和关爱。当林内格清除掉传统房地产体系的内在藩篱和障碍后,他给了代理人成长的自由。他的宗旨很简单:推广你自己。尽可能宣传你自己,协商你自己的佣金,决定你自己的交易,以你知道的方式增长你的业务。没有了限制性边界,但是凭借专注于成功的其他人的支持,代理人能够成功超越他们一直以来认为的极限。

这是人人皆赢的世界观。这也是我们认为能够让世界变得更美好的信仰。

战略举措

坚守人人皆赢理念,你就会赢。

瑞麦拥有不可思议的运营能力。剖析它的文化,我们可以发现显而易见的冷静、全身心投入、不慌不忙。它精确地领导了变革,就好像

人人皆赢:RE/MAX 背后的故事和经验

是在实践约翰·科特的领导变革八步法。与此同时,瑞麦对每一个职位都有后备人员。它的系统化方式的优势在于,组织始终保持平衡和统一。领导人知道,运营是战略的核心,"人人都有责任",首先从高层领导人开始。最重要的是,我们在研究中发现,许多组织忘记了"移交"意味着传递责任和职责。在瑞麦,不存在推诿扯皮的现象。我们认为,这是企业值得考虑的优秀的模式。

● 组织必须每一天磨砺和推动梦想。领导人创造和强化企业文化,员工在这种企业文化中通过持续完善梦想而受到激励。

● 即使你认识一个人,在聘用之前也要全面面试,确保你可以获得最契合企业需求的良才,而且这个人要真正相信梦想。

● 指数级增长并不是一蹴而就的。通过保持同一个核心领导团队、战略、梦想、品牌、增长模式和核心原则,并且孜孜不倦地耐心工作,直到时机成熟,瑞麦经过10年的辛勤耕耘后"从优秀走向了卓越"。

● 保持开放心态,在全球扩张时灵活改变经营计划的细节。为了让计划在新环境中顺利实施,你的组织需要对计划进行微调。只有核心原则的改变是没有商量的余地的。

● "尽一切可能取得成功。亡羊补牢,为时未晚。车到山前必有路。只要不损害品牌,怎么做都可以。"

● 让不契合梦想的人离开。为了拥有人人皆赢的体系,承认弱点,立马补救。时刻关注那些因为不正确原因而认同梦想的人。

● 密切关注未来领导人。有意给他们安排有挑战性的岗位和任务。细心培养他们,为了他们的未来,也为了公司的未来。

● 林内格的箴言:"如果我能够买卖千里马,我就是富人了。"比员工自己更信任他们,从而鼓励和激励员工。

● 当你发现了王子或公主,支持他们战胜极端困境或个人困境。将王子和公主看作是无价之宝。

● 作为领导人,与尽可能多的员工打成一片。要知道,简单的一次褒奖或分享其作用能够持续很长时间,而且将强化员工的斗志,推动他们朝着梦想而努力。

- 满足员工的需求,让他们感受到生活上的帮助,而不仅仅是工作上的支持。在瑞麦,安全、健康和一些保护信息都展示出了工作之外的关爱。
- 作为一个组织,通过慈善事业回馈社会。这不仅向公众和员工表明你的关爱,而且还可通过这种方式激励他们的工作。
- 在出差或其他工作场合中,有意将未来领导人与高层领导人结成对子,不论是乘坐出租车、用餐、游戏或项目实施,从而将学习体验最大化,为年轻领导人创造导师关系的纽带。
- 不要害怕招聘比你能力强的人。招聘有最大才能的良才——只要他们拥有正确的态度、激情和常识。
- 积极为你自己和高级领导团队寻找接班人。辅导年轻领导人,搭建与年青一代的沟通桥梁,确保在现任领导人离职时能够平稳过渡。
- 创造"我们"文化,而不是"我"文化。
- 提前培养继任者。创造一个信任环境,让其他人能够在有人员离职或者发生个人紧急情况时接手项目。
- 领导的本质是给予人们成长的空间和关怀。

经验总结

经营心态需要公式化毅力,从而带来指数级增长。

坚持人人皆赢的理念和原则是一种运营思维。正如瑞麦近期在欧洲再次认识到的,成功并不是一蹴而就的。对梦想增长和管理的投资需要花时间来建设基础设施,用来帮助富有激情的拥护者们提高自我,以及形成鲜明的品牌化概念(比如 OMD)。要将所有这些因素整合起来,保持强大的领导力,在持续重视和关注所有实施细节的同时,持续提升人的水平,始终坚守和兜售梦想:这些是能够创造爆炸式增长和势不可挡的增长势头的关键要素。正是这种专注的驱动力模型才使得瑞麦出类拔萃,非常值得研究。(参见图 8.2)毕竟,当你有 10 万名员工时,保持每年 20% 的增长率要比只有 5000 名员工时困难得多。

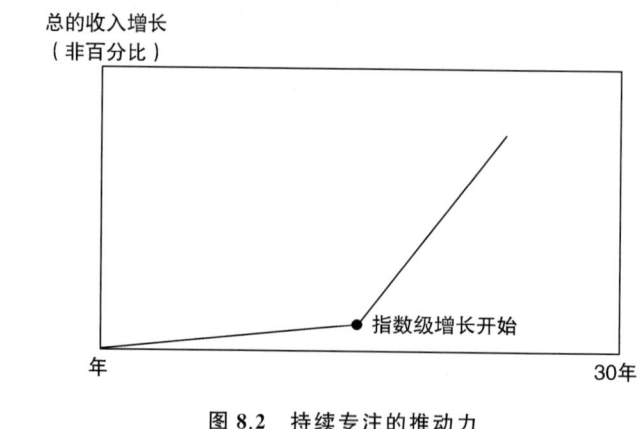

图 8.2 持续专注的推动力

第 9 章

研究性学习

第9章 研究性学习

在深入研究瑞麦的同时，我们也对其他最优秀的高增长性、高影响力的跨国企业进行了对标分析。本章总结了我们对这6家高增长性、高影响力标杆企业的相关研究结论：沃尔玛、麦当劳、诺基亚、宝马、丰田和佳能。高增长性、高影响力公司是已上市的全球化品牌公司，拥有连续30年的收入和员工增长纪录，而且并不是主要通过收购的方式实现增长。我们的直觉是正确的；我们发现了宝贵的洞见，从而让我们超越了我们分析瑞麦得出的结论。

我们的标准

我们在3年前开始了本书的研究。那时，我们相信，组织的内生性增长将会持续具有挑战性。当时在2000—2001年，经济正处在下行周期。事实证明那是过去30年里比较具挑战性的经济环境之一，而且截至2005年本书出版时仍然在影响全世界的许多地方，但是对于我们而言是恰到好处的时机，因为它成为我们开展研究的实验室。有趣的是，这次突如其来的严峻的经济形势令专家学者、预测者们全都措手不及，许多人现在认为这场经济危机在一定程度上是由于失去对内生性增长的重视所致。我们想要深入了解高增长性、高影响力企业做了哪些正确的事情，才能帮助它克服所有那些影响企业回到正常增长水平的因素（是指那些使得组织不断回退到平均增长水平的自然之力），持续保持高于平均水平的增长。

此外，我们有这样的一个理论：行业一流的企业（基本上是我们认为具有高增长性、高影响力的企业）能够而且确实在所有经济阶段（包括经济衰退）都实现了增长，打破了商业周期。我们进一步推测，一些企业可能拥有自己保障高增长率的成功方程式和实践经验。我们想要向这些企业学习，报告我们的研究结果。我们知道，的确存在成长型企业，大多数是像零售行业中的沃尔玛和家得宝这样的大企业，这些企业以难以置信的速度增长。然而,我们不愿追随像通用电气和微软这样的标准典型成功案例。我们采取了更具分析性的方法,从零开始。我们想要避免只具有持续底线增长的企业,因为我们知道,许多公司主要通过降低成本实现了增长,而没有增加整体营收。我们想要研究主要通过扩大产品、服务、市场和地理区域而实现增长的企业。我们认为,通过并购实现的扩张会影响我们判断企业如何实现"真正的"内生性增长的能力。我们的目标是识别真正具有最稳定的顶线增长的全球化企业最佳范例,这些企业也被认为是高影响力企业。我们选择上市公司是因为我们能够获得所需的信息。

按照这个思路,我们研究了增长型企业,阅读了他们的年报,与世界各地的高影响力领导人讨论了增长,始终在寻找和识别高增长性、高影响力企业。由于有那么多企业需要研究,我们认识到必须打磨我们用来寻找最佳高增长性、高影响力企业的标准。

在经过仔细回顾和研究后,我们缩小了定义范围,我们认为的高增长性、高影响力企业必须满足以下 5 个标准:

1. 全球化,业务开展遍布全球,在许多国家和至少 3 个大洲设有分支机构。

2. 持续增长,即,年复一年地增长(几个例外情况详见后文),而且至少持续二三十年(最好是 30 年)。

3. 知名全球化品牌。

4. 努力成为行业龙头老大。

5. 有机成长企业,即,增长必须不是主要通过并购实现。

事实证明,我们的标准给企业设定了很高的门槛,只有少数企业达标。我们最终选中了 20 家顶级企业,即使如此,大多数企业仍然不能达到我们设定的标准。表 9.1 按照地区和筛选标准显示了"前 20 大企业"。

我们发现,这次搜索的真正难点在于找到持续 30 年不通过收购而实现增长的企业。因为我们希望这次研究成为国际研究,我们决定在

第9章 研究性学习

研究中包含6家代表世界上3个不同地区的企业。我们于是从北美选择了两家企业、从欧洲选择了两家、从亚洲选择了两家。主要困难之一是找到不通过收购而实现增长的欧洲企业。比如，我们发现，欧洲高增长性增加值企业名单（斯图尔特，"盈利性增长冠军"）中的所有20家企业在很大程度上是由于并购而增长。而且，《财富》杂志的2004年全球500强企业中的欧洲50强企业榜单显示，50家企业中的48家企业都主要通过收购而实现增长。在确实实现强劲有机成长的少数企业中，这些企业没有足够强大的品牌或声誉，不能用作此次研究中的标杆企业。

表9.1 前二十大标杆企业

	公司	大洲	结果
1	通用电气	北美	淘汰，标准5
2	沃尔玛	北美	纳入研究
3	麦当劳	北美	纳入研究
4	强生	北美	淘汰，标准5
5	辉瑞	北美	淘汰，标准5
6	埃克森美孚	北美	淘汰，标准5
7	宝洁	北美	淘汰，标准5
8	英特尔	北美	淘汰，标准1
9	雀巢	欧洲	淘汰，标准5
10	葛兰素史克	欧洲	淘汰，标准5
11	英国石油	欧洲	淘汰，标准5
12	宝马	欧洲	纳入研究
13	诺基亚	欧洲	纳入研究
14	慕尼黑集团	欧洲	淘汰，标准3
15	罗伯特博世	欧洲	淘汰，标准3
16	丰田	亚洲	纳入研究
17	索尼	亚洲	淘汰，标准5

人人皆赢:RE/MAX 背后的故事和经验

续表

	公司	大洲	结果
18	本田	亚洲	淘汰,标准1
19	佳能	亚洲	纳入研究
20	日本电报电话	亚洲	淘汰,标准1

我们认定,21 世纪初的全球市场是拥有增加值心态的收购世界。我们研究的大多数企业似乎都主要着眼于盈利,而不是提升产品或服务的价值。在过去 10 年里,我们怀疑企业实现的收入增长的大部分都来源于收购,而非有机增长。这种情况在欧洲更加普遍。总体而言,从经济的角度对这个现象进行分析可能比我们在这里分析更有意义。

为什么这种收购式增长趋势在欧洲国家中如此普遍呢?原因如下:

欧洲公司规模较小,更多地在本国区域内发展。欧洲市场尚未被统一。例如,加利福尼亚州是世界上第 6 大经济体;它比全世界 90%以上的发达国家的规模还要大。欧洲各小国在没有统一的更大型的欧洲经济体时,几乎无法与大型经济体(比如美国和日本)进行竞争。因此,欧洲公司可能将并购作为防御战略。

有了这个结论,我们更大程度上依据连续 30 年保持增长的标准来选择欧洲高增长性、高影响力公司。我们仍然保留那些有着一个强大的全球化品牌,并且决心取得行业和地区领先地位的企业。这次研究中,我们选择将宝马和诺基亚作为欧洲标杆企业进行研究。

在选择全球经济的所有三大区域内的最终入选公司时,我们发现持续的真正增长很难找到。我们的研究小组认为,持续专注于提升品牌优势、提升产品或服务价值,以及努力寻求全球扩张的企业少之又少。这里的关键词是持续。所幸的是,一些有机的高增长性、高影响力企业通过了我们的测试,这是更值得研究的。他们是如何做到的呢?思维有正在从收购式增长向有机增长转变的趋势吗?我们研究的时机似乎刚刚好。这使得瑞麦（我们的案例研究）这样的公司以及研究组中包含的沃尔玛和麦当劳等公司更具有示范性，因为它们在各自行业中拥有高增长率、强大品牌和卓越声誉。

我们的研究结果

通过深入研究以及围绕着我们的筛选标准的一些小幅度让步（我们已经在文中指出），从而使我们能够按照研究思路选择了两家北美公司、两家欧洲公司和两家亚洲公司，作为我们认为可以用来对标的6家最棒的高增长性、高影响力公司。以下是我们的分析和结论。

我们的初期研究被证明非常有价值，因为我们立即看到，在衰退时期表现更好的企业显然都拥有梦想，而且主要着眼于内生性增长。然而，这个发现虽然很有趣，但是对于我们研究团队而言是不够的。我们想要透过表面看本质去了解更多。是否存在一个像在瑞麦发现的那样的通用的模式？这些企业的经营方式是不是都遵循了一些相同的原则，从而使它们获得奇迹般的成功？随着我们的研究愈发深入，我们逐渐发现了这6家企业经营之道的根本。高增长性、高影响力公司知道如何专注于关键少数，而且坚定地相信自己克服经济环境因素取得成功。

显而易见的是，实现了持续增长的企业是那些有能力持续聚焦于增长的企业。它们认为自己即使经济衰退，也依然可以继续保持增长。当然，这些企业在经济转好时能做得更好。然而，它们都拥有实现无风远航乃至逆风航行的战略。

选择的6家公司

在我们识别的6家高增长性、高影响力公司中(沃尔玛、麦当劳、诺基亚、宝马、丰田和佳能),只有两家公司连续保持了30年以上增长:沃尔玛和麦当劳。其他几家公司在30年里基本上呈显著增长,但是其间也有一些可以解释的业绩下滑。它们都是高影响力的全球化公司,拥有强大的品牌,致力于成为行业第一。它们都不是通过大型收购实现的增长。我们发现的一个事实是,不通过收购而实现长期连续的增长是极其罕见的事情。图9.1和9.2显示了6家高增长性、高影响力标杆企业的各年收入及员工的年增长率。

根据我们的研究标准,我们为这6家高增长性、高影响力公司以及瑞麦建立了高增长性、高影响力评分表(表9.2)。其中有一些令人惊喜的发现。建立评分表时,我们的研究人员采用客观标准,并且尽量采用第三方指数,以便得出客观有效的结论。

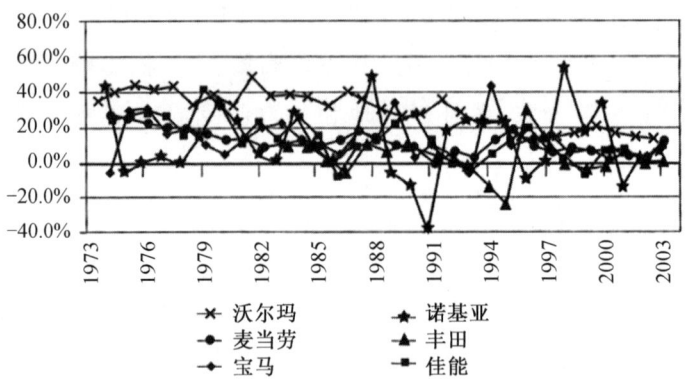

图9.1 选定的高增长性、高影响力公司的收入增长(按照年份和增长百分比)

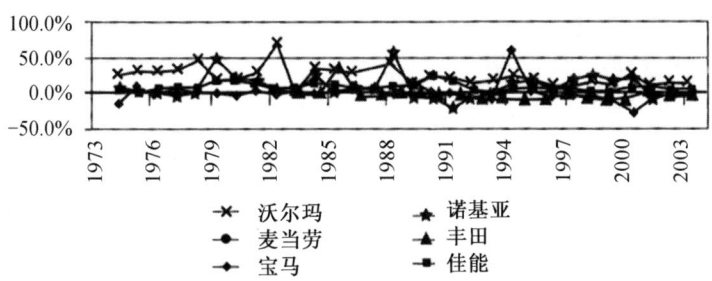

图 9.2 选定的高增长性、高影响力公司的员工增长（按照年份和增长百分比）

我们创造了高增长性/高影响力评分系统，按照我们的 5 项标准给每家公司进行排序。每一家公司根据它们相对于其他 6 家公司的位置而获得了 1 到 7 的排名，1 表示最佳。这些排名加总起来，得出每个公司的总分。最终分数在表 9.2 中列出。瑞麦和麦当劳并列第一。令我们惊讶的是，沃尔玛在总排名中位居第三位。我们以为它会与瑞麦并列第一，或者位居第二。沃尔玛排名在第三位的原因是，它没有像其他标杆企业一样进行全球化扩张。在全球布局的排名中，沃尔玛垫底（7 分），因为它只在全球 11 个国家开展经营。而且，由于不像其他公司那样具有全球化规模，沃尔玛不具有像其他公司那样的全球品牌认知度。这两个类别的得分使得沃尔玛在我们的高增长性、高影响力分数表中下降到第三位。

表 9.2 我们的高增长性、高影响力评分表*

公司	全球化	增长	品牌	行业第一的目标	收购
宝马 总分：20 排名：#5	71 个国家 6 个大洲 #1	欧洲第 17 大高增长增加值企业 #7	全球第 17 大品牌 第 15 大最受尊敬的企业 #6	《财富》2004 年全球 500 强排名第 74 位 #4	罗孚、迷你和劳斯莱斯 #2

人人皆赢:RE/MAX背后的故事和经验

续表

公司	全球化	增长	品牌	行业第一的目标	收购
佳能 总分:22 排名:#7	42个国家 5个大洲 #5	亚洲第6大高增长增加值企业 #6	全球第35大品牌 #7	信息技术公司百强排名第45位 #3	无 #1
麦当劳 总分:8 排名:#1	119个国家 6个大洲 #1	30多年逐年增长 #3	全球第7大品牌,《品牌周刊》美国2000强品牌排名第2位 #1	特许经营500强排名第7位,《财富》500强排名第114位 #2	收购小辣椒、波士顿市场、多纳托比萨餐厅和普雷特公司的股权。 #1
诺基亚 总分:21 排名:#6	50个国家 6个大洲 #4	欧洲第7大高增长增加值企业 #5	全球第8大品牌 #4	消费者产品:2004年年度设计奖金奖 #5	历史上许多次并购。 #3
瑞麦 总分:8 排名:#1	52个国家 6个大洲 #3	31年逐月增长 #1	到2004年底之前,将在品牌广告上投入55亿美元 #2	全世界增速最快的房地产特许经营企业 #1	无 #1

续表

公司	全球化	增长	品牌	行业第一的目标	收购
丰田	27个国家 6个大洲	亚洲第1大高增长增加值企业	全球第9大品牌 第8大最受尊敬企业	《财富》2004年全球500强排名第8位	无
总分：19 排名：#4	#6	#4	#5	#3	#1
沃尔玛	11个国家 4个大洲	美国第2大高增长增加值企业,30年逐年增长	第1大最受尊敬企业	《财富》100强和财富全球500强排名第1位	很少收购,而且会保持非收购式增长。
总分：13 排名：#3	#7	#1	#3	#1	#1

* 总分越低,代表高增长性、高影响力的分数越高。

高增长性、高影响力企业如何实现增长

是什么使得这些企业在30年里成为高增长性、高影响力公司呢？我们发现了5个一致的主题：

(1)聚焦顶线增长,通过主要产品和服务的扩张实现业绩增长。

(2)一致性。

(3)品牌认知度。

(4)保持创新与运营之间的平衡。

(5)有魅力的领导者。

人人皆赢:RE/MAX 背后的故事和经验

1. 聚焦顶线增长,通过主要产品和服务的扩张实现业绩增长

6家高增长性、高影响力公司都知道如何将核心聚焦于产品和服务,为核心产品和服务创造活力。高度专注之外,每一家公司还实现了有同样专注力的领导人的连续性。

在6家标杆企业中,全球最大零售商沃尔玛的顶线增长高居榜首。沃尔玛非常专注于增长,以至于人们不知道是该爱上沃尔玛的低价,还是该憎恨它创造出的令竞争者乃至供应商望而生畏的帝国。不论人们如何看待它,不得不承认的是,沃尔玛拥有极强的专注于顶线增长的能力。"麦肯锡全球研究院的研究人员去年估计,沃尔玛的效率极高,以至1995年到1999年的美国经济的生产力增长的4%归功于沃尔玛一家公司。没有哪一家公司能够产生这么大的影响。沃尔玛还迫使竞争对手提高了效率,推动了美国生产力(每小时产出)的提升。"(戈德曼和克里兰:《建立在廉价上的帝国》)

我们发现,当我们的高增长性、高影响力公司失去重点时,它们也会失去顶线增长。宝马1994年对英国罗孚集团的收购导致宝马在品牌和营销方面遭遇了重大挑战,使得宝马的收入和增长受损。但是宝马知道,通过产品优势实现的顶线增长是最重要的,而且罗孚的产品线正在影响宝马专注于产品优势的能力。"自宝马2000年出售罗孚集团股权并且放弃了收购大众市场品牌的想法后,这个市值500亿美元的汽车制造商小心谨慎地推出一个又一个畅销型号,从高级SUV到双门轿车和敏捷跑车。每推出一个新款都带来了增长,自2000年以来收入增长11%,利润增长61%。"(埃德蒙森:《宝马:让小车市场发狂》)我们从宝马收购罗孚中能够收获的最大教训就是,宝马在专注于核心焦点领域,专注于自身的优势产品和服务(豪华车,而非大众市场品牌)时取得了更大的成功。

这也是我们在瑞麦观察到的结果。作为瑞麦的成功领导人之一的丹尼斯·科廷这样比较他在瑞麦的经历与他之前的职场生活:"我们实现了30年直线增长。我们只谈论招聘和留住经纪人以及提高市场份

额,这在商业环境中是那么地令人愉悦,因为你不需要花费任何时间来担心公司规模缩小。你的所有问题都可以通过提高销售量或者招聘更多的员工来解决——每年实现20%到30%的业务增长。"

2. 专注性

我们的所有标杆企业都具有专注性(alignment)。所有6家公司都具有专注于核心优势领域的独特能力。这些核心领域受到核心能力(产生竞争优势的来源)的支持,而核心能力与每家公司及其员工拥有的具体能力相关联。我们在标杆企业中发现了一个有趣的真理。高增长性、高影响力公司专注于学习,但并不是学习一切事物,它们专注于围绕能够使它们在市场中独树一帜的领域持续学习。

所有6家公司只考量和汇报它们的核心领域。它们只考核关键少数指标,始终专注于聚焦的特定领域。它们能够清楚地了解自己的核心增长能力,因为它们不断考核聚焦领域的进展。

瑞麦就是一个很好的专注性范例。瑞麦只汇报对其增长有至关重要作用的指标,而且非常高效率、高频率地对其进行考核。如果你走进戴维·林内格的办公室,你会发现他的办公桌始终都只摆着一份报告,他每天都会收到这份报告。这份报告汇总的是办事处的数量、员工人数、办事处的产出以及员工的产出。这些是林内格需要的唯一数字,以确定瑞麦是否在核心领域实现增长。如果瑞麦员工和办事处正在增长而且创造收入,戴维知道瑞麦自身也正在增长。

伟大的公司都有独特的衡量自身增长的方式。麦当劳多年来度量的是汉堡包的数量,现在在它的金色拱门标志下明显地显示出"已售出数十亿个汉堡包"。沃尔玛度量的是客均收银金额以及每日顾客数量。宝马和丰田度量每个经销商的订单数量。这些是它们的核心领域,推动顶线增长。

3. 品牌认知度

6家高增长性、高影响力公司中的每一家都认识到品牌的重要性，而且知道如何利用品牌。所有6家公司都是《商业周刊》2003年全球品牌排行榜或《财富》2004年全球最受尊敬公司榜（或者二者）中的上榜企业。这些排名可以在我们的高增长性、高影响力评分表中看到。我们的研究表明，增长和品牌之间存在很强的关联性。我们的结论是，专注于品牌的公司拥有最高的围绕该品牌的指数级增长机会。

增长型公司的增长动力在于它们能够在一切行为中利用品牌。从瑞麦创建伊始，甚至在没钱可花的时候，瑞麦也将仅有的资金用在了标志牌、别针以及代表瑞麦气球的其他任何事物上。

麦当劳在我们的研究中是全世界头号品牌领导者。它的品牌是全世界最广为人知的品牌——96%的美国小学生都能够认出罗纳德·麦克唐纳，金色拱门现在的知名度超过了许多宗教符号。但是，麦当劳也有负面媒体报道。当它受到媒体抨击时，例如因为供应低营养食物而饱受诟病时，它立即调整和改善产品线，以满足消费者。然后，麦当劳运用这些变化来发起宣传攻势，重振品牌形象。

佳能因为专注于品牌而获得了回报。这家公司一直以来因激发消费者群体中的品牌忠诚度而广受推崇。《福布斯》近期刊登了一篇报道：

美国黑白和彩色激光打印、复印机市场份额品牌领导者佳能（美国）公司今日宣布，《品牌周刊》杂志在品牌之钥赞助的"2004年《品牌周刊》客户忠诚度奖"活动中，将这家数字成像领导者评为"办公复印机"行业第一名。佳能在过去22年的21年中一直主导着美国黑白复印机市场，拥有最大市场份额。它还主导着美国彩色复印机市场，连续17年品牌份额排名第一。（《品牌周刊》将佳能评为第一）

诺基亚在2003年《商业周刊》全球品牌排行榜中是第6大全球品牌。它是一家欧洲公司，不仅在美国建立了强大品牌知名度，而且还积极拓展全球品牌知名度。诺基亚是欧洲公司的一个了不起的典范，基于品牌知名度形成了全世界范围的业绩增长引擎。

4. 保持创新与运营之间的平衡

6家高增长性、高影响力公司都持续对产品研发和改良进行投入，同时不断扩张地理版图。这6家公司非常注重保持平衡；它们认识到，仅仅专注于增长会导致企业走向灭亡。保持平衡能够创造长期持续的增长。丰田就是在每年改善产品和服务时仍可以平衡增长的典范。《财富》杂志的一篇文章（泰勒：《丰田的秘密武器》）这样报道，"哪怕是最微小的问题——任何问题——都会立即引起公司的注意。当丰田长期保持的质量优势去年开始收窄时，它立即开始重新检查所有生产制造工序。"丰田已经掌握了创造、销毁和演变的艺术。在聚焦增长、新产品创新以及现有产品线的完善的同时，它不断地进行平衡。

我们发现，创新与运营的平衡需要企业具备创新和学习的文化，员工在这种文化中能够得到成长和发展。6家高增长性、高影响力公司全都重视创新和完善，而不是仅仅专注于提高工作效率和效果。伦敦商学院的苏曼特拉·格沙尔认为，世界上最成功的企业之所以年复一年地增长，是因为它们营收的25%来源于新产品、项目和服务。他的"525法则"指出，公司的销售收入的25%应该来源于过去5年里推出的产品。在考虑收入的价值和持续增长能力时，这个法则是值得企业探索的一个极好概念。佳能首席执行官御手洗富士夫就是新产品和服务推动增长的例子。"御手洗富士夫说，佳能推动产品日益改良的方式是佳能成功的核心。佳能如今销售的60%以上的产品都是过去两年里推出的产品。"（霍斯滕：《佳能瞄准施乐》）

5. 有魅力的领导者

6家标杆企业中的每一家都有一位富有魅力的创始人或现任领导人。我们所说的魅力并不是指传统意义上的魅力。我们在瑞麦以及其他高增长性、高影响力公司中看到的领导人具有以下魅力：精力充沛、

人人皆赢:RE/MAX 背后的故事和经验

以行动为导向、人脉广泛、坚定、超凡专注的动力。这些领导人不仅仅是公司首领。他们是相信分享梦想、传播公司愿景和文化、激励员工,以及为增长注入动力的真正领导者。戴维·林内格完美体现了这类领导者的特质——羞涩,不擅长取悦于人,富有领导魅力,推动瑞麦的文化和增长。我们的高增长性、高影响力标杆企业提供了一些明显有魅力、有远见的企业领导人的例子。

山姆·沃顿是沃尔玛的创始人。他的梦想是在美国各地的城镇开设折扣店,通过智能零售让利给顾客。即使他在 1992 年去世,他的影响在公司内部依然存在而且很强大。沃尔玛的经理和员工经常引用他的话,他的信条仍然是沃尔玛经营方式以及顾客购物体验的基础。他的一句名言是"顾客就是上帝。顾客可以解雇公司上下的每一个人,上到公司董事长,下到普通员工,解雇的方式很简单,在别的地方购物。"他的客户服务理念是他分享给沃尔玛在美国和全世界的 150 万名员工的梦想。

1954 年,麦当劳的联合创始人雷·克拉克在加州看到了麦当劳餐厅,他知道这是他想要完善和复制的模式。

当雷·克拉克获得了麦当劳的总特许经营权后,他没有照搬麦当劳餐厅的经营模式,而是加以改良。在克拉克看来,第一家麦当劳餐厅只是一个模型或原型,可以在全世界的城市和城镇复制再复制。

他没有亲自挽起袖子去经营这家低档餐厅,而是开始分析原始麦当劳餐厅的每个经营职能,从采购到准备再到烹饪和清洁。他没有改变麦当劳理念的内核,而是加以改良,开发了一套全面的标准和程序,实际上建立了一个以麦当劳方式经营汉堡摊的全套体系。

克拉克告诉他的加盟商,如果遵循麦当劳的体系,他们就能够给顾客提供原始麦当劳所提供的食品和服务,而且还最有可能成为成功的企业主。我们现在知道,这个模式成功了,而且几乎是毫无例外地成功了!(劳贝:《雷·克拉克的经验教训》)

克拉克的驱动力和完美主义使得麦当劳能够以第一家麦当劳餐厅

第9章 研究性学习

的相同口味、相同清洁度和相同文化在全世界得以复制。正是他永不放弃和妥协的态度推动了梦想的前行。

佳能的领导人类型不同于大多数日本公司的领导人类型。佳能现任首席执行官御手洗富士夫在美国经营过佳能(美国)公司。"不论如何描述,与他互动的美国的首席执行官都认为他是日本商业领导人中的异类。'你在许多日本公司中会发现,首席执行官往往是名义领袖,'半导体制造商美光科技公司(佳能的一家供应商)的领导人史蒂夫·阿普尔顿说。'御手洗富士夫则完全不同。他积极领导公司,而且动力十足。'"(霍斯滕:《佳能瞄准施乐》)御手洗富士夫不认为他的管理风格实质上是美式领导风格。他认为,这是成功的增长型企业的风格。

这些领导人都以不同于我们通常想象的方式彰显出领导魅力——他们的魅力在于成功经营企业。这些高影响力领导人从来没有停止过辛勤工作,而且他们的精力和激情从来都没有减退。他们都完全专注于自己制定的目标——这就是梦想。即使到了今天,虽然瑞麦已经是世界头号房地产网络,如果你在周六早上7点给林内格的办公室打电话,你依然会听到这样的回答,"嗨,我是戴维。"这里值得学习的一大经验就是,这些领导人能够将整个组织的精力集中在正确的事情上。他们的专注告诉整个组织应该将时间用在什么地方。所有高增长性、高影响力标杆企业都拥有专注的动力十足的领导人,这些领导人可以让整个组织围绕着公司的主要核心领域分配时间。

结 论

从标杆企业研究以及对瑞麦的实地研究中,我们对高增长性、高影响力公司有了非常深入的了解。我们在每章的结尾处阐述了所有重点和经验教训。我们还在研究结果中对6家对标企业分别进行了详细总结。在这里,我们列出五个要点,这些要点在其他书籍或研究中不容易找到。每一个重点都是可以立即应用实施的,而且可以大大促进你所在组织的增长。

1. 宏伟设想

人们从来不缺少想法。我们的结论是,你必须要将想法打磨成可行的方案,然后努力完善过程,才能获得一个能够兜售出去的梦想。按照第 1 章末尾处总结的将想法转变为梦想的过程,瑞麦成功了,所有标杆企业也是如此。阅读对有关公司的研究结果,再将这些公司与瑞麦进行比较。你会发现,每一家公司的创始人都花费大量的时间和心血来酝酿宏伟设想。然后他们将想法转变为可以兜售出去的梦想。我们在研究中可以非常清楚地看到,有那么多好想法不知所终。就好像这些好想法被绑架了一样。有时候,好想法也会因为其他原因而消失:过快地付诸实施;想走捷径;未能将想法与其他已经成熟的想法相结合;常见的不对想法加以检验。在与领导人谈论他们将想法转变为可兜售梦想的过程中获得的最重要的经验教训后,我们得出了这样的结论,一个关键的成功因素是必须要始终与梦想保持一致,并不是盲目保持一致,而是将梦想与现实相结合,然后就像温斯顿·丘吉尔那样,"永不放弃"。

2. 招募志同道合者

很多书籍都大书特书如何招聘合适的员工。我们在瑞麦和标杆企业中发现了不同之处,可能也是新颖之处。这里提出的理念有点像逆向招聘法。与其确定你的需求,招聘最佳人才,然后选择并且最终向他们兜售你的梦想,不如尝试一下这种方法:招募技能和知识,根据价值观和态度选择最终入围者,然后让最终入围者自我兜售他们为什么想要这个梦想。这里的不同之处是谁最终在向谁推销。瑞麦花费大量时间招聘人才,它首先兜售自己的梦想。这是招聘过程。然而,瑞麦成功的不同和关键之处在于,它以高于其他公司的淘汰率来选择员工,因为

第9章 研究性学习

它只选择认同梦想的人。这种方式对于其他成功公司也起了作用,比如西南航空、高盛和英特尔。

3. 创造内部循环和平衡

我们从研究一开始就认为,专注是伟大公司实现增长的关键点。在近期与EMC(一家实现连续17年惊人增长的增长型公司)董事会主席麦克·鲁德格斯的一次谈话中,我们问他,伟大公司成功增长的关键是什么,特别是在经济下行时期。他以老道的总裁式的表达风格和清晰的声音说道:"保持专注。"他着重强调了"保持"这个词。这次谈话强化了我们的结论:所有公司(甚至是表现出高于平均水平的专注度的强劲增长型公司)有时也会失去一致性。正是这样的问题使得公司需要不断努力恢复内部的循环和平衡。我们认为正是失衡抑制了企业增长。企业似乎天然具有容易转变关注点的倾向,有时更加倾向于增长,有时更加倾向于严格管理企业。在增长模式期间,往往更关注创新和生产力,这样会导致扩张和总体增长。遗憾的是,在这些时期,效率和效果就会受到损害,导致底线指标受到侵蚀。领导人正确的反应是,通过重新将注意力集中在利润上,让企业再次恢复一致性。然而,专注于企业增长和管理的高影响力领导人认识到,保持专注是要求即使在企业转变关注点时也仍然要时刻关注增长。他们通过从不放弃对卓越经营能力的追求,不断保持企业管理与增长之间的平衡来实现持续增长。

4. 品牌优势

我们研究的许多企业都未能进入标杆企业名单,因为它们没有品牌优势。很显然,我们研究的高增长性、高影响力企业热爱并且保护自己的品牌。然而,进入我们的20强名单(表9.1)的所有企业都形成了全球品牌。我们从研究中可以确信的是,品牌知名度(正如瑞麦或麦当劳的例子)能够成为企业增长的加速器。不论是公共或私人组织、营利或非营利性组织,甚至是政府机构,它们都能够创造品牌优势。当视觉

人人皆赢：RE/MAX 背后的故事和经验

图像、故事或者公司的创业理念创造了品牌形象时，就形成了品牌优势。正如瑞麦一样（一流市场形象——PMP），当品牌知名度与增长战略相结合时，那么就有可能形成品牌的绝对优势。值得注意的是，我们研究的所有高增长性、高影响力公司都有非常一致的品牌知名度投资经验。以宝马为例。你一开始会想到什么呢？现在再考虑丰田。每一家公司都显然不同，每一家公司都很强大——这就是品牌优势。

5. 队列骑行项目领导

最后一点也是最重要的一点。这一点非常值得人们对其进行更深入的研究，因为它能够改变领导人将时间分配给项目的方式。当我们深入研究究竟是哪一类领导人正在管理高增长性、高影响力公司时，我们发现，所有这些领导人都有队列骑行领导风格。他们富有魅力（如前文定义），不是政治家，而是踏实肯干、专注而且动力十足的领导人，也是团队的掌舵人。我们喜欢队列骑行领导力概念，因为这个概念的意义在于，高级领导人应该积极参与重要项目，必要时起到领导带头作用，来赢得一场比赛。领导人的时间分配始终都是一个问题。《执行：完成事情的纪律》一书的作者之一、知名的霍尼韦尔首席执行官拉里·博西迪，在辅导高层领导人时，始终会问："你如何分配你的时间？"时间是领导人拥有的一切。与环法自行车大赛一样，何时需要参与、多大程度上参与、何时需要身先士卒、何时需要退居二线，这些都是战略的一部分。它涉及精心的规划和设计以及大量的实践。那么队列骑行领导力的不同之处在哪儿呢？简单概括起来就是：领导人能够而且应该通过在大项目上及早以身作则、身先士卒，从而创造先发优势——为其他人铺平道路，确保始终带领团队冲向终点线，就像兰斯·阿姆斯特朗 6 次率队夺冠那样。

结束语

在为这本书做完了所有的准备工作之后,我们得出了一个简单的结论:企业的增长取决于领导的艺术。

我们认识到,通过将宏伟设想转变为可信的、可以分享的而且可以被队列骑行领导人兜售出去的梦想,梦想能够成真。当与企业的保持专注的能力相结合时,每个人都能够真正地成为赢家。我们相信这一点,我们希望您也相信这一点。

关于如何创造人人皆赢企业并且成为队列骑行领导人,欢迎联系 Linkage(www.linkageinc.com)或者致电 781-402-5555。

研究结果

研究结果

前六大高增长性/高影响力公司

宝马

　　宝马诞生于1913年,这一年,卡尔·拉普在德国慕尼黑附近开设了一家飞机发动机设计店。1917年,他将这家设计店命名为宝马。当一战结束后,德国飞机生产停止了,宝马转而生产铁路制动机,直到20世纪30年代。1932年,宝马推出了第一辆摩托车——R32。1933年,宝马推出了一系列大型汽车,但是这家公司在20世纪30年代主要为希特勒的纳粹德国空军制造飞机发动机,于1941年停止摩托车和汽车生产。二战后,宝马的工厂被拆除,宝马通过生产厨房和园艺设备而幸存下来,直到1948年,宝马推出了单缸摩托车。

　　20世纪50年代,宝马表现不佳,直到1959年,赫尔伯特·科万特以100万美元获得了宝马的控制权。新宝马专注于跑车生产,跑车成为该公司的一块成功的细分市场。20世纪70年代,宝马的欧洲出口量飙升,公司在美国开设了一家经销分公司。宝马于1986年推出了豪华轿车系列,于是开始了延续至今的宝马奔驰之战。

　　宝马是一家有着强大品牌、良好声誉并实现了长期增长的公司。它在历史上完成了一些收购,其中最不成功的收购就是1994年的罗孚收购。罗孚收购并没有给宝马带来财务上的优势。1998年,宝马不得不对赔钱的罗孚业务部门进行裁员。罗孚的工厂在1999年呈继续下滑趋势,这对宝马在1998年和1999年的总体收入造成了影响。宝马于2000年卖掉了罗孚后,收入开始再次增长。

　　尽管罗孚收购案给宝马的财务造成了损失,但宝马始终是欧洲的高增长性公司。2004年,宝马在《财富》全球500强中排名第74位,在《哈佛商业评论》的"盈利性增长冠军榜"的欧洲高增长性增加值企业榜单中位列第 17 位。宝马还在过去 30 年里保持了强大的品牌实力。它在《商业周刊》2003 年全球品牌排行榜上位列第 19 位,在 2004 年全球品牌排行榜中上升到第 17 位,在《财富》2004 年全球最受尊敬企业榜单中位列第 15 位。

宝马继续在现任领导人的领导下努力成为行业翘楚。"如今,欧洲存在着真正的活力——这种活力来源于卓越的企业领导人的出色表现。当然,痴迷于宝马迷你这种汽车的美国消费者给宝马首席执行官赫尔穆特·庞克也帮了大忙。但是,宝马取得成功的真正关键是庞克的领导能力以及他对制造和营销细节的细致入微的重视。"("欧洲之星";《商业周刊》网络版,2004 年 7 月 5 日)

佳能

1933 年,东京,御手洗毅和朋友三郎田开办了精密光学研究实验室。他们创造了日本第一台 35 毫米照相机,并于 1935 年以"观音"的名称引入市场。后来,他们将其更名为"佳能"。1947 年,随着品牌赢得了知名度,他们将公司更名为佳能照相机公司。1955 年,佳能在纽约开设了第一家海外分公司。它将产品多元化,开始生产商用设备。1969 年,佳能将公司名称中的"照相机公司"去除。

纵观佳能的历史,佳能一直以来都是商用和办公设备与照相机的创新者和发明者。从 1976 年发布第一个 35 毫米照相机电视广告以来,它就一直与世界头号照相机生产商正面竞争。御手洗毅于 1984 年去世,1993 年,他的儿子御手洗肇成为总裁,并且开始扩展产品开发。1995 年,御手洗肇去世,他的堂兄御手洗富士夫[34 岁的佳能员工,在 20 世纪 80 年代担任佳能(美国)公司总裁]被任命为总裁兼首席执行官。他如今仍然是佳能总裁。

佳能是一家激发品牌忠诚度的公司。它保持了 30 年增长记录,没有进行过任何收购,与此同时在全世界不断扩张,而且仍然在聚焦的技术和环保方面具有创新性。佳能在《哈佛商业评论》的"盈利性增长冠军"榜中的亚洲高增长性增加值企业榜单中位列第 6 位,在《商业周刊》的 2004 年信息技术百强公司中位列第 45 位。它还在《商业周刊》的 2004 年全球品牌排行榜中位列第 35 位,比 2003 年上升了 4 位。

佳能努力成为业内翘楚,不仅仅是在增长方面,还包括在产品、服务、客户忠诚度和环保意识等方面。它能够专注于与产品和服务相关的核心能力,这奠定了佳能作为高增长性、高影响力公司的地位。

● "大多数日本顶级制造商都通过在境外制造尽可能多的产品来解决国内的高成本问题。佳能则不然。到目前为止,这家日本最大办公设备制造商的战略是:专注于产品,而不是制造地点。

● 佳能想要通过将制造业尽可能保留在日本来"保持其核心能力"……相比之下,佳能的目标是将其生产业务的大约 60% 保留在日本,尽管其大部分收入(大约 75%)来自海外。本周初,佳能表示它将在未来 3 年里将资本支出的 80% 用在日本,以强化产品研发。而今年在日本的这一支出比例为 75%。("佳能制造战略以强劲收入获得回报":《华尔街日报》,2004 年 1 月 30 日)

● "'在佳能,他们知道自己的优势所在,他们继续专注于这些优势。'高盛东京分析师堀江新说。"(霍斯滕:《佳能瞄准施乐》,载《财富》2002 年 9 月 19 日)

● "佳能的优势更加显著,因为日本的其他高科技巨擘都在挣扎。日立、三菱、东芝、NEC 和富士通在截至 3 月的财年中都报出了亏损。佳能在 2001 年获得了 239 亿美元的收入,利润达到 14 亿美元。而 2001 年是世界经济低迷期。"(霍斯滕:《佳能瞄准施乐》)

● "御手洗富士夫专注于利润,而不是市场份额或者单纯意义上的规模。"(霍斯滕:《佳能瞄准施乐》)

人人皆赢：RE/MAX背后的故事和经验

麦当劳

1948年，迪克和马克·麦克唐纳在加州圣伯纳迪诺开设了第一家麦当劳餐厅。1954年，52岁的雷·克拉克以麦芽机器销售员的身份访问了他们的餐厅，被他们的"快餐"环境启发。他与迪克和麦克签署了特许经营协议，一年后，他在伊利诺伊州的德斯普兰斯开设了他的第一家麦当劳餐厅。1957年，克拉克在伊利诺伊州、印第安纳州和加州开设了14家麦当劳餐厅。1961年，克拉克以270万美元的价格买断了麦克唐纳兄弟的麦当劳餐厅。

1961年，金色拱门成为公司标识。1963年，克拉克在阿特·林克莱特电视秀节目中卖出了第10亿个汉堡包，罗纳德·麦当劳之家初次登台。1967年，麦当劳上市，播放了第一批电视广告。1967年，公司在美国境外的加拿大开设了第一家餐厅。下一年，它在菜单上增加了巨无霸汉堡，并且开设了第1000家餐厅。

20世纪70年代，麦当劳以每年500家新餐厅的速度增长。1974年，第一家罗纳德·麦当劳之家（为正在接受治疗的患病儿童家庭营造家的感觉）在费城开业，1975年出现了第一个驾车外卖窗口。克拉克于1984年去世。1990年，在全世界的关注下，麦当劳在莫斯科开设了第一家餐厅。两年后，麦当劳进入中国北京。此后在全世界不断扩张。

"麦当劳在全世界经营着大约28000家餐厅。它是美国的最大牛肉、猪肉和土豆购买者，也是全世界最大的零售房产所有者。麦当劳是美国顶级玩具经销商之一，也是最大的私人游乐场运营商。96%的美国小学生可以认出雷纳德·麦当劳。几乎八分之一的美国工人都在麦当劳连锁店工作过。麦当劳品牌是世界上最知名、推广力度最大的品牌。'金色拱门，'施洛瑟说，'现在的知名度超过了基督教十字架。'"
(《百人百味》，载《纽约时报》2000年1月1日)

研究结果

麦当劳公司是少有的连续 30 年实现非收购式增长的公司之一。它的品牌知名度无与伦比,该公司不断调整其形象,以取悦顾客并且继续保持行业翘楚地位。麦当劳在 2004 年 500 强加盟店中位列第 7 位,在《商业周刊》2004 年全球品牌排行榜中位列第 7 位。

- "麦当劳公司正在通过一次全国大型活动来努力复兴它的品牌形象……这场主题为'有人说麦当劳了吗?'的活动的目标是找回对麦当劳的温暖和模糊的感受。"(《媒体行业:广告;麦当劳开始一场品牌形象复兴大运动》,载《纽约时报》1997 年 10 月 2 日)

- "麦当劳去年在美国的销售额反弹,原因是在现有餐厅进行了菜单和运营改良,而不是扩张。作为该公司的第二大市场的欧洲的销售额因为健康沙拉的推出而复苏。"(《麦当劳利润提高 25%》,载《纽约时报》2004 年 7 月 22 日)

- "'这种稳定的发展势头是我们在 2003 年初启动复兴项目时计划实现的目标,'贝尔先生说,'我们将继续着力于在全世界范围内通过卓越的运营和领导性营销来进一步提高我们品牌与顾客的紧密度。'"(《麦当劳预计达到华尔街的季度指标》,载《华尔街日报》2004 年 7 月 14 日)

- "他(雷·克拉克)始终希望看到另一个金色拱门出现,他从未感到有必要为此道歉。'我们日复一日地提供顾客喜欢的食品。人们就是想多吃点麦当劳。'克拉克说。每一个销售人员都知道,给人们提供他们想要的准没错。"(《雷·克拉克:麦当劳帝国的缔造者》,载《商业周刊》网络版 2004 年 7 月 5 日)

诺基亚

诺基亚创建于 1865 年,这一年,弗里德里克·伊德斯坦在芬兰诺基亚河上开办了一家纸浆和造纸厂。诺基亚在芬兰表现不俗,但是却

人人皆赢：RE/MAX 背后的故事和经验

不为全世界知晓,直到它在 20 世纪 60 年代试图成为地区性的企业集团。它与法国计算机公司"公牛机器"合作,诺基亚为后者研发无线电发射技术。凭借芬兰政府的鼓励,1967 年,诺基亚与芬兰橡胶厂和芬兰电缆厂合并,组成了诺基亚公司。

由于 1973 年的石油危机,诺基亚开始将重点转向消费和商用电子产品。它的基础业务——造纸、化工和机械——经过现代化改造后扩展到机器人学、光纤和高端纸巾。通过其他一些并购,诺基亚进入到了电信和信息技术领域。20 世纪 90 年代,诺基亚加强了对电信领域的重视,出售了其他业务部门。

1993 年,诺基亚开始销售数字电话。它预计销售 40 万部数字电话,但是 1995 年,它卖出了 2000 万部数字电话。1998 年,诺基亚卖出了 4000 万部数字电话,成为世界头号手机公司。之后,它开始向互联网行业扩展,互联网业务成为它的强大分支业务。

诺基亚仍然是世界领先的手机制造商。它在《商业周刊》2004 年全球品牌排行榜上位列第 8 位,在 2004 年度设计颁奖典礼上获得了消费产品金奖。诺基亚专注于为客户提供他们想要的产品和服务,通过调整为实现这一目标的努力和行动来保持和提高品牌知名度。

● "世界头号手机制造商诺基亚宣布努力赢回客户并且提高其濒临崩溃的市场份额。"(《诺基亚瞄准中端市场的新型号》,载《纽约时报》2004 年 6 月 15 日)

● "尽管第二季度销售额降低,诺基亚仍然设法将总利润率从一年前的 11.7% 提高到上一季度的 13.7%,这要归功于非手机部门的收入增长。净收入增长 14%,达到 8.6 亿美元。其他手机制造商均没能接近这两个数字。此外,诺基亚投入大量资金——一个季度投入了 17 亿美元——设法占据了全球手机市场的近三分之一,尽管产品型号老化。"(《诺基亚真的不行了吗?》,载《商业周刊》网络版 2004 年 7 月 5 日)

研究结果

丰田

　　1926年,丰田佐吉设立了丰田自动织机制造工厂。1930年,他将自己发明的织机权专利出售,将收入给了他儿子丰田喜一郎用于开办一家汽车公司。丰田喜一郎在1933年开设了一家汽车厂,当保护主义立法为日本汽车制造商改善了前景后,丰田喜一郎将汽车部门剥离后上市,于1937年将公司更名为丰田。

　　丰田汽车(美国)销售公司于1957年以丰田皇冠问世,但是它对于美国市场而言没有足够高的马力。1965年,科罗娜的推出给丰田带来了好运,随后,1968年,丰田成功推出了花冠,成为有史以来最畅销的车型。到了1970年,丰田是世界第四大汽车制造商。丰田在美国快速扩张。在20世纪70年代的石油危机期间,低油耗汽车的市场需求旺盛,丰田满足了这一需求,增加了它的市场份额。1975年,丰田成为美国第一大汽车进口商;1984年,它开始在美国生产汽车。1989年,丰田在美国推出了雷克萨斯系列,1997年,丰田推出了普锐斯。

　　在销售量方面,丰田是日本的最大汽车生产商,全球第四大汽车生产商。它在《哈佛商业评论》的"盈利性增长冠军"榜中被评为亚洲第一大高增长性增加值企业,在《财富》2004年全球500强中位列第8位。它多年来创造了非常高的品牌知名度和客户忠诚度。它在《财富》2004年全球最受尊敬企业中位列第8位,在《商业周刊》2004年全球品牌排行榜上位列第9位,从2003年的第11位首次入围前10强。

　　●"日本的酷元素的一部分是由于中国和韩国带来的竞争所致。由于被迫与低成本产品竞争,日本设计师通过增加设计和时尚元素来将他们的产品差异化。比如,丰田汽车公司在美国通过塞恩xB大获成功,这是一款针对年轻司机的独特四方形轿车,最初在日本大受欢迎。"("日式风格正在横扫全世界吗?"《商业周刊》,2004年7月26日)

- "丰田实现了销售额和利润额的飞速增长,因为它为买主提供了他们想要的任何东西,从最小的超小型汽车到最大的路霸 SUV 和皮卡车。"(《本田如何在美国失速》,载《商业周刊》2004 年 5 月 24 日)

- "新预测表明了丰田的持续性优势,丰田的大幅成本削减使之能够保持价格的合理性,即使它给汽车配备了最新科技——从导航和安全系统到新燃料技术。丰田的销售目标使得该公司即将超过第二大汽车制造商——福特汽车公司。丰田希望到 2010 年获得 15% 的全球市场份额,目前的全球市场份额为 10%。2020 年,它希望卖出大约 900 万辆汽车。"(《丰田提升全球销售和产量目标》,载《华尔街日报》2004 年 7 月 21 日)

- "到了 20 世纪 90 年代,丰田与日本的其他汽车制造商相比显然更加特殊。特殊之处不是令人瞩目的汽车设计或性能——尽管驾驭感更加流畅,设计往往非常精良。它的特殊之处在于,丰田设计和制造的汽车实现了工艺和产品难以置信的一致性。丰田以颇具竞争力的成本更快速地设计汽车,而且更加可靠,尽管给日本工人支付了较高的工资。同样惊人的是,每一次向竞争对手露出明显的弱点时,丰田都奇迹般地解决问题,然后变得更加强大。如今,丰田是世界第三大汽车制造商,紧随通用汽车和福特之后,全球汽车销量在 170 个国家中每年超过 600 万辆。"(《丰田之道》,麦格劳—希尔集团,2004 年)

- "丰田创造了'精益生产'(又称为'丰田生产体系'或'TPS'),这引发了几乎每个行业的全球转型,在过去的十年里,各个行业都在采用丰田的制造和供应链理念和方法。"(《丰田之道》)

沃尔玛

山姆·沃顿在杰西潘尼以管理见习员的身份开始了他的零售生涯。1945 年,他租用了位于阿肯色州纽波特市的一家本富兰克林加盟折扣商店。1950年,他搬到了阿肯色州的本顿维尔,开设了一家沃顿5~10元店。到了1962年,沃顿拥有15家本富兰克林商店。他向本富兰克林公司的管理层提出在小城镇开设折扣店的想法,但是遭到了拒绝。于是,他和哥哥詹姆斯·沃顿(巴德)于1962年开设了第一家沃尔玛折扣城。1970年,沃尔玛卖场上市,销售额达到4400万美元,一共拥有18家卖场。

沃尔玛的目标是通过在中小城镇开设商店来避免与地区零售商竞争。1976年,沃尔玛出售了本富兰克林卖场,到了1980年,它拥有276家沃尔玛卖场,销售额达到了12亿美元。1983年,沃尔玛开设了山姆批发俱乐部。1991年,山姆·沃顿去世;一年后,巴德也去世了。1992年,沃尔玛开始全球扩张,进军墨西哥。它在20世纪90年代继续国际增长,似乎这只是刚刚开始。仅在2002年,沃尔玛就开设了178家超级中心、33家折扣店、25家山姆俱乐部卖场,以及位于巴西、加拿大、中国、德国、韩国、墨西哥、波多黎各和英国的107个国际业务部门。

很难找到比沃尔玛更好的高增长性、高影响力公司的例子。沃尔玛在过去30多年的增长是惊人的。它不仅连续30多年实现了增长,而且还是世界头号零售商,拥有4800多家门店。虽然75%的门店都位于美国,但是沃尔玛正在国际扩张。它现在是加拿大和墨西哥的头号零售商;它已经进入亚洲、南美和欧洲。它在《财富》500强和《财富》2004年全球500强中排名第一,在《哈佛商业评论》的盈利性增长冠军榜中是第二大美国高增长性增加值企业,在《财富》2004年全球最受尊敬企业中位列第一位。

沃尔玛是极其强大的增长引擎,以至于它给所到之处都带来了增长。"要不是经济拮据的城市社区,拥有沃尔玛这样的卖场可能是一个好想法。人们喜欢廉价商品——也喜欢沃尔玛带来的就业岗位。由于剩下的小城镇数量越来越少,沃尔玛必然会加速向城市进军。10年前,沃尔玛在人口超过百万的城市中只有13家门店。如今,这个数字是38家,还有更多门店会出现。"(《谁说沃尔玛对城市是坏事?》,载《商业周刊》2004年5月10日)

房地产行业

房地产行业

通过研究和创作本书,我们惊异于房地产行业的体量之大以及它对我们所有人的影响之大。美国梦的核心始终都是拥有自己的住房。但是,这个梦想不再仅限于美国人。购房是全世界人共同的梦想。随着人口和购房的增长,我们认为房地产行业将成为我们日常生活中更大的一部分。很快,每个家庭的电话簿上的电话号码都将是保姆、医生和本地房地产经纪人的电话号码。

因为本书着眼于房地产行业,所以我们发现了有关房地产市场的一些难以置信的事实。这些统计数据将引起各类读者的兴趣——包括只想深入了解房地产行业的人、考虑加入这个行业的人、已经加入这个行业但是想要更加了解行业全局的人,甚至是通过房地产经纪人买卖房屋的消费者。这个行业迟早将影响到我们每一个人。

瑞麦的事实和统计数据

● 2016年瑞麦在全世界共成交了超过160万次交易。在美国共成交了100多万次交易[1],成交价格中位数为21.6万美元。

● 瑞麦在全世界已经拥有11万名经纪人,美国有62000多名代理人,在美国和加拿大以外的地区有30000多名经纪人。

● 全美房地产经纪人协会拥有120万名会员[2],瑞麦员工占到会员总数的9%。

● 在2016年消费者调查[3]中,瑞麦在经纪行业品牌认知度排名中仍然为第1名。

---

[1] 一次交易/一边是指一次卖房或买房。比如,如果经纪人协助卖出一套房和买入另一套房——或者买卖同一套房——这就视为两次交易或两边。

[2] 协会会员不一定做经纪人,可以在行业内做其他全职工作。

[3] MMG集团进行的无提示品牌认知度调查:调查对象为已进行和打算进行房地产交易的消费者,在无任何提示的情况下询问他们最先想到的房地产经纪品牌是什么。

●2017年房地产趋势500强年度研究结果[1]刚刚发布,瑞麦再次领先于所有其他经纪公司。

●这次上榜的企业实际上有1700多家,占比最多的是瑞麦,瑞麦旗下公司共上榜550家(32%)。Keller Williams公司(简称KW公司)有395家(23%)上榜,在总数中排名第2位。

●瑞麦经纪人成交效率大约是其他公司的两倍,平均每年成交17.2边,而其他公司的经纪人平均每年成交7.8边。按人均交易量进行排名,前100家经纪公司中,瑞麦旗下的公司占了其中88家,这88家经纪公司年人均成交30边交易。对于500强调查中的经纪人,其中瑞麦经纪人年人均销售额为440万美元,而非瑞麦经纪人年人均销售额为250万美元。

人口及购房人群统计数据

●美国人口目前约为3.2亿,大约有1.25亿个家庭。根据美国人口普查局预测,美国人口将在2051年达到4亿。

●1940年,随着经济萧条接近尾声,大约43.6%的美国人拥有住房——20世纪最低的住房拥有率[2]。20世纪初,不到一半的美国人拥有住房。到2006年,受低利率影响,住房自有率被推高至69%,之后开始连续下降。根据美国人口普查局公布的2017年最新季度数据,美国住房自有率为63.6%,这已回落到1993年的住房自有率水平;另外各年龄组的住房自有率在过去10年均呈连续下降趋势,35岁以下、35～44、44～54、55～64以及65岁以上人群的最新住房拥有率数据分别为34.3%、59%、69.4%、75.6%和78.6%。

---

[1] 来自瑞麦新闻稿的统计数据:"2017房地产趋势500强调查"(2017年4月27日)。
[2] 数据来自ALQ房地产情报报告的统计数据(www.reitel.com/numbers.htm)。

- 美国共有 0.75 亿房主,其中有住房贷款的比例占 64.8%,美国住房贷款的月供中位数为 1030 美元①。
- 2016 年,典型购房者 44 岁,家庭收入 8.85 万美元,已婚夫妻在近期购房者中占比 66%。大约 35% 的购房人是首次购房,其中有 95% 的购房者需要依靠贷款买房。2016 年,典型的首次购房者年龄为 32 岁,家庭收入中位数为 7.2 万美元。典型的二次购房者年龄 52 岁,家庭收入中位数为 9.8 万美元。X 一代(1965—1980 年间出生)逐渐成为换房的主体人群②。
- 2016 年,购买新房者占比 14%,86% 的购房人购买的是二手房。83% 的购房人购买单户独立住房,典型的购买住房面积 1900 平方英尺,有三间卧室和两间浴室③。
- 美国自住房评估价值中位数是 178600 美元,家庭收入中位数是 53889 美元,房价收入比约为 3.3④。
- 美国人不再像过去一样频繁搬家。2015 年到 2016 年,3500 万美国人(占人口总数 11.2%)搬家,人口流动降至历史最低水平,较 1948 年的 20% 大幅降低。因换房需求而搬家的人在总人口流动中占 42.2%⑤。

---

① 数据来自美国人口普查局 2015 年美国房产调查。
② 数据来自全美房地产经纪人协会 2016 购房人及业主调查报告;Jonathan Smoke,Realtor.com 首席经济学家在发布 2017 美国住房市场预测中提出 95% 的首次购房者依靠融资来买房,而融资难及成本高的问题使首次置业越来越难。
③ 同上。
④ 数据来源:美国人口普查局、Zillow。
⑤ 数据来自美国人口普查局的 1948—2016 现行人口调查[美国人口普查局工作旅行与移民统计调查员大卫·艾尔克(David Ihrke)在发布 2016 美国人口迁移数据时提出美国人口仍在迁移,但迁移程度远不及历史水平]。

房地产市场数据

●2016年末,美国住房总值创近几年最高纪录,达到29.6万亿美元,较上年增长了5.7%(1.6万亿美元)。美国房地产市场总值已经恢复到金融危机之前的水平。由于房地产市场崩溃,2006年至2012年间,美国所有房屋的总价值下降了6.4万亿美元[1]。

●根据美国房产抵押贷款银行家协会的预测,受家庭数量、就业、工资及房价的快速增长影响,2017年美国家庭需要1.63万亿美元的房产抵押贷款来购房或再融资。其中,购房需求将产生1.1万亿美元的房产抵押贷款,预计较2016年增长11%。

●2016年底,美国住房总套数为1.35亿套,其中代售住房总套数为1650000套。2016年存量房总销量为545万套(比2015年增长3.8%),销售价格中位数是23.3万美元(比2015年增长5.1%);新房总销量约为56万套(比2015年增长12%),销售价格中位数是31.6万美元(比2015年增长6.7%);新建住宅开工量117万套(比2015年增长5.6%)[2]。

●预计2017年,存量房总销量为564万套(比2016年增长3.5%),销售价格中位数是24.6万美元(比2016年增长5%);新房总销量预计达到62.2万套(比2016年增长10.9%),销售价格中位数是32.2万美元(比2016年增长1.9%);新建住宅开工量126.5万套(比2016年增长7.7%)[3]。

---

[1] 数据来自Zillow发布的研究数据。
[2] 数据来源:美国人口普查局、全美房地产经纪人协会2017美国经济展望。
[3] 同上。

经纪渗透率

● 2016年,89%的购房人会聘请房地产经纪人,该比例在2001年只有69%,之后连续15年保持上升。2016年经纪人在卖方这一边的渗透率也为89%,把房源上传到共享房源系统(MLS)的卖方的比例更高,占比达到92%[①]。

● 全美房地产经纪人协会从1981年开始统计房主自售(for sale by owner,FSBO)的占比数据,2016年房主自售的比例约为八分之一,创历史新低纪录。

住宅房产经纪公司概况[②]

● 2016年,78%的房产经纪公司只有一家门店,平均配3个全职经纪人,而2015年只有两个全职经纪人。

● 2016年,85%的经纪公司专门从事住宅经纪业务。

● 特许经营形式在住宅房产经纪公司中更普遍,19%的住宅房产经纪公司为特许经营,而商业地产经纪公司中特许经营仅占8%。

● 2015年,典型的住宅房地产经纪公司,从业年限13年,经纪业务销售额约为600万美元,年成交30边。

---

① 数据来自全美房地产经纪人协会2016购房人及业主调查报告。
② 数据来自2016年全美房地产经纪人协会房地产经纪公司调查报告。

消费中的房地产与金融财富比较[1]

● "房地产仍然是影响经济的主要行业之一,尽管经济增长疲软、就业市场低迷、地缘政治条件的不确定性增强。美国许多地区的住房价格继续增长,一定程度上抵消了股票市场三年下跌导致的家庭财富缩水。此外,较低的贷款利率水平降低了家庭的住房成本,提供了人们通过将住房变现来保持消费支出和偿还债务的机会。"

● "虽然没有人怀疑住房对经济的重要影响,但是人们有时并不了解这些影响如何与经济状况的其他变化相互作用……住房部门不仅在经济繁荣时期支持经济增长,而且在金融市场恶化或者经济疲软时提供补偿利益。健康的住房市场不仅可以直接让房地产行业受益,而且还向经济的其他部门进行利益传导,因为它在商业周期起伏中起到了稳定作用。"

---

[1] 约翰·D.本杰明,彼得·卿罗伊和G.唐纳德·乍德:《消费中的房地产与金融财富》,房地产经纪人国家房地产研究中心报告。

推荐读物

人人皆赢:RE/MAX 背后的故事和经验

艾伦·大卫:《搞定:无压力工作的艺术》,纽约:企鹅出版社(美国)2003 年。

《ALQ 房地产情报报告》(www.reintel.com/numbers.htm)。

《美国品牌 2000 强》,载《品牌周刊》(www.brandweek.com)2004 年 6 月 21 日。

克里斯·阿基里斯:《组织的学习》,英国牛津:布莱克威尔,1992 年。

克里斯·阿基里斯:《克服组织防御》,马萨诸塞州尼达姆:阿林培根公司 1990 年。

克里斯·阿基里斯与大卫·A.舍恩:《组织的学习 2》。马萨诸塞州瑞丁:艾迪森—维斯利朗文 1996 年。

阿恩特·迈克尔:《雷·克拉克:麦当劳帝国的缔造者》,载《商业周刊》网络版,2004 年 7 月 5 日。

华伦·班尼斯:《领导者该做什么》,纽约:艾迪森—维斯利出版公司 1994 年。

宝马网站(www.bmwgroup.com)。

拉里·博西迪、拉姆·查兰和查尔斯·波克:《执行:如何完成任务的学问》,纽约:皇冠商业 2002 年。

"《品牌周刊》在客户忠诚度奖调查中将佳能评为办公复印机产品类第一名",载《福布斯》2004 年 7 月 23 日。

理查德·布兰森:《失去童真》,纽约:三江出版社 1998 年。

佳能网站(www.canon.com)

拉姆·查兰:《盈利增长十大利器》,纽约:皇冠 2004 年。

拉姆·查兰和诺埃尔·M.蒂希:《每个企业都是增长业务:你的公司如何年复一年繁荣》,纽约:三江出版社 1998 年。

克雷顿·克里斯坦森和迈克尔·雷纳:《创新者的解决之道:创造和持续成功增长》,马萨诸塞州剑桥:哈佛商学院出版社 2003 年。

德维恩·克拉克:《求助:招聘、聘用和留住优秀员工》,私人印刷,

2001年。

丽塔·克里夫顿,约翰·西蒙斯和萨米纳·艾赫迈德:《品牌与品牌化》(经济学人系列),纽约:彭博出版社2004年。

大卫·S.科恩:《人才优势:聘用、培养和留住顶级绩效者的行为法》,多伦多市:约翰·威利父子公司,加拿大,2001年。

吉姆·柯林斯:《优秀到卓越》,纽约:哈伯·柯林斯2001年。

吉姆·柯林斯和杰瑞·I.波拉斯:《基业长青:高瞻远瞩公司的成功习惯》,纽约:哈伯柯林斯1994年。

特伦斯·E.迪尔与艾伦 A.肯尼迪:《企业文化》,纽约:珀尔修斯图书集团1982年。

盖尔·埃德蒙森:《宝马:打碎小型车市场》,载《商业周刊》2004年6月28日。

"增长最快的特许经营企业2000年排名",Entrepreneur.com。

"增长最快的特许经营企业2001年排名",Entrepreneur.com。

"增长最快的特许经营企业2003年排名",Entrepreneur.com。

罗杰·菲舍尔和艾伦·夏普:《成事在人:关键时刻发挥领导和合作的效力》,纽约:哈伯商务1999年。

《美国经纪人500强》,载《房地产行业趋势500》2004年5月。

"特许经营企业500强2004年排名",Entrepreneur.com。

小路易斯·V.格斯特纳:《谁说大象不能跳舞?IBM历史性转变内幕》,纽约:哈伯柯林斯2002年。

马克·戈贝和塞尔希奥·齐曼:《情感品牌化:将品牌与人关联的新范式》,纽约:奥沃斯出版社2001年。

阿比盖尔·戈德曼和南希·克里兰:《廉价商品帝国重塑工作世界》,载《洛杉矶时报》2003年11月23日:5。

海格·马特:《品牌失败:关于历史上100个最大品牌化错误的真理》,伦敦:科乾图书出版有限公司2004年。

迈克尔·哈默和詹姆斯·杰姆培:《企业流程再造:商业革命宣

言》,纽约:哈伯柯林斯 2001 年。

菲儿·哈金斯:《强有力对话:高影响力领导人如何沟通》,纽约:麦克劳希尔出版集团 1999 年。

吉姆·哈里斯和琼·布兰尼克:《找到和留住伟大员工》,纽约:AMA 出版社 1999 年。

拿破仑·希尔:《思考致富》,纽约:兰登书屋 1960 年。

威廉姆·J.霍斯滕:《佳能瞄准施乐》,载《财富》2002 年 9 月 19 日:3—4。

胡佛在线(www.hoovers.com)。

《信息技术百强》,载《商业周刊》2004 年 6 月 21 日。

大卫·S.琼斯:《美国人不像以前那样频繁搬家》,房地产中心(http://recenter.tamu.edu),49 号新闻稿,下载日期:2004 年 3 月。

大卫·S.琼斯:《家,甜蜜的数百万美元的家》,房地产中心(http://recenter.tamu.edu),25 号新闻稿,下载日期:2003 年 12 月。

大卫·S.琼斯:《住房市场将在未来几年里继续繁荣》,房地产中心(http://recenter.tamu.edu),66 号新闻稿,下载日期:2004 年 6 月。

大卫·S.琼斯:《人们将住在哪里》,房地产中心(http://recenter.tamu.edu),64 号新闻稿,下载日期:2004 年 6 月。

威廉姆·乔伊斯和尼汀—诺瑞亚:《企业真正有效:持续经营成功的 4+2 公式》,纽约:哈伯柯林斯出版社 2003 年。

科特尼·凯恩:《媒体行业:广告;麦当劳开始品牌形象复兴之战》,载《纽约时报》1997 年 10 月 2 日:D5。

罗伯特·S.卡普兰和大卫·P.诺顿:《平衡记分卡:将战略转变为行动》,马萨诸塞州剑桥:哈佛商学院出版社 1996 年。

凯文兰恩·凯勒:《品牌化与品牌资产》,马萨诸塞州剑桥:营销学协会 2002 年。

约翰·科特:《领导变革》,马萨诸塞州剑桥:哈佛商学院出版社 1996 年。

推荐读物

吉姆·拉贝:《雷·克拉克的经验教训》,www.restaurantwner.com/public/89.cfm。

詹姆斯·P.莱维斯:《项目领导》,纽约:麦克格劳希尔出版社2003年。

杰弗里·莱克:《丰田之道》,纽约:麦克格劳希尔出版社2004年。

《麦当劳期望达到华尔街季度指标》,载《华尔街日报》2004年7月14日。

《麦当劳利润提高25%》,载《纽约时报》2004年7月22日。

麦当劳网站(www.mcdonalds.com)。

罗伯特·麦克纳特:《谁说沃尔玛不适合大城市》,载《商业周刊》2004年5月10日:77。

塞巴斯蒂安·墨菲特:《佳能制造战略以强劲收益获得回报》,载《华尔街日报》2004年1月30日:1。

美国房地产经纪人协会:《道德准则和实践标准》。

美国房地产经纪人协会,伊利诺伊州芝加哥市,表格166—288号,2004。

美国房地产经纪人协会:《消费中的房地产与金融财富》,约翰·D.本杰明,彼得·卿罗伊和G.唐纳德·乍德。房地产经纪人国家房地产研究中心报告。许可后使用。有关更多信息,请访问 www.REALTOR.org/ncrer 或致电 1-800-874-6500。

美国房地产经纪人协会:《住房财富效应调查》,美国房地产经纪人协会,www.REALTOR.org/research。许可后使用。

美国房地产经纪人协会:《2001年美国房地产经纪人协会住宅房地产经纪公司概况》,2001年美国房地产经纪人协会。许可后使用。有关更多信息,请访问 www.REALTOR.org/ncrer 或致电 1-800-874-6500。

美国房地产经纪人协会:《2003年美国房地产经纪人协会房地产经纪公司概况》,2003年美国房地产经纪人协会。许可后使用。有关更多信息,请访问 www.REALTOR.org/ncrer 或致电 1-800-874-6500。

约瑟夫·诺西拉:《分一杯羹:中产阶层如何加入富裕阶层》,纽约:西蒙·舒斯特出版社 1994 年。

诺基亚网站(www.nokia.com)。

克里斯托弗·帕米瑞和纳内特·拜恩斯:《日本风格正在席卷全世界吗?》,载《商业周刊》2004 年 7 月 26 日。

金尼·帕克和白水德彦:《丰田提高全球销售量目标》,载《华尔街日报》2004 年 7 月 21 日。

弗吉尼亚·伯斯特瑞:《繁荣悖论》,载《纽约时报》2004 年 7 月 15 日。

詹姆斯布莱恩·奎恩:《智慧企业:行业的知识和服务型范式》,纽约:自由出版社 1992 年。

瑞麦网站(www.remax.com)。

安迪·雷恩哈迪特:《诺基亚真的不行了吗?》,载《商业周刊》2004 年 7 月 5 日。

劳拉·里斯和艾尔·里斯:《品牌化的 22 条颠扑不破法则:如何将产品或服务打造成世界级品牌》,纽约:哈伯·柯林斯出版社 2002 年。

约翰·罗森特:《欧洲之星》,载《商业周刊》网络版 2004 年 6 月 7 日。

杰恩·雷恩:《诺基亚手机第三季度后将改进:派杰证券》,载《华尔街日报》2004 年 7 月 26 日。

埃德加·施恩:《组织文化与领导力》,旧金山:杰西巴斯出版社 1992 年。

彼得·M.圣吉:《第五项修炼》,纽约:Currency Doubleday 出版社 1990 年。

G.本尼特·斯图尔特三世:《盈利性增长冠军》,载《哈佛商业评论》2004 年 7 月—8 月。

戴尔 J.斯蒂尔:《高影响力招聘:如何面试和遴选杰出员工》,德克萨斯州韦科市:管理开发体系1997年。

韦恩·斯特莱德:《强大项目领导力》,弗吉尼亚州维也纳:管理概念2002年。

艾利克斯·泰勒三世:《诺基亚瞄准中端市场的新机型》,载《纽约时报》2004年6月15日第1期。

丰田网站(www.toyota.com)。

Trademarked Linkage招聘和遴选流程材料。

迈克尔·崔西:《两位数增长:伟大企业如何做到——无论如何》,纽约:企鹅集团2003年。

"2003年全球品牌排行榜",《商业周刊》(www.businessweek.com)。

"2004年全球品牌排行榜",《商业周刊》(www.businessweek.com)。

"2004年全球500强",Fortune.com(http://www.fortune.com/fortune/global500/subs/europe.html)。

"2004年全球最受尊敬企业",Fortune.com。

美国人口普查局(www.census.gov)。

美国商务部(www.commerce.gov)。

罗伯·沃克尔:《百人百味》,载《纽约时报》2001年1月21日,引用埃里克·施洛瑟的《快餐国度:美国餐的阴暗面》(纽约:休斯敦·米弗林公司2001年)。

沃尔玛网站(www.walmart.com)。

"网络独家:有机增长大师",Fortune.com。

大卫·韦尔奇和艾兰·罗利:《本田在美国如何失速》,载《商业周刊》2004年5月24日。

《什么是战略?》,载《哈佛商业评论》1996年11月/12月。

阿里纳·维勒:《设计品牌特色:创造、建设和保持强大品牌的完全指南》,纽约:约翰威利父子公司2003年。